VIVRE À DEUX
Processus d'emprise et de dégagement
dans la famille monoparentale

PSYCHOLOGIE ET SCIENCES HUMAINES

Claudine Samalin-Amboise

vivre à deux

Processus d'emprise et de dégagement dans la famille monoparentale

MARDAGA

© 1994, Pierre Mardaga, éditeur
Rue Saint-Vincent 12 - 4020 Liège
D. 1994-0024-5

*Si c'est fichu entre nous
La vie continue malgré tout.*

Michel DELPECH,
Les divorcés, 1973.

À François, Vincent, Paul et les autres.

Préface
par Claude REVAULT D'ALLONNES*

Il n'y a de recherche que contre les idées reçues, écrivait G. Bachelard. C'est dans cette ligne que s'inscrit le travail de Claudine Samalin-Amboise.

En effet, s'il est un domaine où continue de régner, dans le grand public mais aussi dans certains lieux spécialisés, idées toutes faites, fausses évidences, certitudes leurrantes, c'est bien celui des enfants de familles « atypiques ».

Enfants de parents vivant dans la mésentente, séparés, divorcés, isolés, veufs, de familles monoparentales ou reconstituées : sur eux porte électivement, certes, le poids de la souffrance d'une situation qui serait, elle, la cause principale et directe de dysfonctionnements et de troubles, les expliquerait et les justifierait.

C'est aller un peu vite en besogne, et oublier ou négliger au moins deux faits importants :
– Tout d'abord — et l'expérience clinique et les travaux psychanalytiques l'ont abondamment montré — que la famille « normale » — s'il en est — est et reste le creuset de la névrose.

---

* Professeur émérite à l'Université Paris VII. Directeur honoraire du Laboratoire de Psychologie clinique.

— Ensuite, que le modèle de référence de cette «famille normale» perd singulièrement de sa force et demande révision dans une société, dans des milieux, où il est battu en brèche par la réalité des modes de vie : dans certaines écoles primaires de la région parisienne, 47 % des enfants sont actuellement issus de familles monoparentales, dissociées ou reconstituées.

Il était donc nécessaire, voire urgent, de faire table rase des idées reçues et de revenir aux faits. Et cela commence inéluctablement par *décrire et analyser les expériences vécues dans la diversité des situations*, pour les connaître, les comprendre, et pouvoir en un deuxième temps apporter une aide et un soutien informés et adaptés. C'est le premier objectif de l'étude clinique qu'a menée Cl. Samalin-Amboise et qui tient le plus grand compte de la variété, des limites et des possibilités de ces situations.

Ce n'est pas un hasard si le mot de *situation* revient ici tout autant que celui d'*expérience vécue*.

C'est en réaction aux trop nombreux travaux psychologiques qui se centrent quasi uniquement sur l'enfant, son déséquilibre, sa souffrance, ses symptômes, laissant dans l'ombre ceux de ses parents ou de ses proches. Or, s'il est dur d'être l'enfant d'un couple séparé, ne l'est-il pas aussi, par exemple, de se séparer, puis d'élever l'enfant de l'autre, d'un autre ? Et n'est-il pas nécessaire de connaître et comprendre la souffrance des uns si l'on veut connaître, comprendre, soulager celle des autres ?

En effet, si ce sont toujours des personnes, dans leur individualité et leur spécificité, auxquelles nous avons affaire, elles sont toujours aux prises avec des situations complexes et pluridéterminées, en interaction avec quelques «significant others» qu'elles influencent et par lesquelles elles sont influencées.

Une relation suppose toujours au moins deux pôles en interaction, souvent plus. L'un ne peut être compris, et à la limite n'existe pas, sans les autres.

Il nous faut plus que jamais prendre au sérieux la boutade faussement naïve, si bien dans le style inimitable de Winnicott, s'exclamant : «un nourrisson ? Montrez m'en un, je ne sais pas ce que c'est, ça n'existe pas sans sa mère». Tout est là, dans ces dyades fusionnelles, dans la difficile séparation, et dans l'aléatoire conquête d'une suffisante autonomie. Elle seule permet de devenir sujet et de participer à la première personne à cette entreprise de création continue de soi qu'est la vie.

C'est dire que toute étude de psychologie clinique est forcément *sociale, institutionnelle*, et avant tout *relationnelle*. Celle qu'a menée Cl. Samalin-Amboise répond pleinement à cet objectif : Céline, Sébastien, Pierre y vivent devant nous, avec leur père, leur mère, avec leurs proches, leur environnement, cette période cruciale de leur vie, les pertes et les gains, les inhibitions et les possibilités de chacun se nouant, se nourrissant, s'étayant de ceux des autres.

Mais il ne suffit pas de décrire et d'analyser des situations, il faut aussi penser les problèmes qu'elles soulèvent, et pour cela *s'en donner les instruments théoriques*.

C'est à travers les notions *d'emprise* et de *dégagement*, dans leur opposition dialectique féconde, que ce travail est ici effectué.

Plus que celle de pouvoir, qui reste objective, voire objectivante, celle *d'emprise* (pulsion, processus, relations d'emprise) permet de penser les faits aux différents niveaux concernés. Plus précisément, fonctionnant comme une passerelle transdisciplinaire, elle permet d'articuler les niveaux les plus objectifs de la réalité aux niveaux psychologiques, où par le jeu des identifications, des affects, des fantasmes qui y sont liés, s'ancrent profondément des mécanismes complexes.

La notion de *dégagement* — que D. Lagache oppose si fructueusement à celle de défense, qu'elle complète — permet d'éviter de penser ces réalités conflictuelles uniquement ou majoritairement en termes «négatifs», en termes d'atteintes ou de blessures, développant l'angoisse, entraînant répétition et enlisement, s'exprimant dans une symptomatologie éventuellement pathologique, mobilisant les mécanismes de défense, etc. Elle fait place à ce qui, du dedans, ou le plus souvent du dehors, vient ouvrir le cercle, libérer les potentialités de vie, permettre le dépassement — qui ne peut se faire sans l'intervention signifiante du social, facilitant l'accès au symbolique.

Ce sont bien finalement *les jeux et les enjeux de cette dialectique de l'emprise et du dégagement* qui sont l'objet de cette recherche. C'est à travers eux que les personnes et les situations sont comprises, et que se dessinent, sans pessimisme excessif ni optimisme béat, les voies d'un soutien averti, souple et multiréférencé, à ces êtres en difficulté, s'ils en font la demande.

Une recherche qui s'avère donc doublement intéressante : d'abord par l'analyse qu'elle développe, l'éclairage qu'elle apporte, les perspectives qu'elle ouvre, les services qu'elle peut rendre.

Ensuite, et au moins autant, par le renouvellement de la méthode qu'elle propose et met en œuvre.

Bref, un vrai travail clinique, qui même et surtout s'il appelle des développements et des approfondissements ultérieurs, mérite d'être rapidement connu, commenté, exploité par tous ceux que concerne ce nouveau et troublant « fait de société ».

Introduction

Cet ouvrage, centré sur les familles monoparentales, a pour origine un rapport de recherche effectué pour le compte du Ministère de l'Education nationale et le Ministère de la Recherche et de l'Enseignement supérieur. Il a pour objectif d'analyser et d'interpréter les transactions entre un parent et un enfant qui vivent ensemble dans le même foyer.

L'étude est menée en fonction des différentes situations que rencontre la famille monoparentale, aussi bien par rapport à la dynamique interpersonnelle et intersubjective du couple intergénérationnel que par rapport aux relations sociales et affectives que chacun des partenaires établit ou non avec son environnement.

Le choix de ce thème a été guidé par notre pratique de thérapeute s'adressant, entre autres, à des acteurs vivant en situation monoparentale, et par l'analyse de la littérature concernant ce sujet.

La plupart des ouvrages décrivent les difficultés des enfants et des adolescents qui vivent dans des familles monoparentales. Leur nombre s'est considérablement accru au cours de la période allant de 1960 à 1980 pour se stabiliser depuis lors.

Notre pratique psychothérapeutique pouvait nous conduire à penser, un peu trop rapidement, que la situation de monoparentalité induisait des symptômes qui étaient à l'origine des demandes de consultation pour les enfants et pour les adolescents, tels que les états dépressifs, les troubles du comportement comme l'agressivité, les troubles alimentaires, les troubles du sommeil (cauchemars), l'énurésie ou l'échec scolaire par exemple.

De fait, si la situation de monoparentalité peut générer certains symptômes chez les jeunes que nous recevons en consultation, elle ne permet pas d'en déduire qu'elle concerne l'ensemble de la population juvénile vivant dans cette situation.

Les demandes d'aide psychologique sont souvent formulées lors de situations de conflit dans le couple parental. Ces conflits sont parfois accompagnés de passages à l'acte violents et d'alcoolisme qui peuvent entraîner la séparation et le divorce.

Un état dépressif réactionnel du parent-gardien, avant, au cours de la séparation, ou dans les mois qui suivent, ainsi que des moments de décompensation chez les mères célibataires, peuvent déclencher des symptômes chez l'enfant, et être à l'origine d'une demande de consultation.

Le décès d'un des deux parents, l'absence de manifestations du parent qui ne vit pas au foyer, la reconstitution d'une nouvelle famille par le parent gardien ou son manque de stabilité affective, sont souvent à l'origine du déclenchement de symptômes psychopathologiques ou psychosomatiques chez le jeune.

Les symptômes réactionnels à une situation anxiogène apparaissent de manière ponctuelle. La réponse thérapeutique consiste à aider le jeune, après que des entretiens de famille, notamment dans le cas des jeunes enfants, aient permis de préciser l'époque à laquelle les symptômes sont apparus. Ces entretiens peuvent, par exemple, amener l'enfant à faire le travail de deuil d'un couple parental uni et à reconstruire le couple parental comme entité indestructible, que le parent absent du foyer monoparental soit décédé, sans relation stable avec l'enfant, ou encore qu'il s'agisse d'un père que la mère nomme comme *inconnu*. Dans ce cas, le recours à un substitut paternel s'avère nécessaire, sans toutefois méconnaître le rôle du géniteur dans la procréation de l'enfant.

Dans le cas d'un parent décédé, le jeune doit effectuer un travail de deuil qui concerne la réalité d'une situation, qu'il a parfois vécue douloureusement pendant des mois, comme dans le cas d'un cancer, par exemple, ou qui l'a surpris par sa survenue brutale, comme dans le cas d'un accident vasculaire.

Pour le jeune vivant avec une mère célibataire, le travail de deuil affecte une situation imaginaire dans laquelle l'absence du père doit être verbalisée afin de permettre à l'enfant d'investir affectivement et symboliquement un substitut paternel.

Dans le cas de séparation ou de divorce, le jeune a à faire le travail de deuil de la cellule familiale dans laquelle il a vécu jusqu'à la désunion du couple parental. Ce travail est difficile à mener lorsque les parents continuent à se déchirer à propos des droits de visite, de l'éducation du jeune et du versement des diverses prestations. Le mode de relation qu'entretient le couple parental après le divorce a une incidence directe sur l'enfant. La mésentente du couple parental, après le divorce, l'affecte profondément car elle montre l'impossibilité de ses parents à vivre de manière satisfaisante, ensemble ou séparément. Cette situation peut également générer chez l'enfant l'illusion que le couple parental peut à nouveau s'engager dans la vie commune.

Le divorce est vécu par les parents comme un échec dans les premiers temps. Ce sentiment entraîne pour eux, et notamment pour le parent gardien, et pour l'enfant, attentif à ne pas raviver la douleur de l'adulte, une pudeur à parler des situations antérieurement vécues par la famille, d'autant que souvent prime à ce moment le souvenir des conflits.

Les réflexions inspirées par les interactions entre la pratique psychothérapeutique et la recherche clinique montrent que dans le premier cas l'acte thérapeutique consiste à aider l'enfant à substituer la notion de couple parental à celle de couple conjugal, et à relativiser les effets de la séparation dans l'évolution du jeune. Le couple parental ou encore le *couple solidaire*, tel que le définissent Jean-Jacques GUILLARME et Philippe FUGUET, représente «*la constance du temps, la permanence familiale, la persistance de la loi*[1]».

L'intériorisation de la notion de «*couple solidaire*» ou de couple parental[2] a pour effet de reconstruire, après la séparation, un référent parental stable et sécurisant qui rassure l'enfant sur ses origines et sur son devenir. L'intériorisation du couple parental indestructible dégage le jeune de la culpabilité et de la responsabilité parfois ressenties lors de l'éclatement de la famille.

Lorsque le couple parental ne peut être reconstruit par l'enfant, les sentiments de responsabilité et de culpabilité par rapport à la désunion du couple, génèrent une sensation d'insécurité dont les troubles du comportement, tels que l'agressivité ou le retrait sur soi, sont les manifestations symptomatiques les plus fréquentes. Ces troubles sont d'autant plus importants que les parents ne peuvent s'accorder, après la séparation, sur un projet éducatif pour l'enfant, ou/et sont dans l'incapacité de réaménager leur devenir personnel autrement qu'en fonction du jeune.

La problématique de recherche, envisagée exclusivement sous l'angle de la pratique thérapeutique, ne prenait en compte que les cas où les perturbations de la dynamique familiale provoquaient des symptômes chez le jeune, que les parents vivent ensemble ou soient déjà séparés.

Ce constat nous amena à penser qu'une partie des enfants et des adolescents vivant dans des foyers monoparentaux ne consulte pas parce qu'ils n'éprouvent pas plus de difficultés dans le cadre des familles monoparentales que ceux vivant en famille bi-parentale, et qu'ils trouvent des processus d'ajustement et d'aménagement par rapport à cette situation.

Dès lors, il devenait nécessaire d'étudier le fonctionnement psycho-sociologique des familles monoparentales, les processus psychiques qui sous-tendent les aménagements affectifs et sociaux, tant du point de vue de l'enfant que de celui du parent gardien, ainsi que le rôle de l'environnement familial (grands-parents, oncles, tantes...) et social (enseignants, animateurs de clubs de loisirs...).

Elargissant nos perspectives fondées sur la pratique clinique, nous avons interrogé les travaux concernant les familles monoparentales pour construire l'objet de la recherche. Cette analyse constitue la première partie de cette étude. La deuxième partie concerne la présentation et l'analyse des histoires de cas, qui ont été recueillis auprès des familles monoparentales selon la méthode de l'entretien de recherche clinique[3]. Dans la troisième partie, nous étudierons comment se met ou non en place la relation d'emprise ainsi que la manière dont le parent isolé et l'enfant élaborent ou non des processus de dégagement afin de continuer de se construire et d'évoluer de manière individualisée.

Nous concluons sur certains aspects théoriques de l'emprise et du dégagement et nous examinerons quelques données concrètes qui peuvent aider les familles qui vivent en situation monoparentale ainsi que les intervenants sociaux qui travaillent avec elles, afin de mieux gérer cette situation.

NOTES

[1] Jean-Jacques GUILLARME, Philippe FUGUET, *Les parents, le divorce et l'enfant*, Paris, ESF, 1987, 2ᵉ éd., p. 78-90.

[2] Nous nous référerons dans cette étude à la notion de couple parental. Le couple solidaire évoque une image *monolithique* du couple parental alors que notre travail consiste à repérer les interactions et les différentes conduites et les ajustements de chaque membre du couple intergénérationnel.

[3] Les entretiens ont été menés dans un objectif heuristique et non dans la perspective de satisfaire une curiosité équivoque.

Toutes les précautions ont été prises de manière que l'anonymat des personnes interrogées soit entièrement sauvegardé.

Si des personnes avaient l'impression de se reconnaître dans les cas présentés, elles seraient dans l'erreur. Ce phénomène est inhérent au fait que les trajectoires de vie de certaines familles, et le vécu de ses membres, présentent parfois des problématiques assez proches les unes des autres.

Première partie
L'enfant dans la famille monoparentale

DONNÉES STATISTIQUES SUR L'ÉVOLUTION DES FAMILLES MONOPARENTALES

La notion de famille monoparentale est apparue en France en 1975. Elle désigne une famille constituée par une personne vivant seule (père ou mère) avec un ou plusieurs enfants[1].

Sous le terme de famille monoparentale, différents types de situations sont regroupés : les mères célibataires volontaires ou désunies, les parents veufs et les parents divorcés ou séparés.

La situation de monoparentalité pour les femmes découle actuellement, par ordre décroissant du divorce, de la maternité célibataire, de la séparation et du veuvage.

Pour les hommes, c'est le divorce, et le veuvage dans une faible proportion, qui entraînent le plus fréquemment la monoparentalité.

Les recensements effectués par l'INSEE en 1968, 1975, 1982 et 1989 montrent un accroissement significatif des familles monoparentales. Entre 1968 et 1982, le nombre de foyers où vivaient un ou plusieurs enfants avec une mère célibataire ou une femme divorcée était en nette progression. Le recensement de 1989 marque un palier avec des chiffres assez voisins de ceux du recensement de 1982. Quant aux familles constituées par une femme veuve ayant un ou plusieurs enfants à charge, elles sont en nette diminution par rapport aux périodes d'après-guerre.

Les dernières études statistiques concernant les «*caractéristiques des familles selon la catégorie socio-professionnelle de référence*[2]» montrent que l'ensemble des familles vivant en France métropolitaine sont au nombre de 15 385 940. Parmi celles-ci 1 610 120 sont des familles monoparentales. Elles représentent 10,46 % de l'ensemble des familles. 230 380 familles monoparentales sont constituées d'un père et d'un ou plusieurs enfants, soit 14,3 % de foyers monoparentaux tandis que 1 379 740 familles monoparentales regroupent une femme et un ou plusieurs enfants, soit 85,7 % de ces foyers. Chez les femmes comme chez les hommes, les proportions de veufs(veuves) et de divorcé(e)s sont sensiblement équivalentes, soit respectivement 38 % de veufs et 34,9 % de veuves, et 35 % d'hommes et 34,3 % de femmes divorcés. Les mères célibataires représentent 18,3 % des foyers monoparentaux.

Dans l'ensemble des familles monoparentales issues du célibat, du divorce et du veuvage, et constituées par une mère et un ou plusieurs enfants, la catégorie socio-professionnelle des employées est la plus nombreuse (476 800 familles, soit 34,5 % des familles monoparentales). Viennent ensuite, par ordre décroissant, les familles monoparentales dont les mères exercent une profession intermédiaire ou sont ouvrières. Les mères exerçant la profession d'artisan, commerçante et chef d'entreprise, ainsi que les exploitantes agricoles et les agricultrices, forment les familles monoparentales les moins nombreuses soit respectivement 2,6 % et 0,9 %.

Sur les 3 421 160 enfants résidant en Ile de France[3], 516 440 vivent dans des familles monoparentales, soit 15,1 %.

Le nombre des enfants vivant en famille bi-parentale et en famille monoparentale est réparti par classe d'âge de la manière suivante en Ile-de France :

– de 0 à 3 ans : 484 450 dont 33 780 en famille monoparentale, soit 6,9 %.

– de 4 à 6 ans : 433 740 dont 40 860 en famille monoparentale, soit 9,4 %.

– de 7 à 11 ans : 702 860 dont 79 820 en famille monoparentale, soit 11,35 %.

– de 12 à 16 ans : 658 040 dont 96 960 en famille monoparentale, soit 14,7 %.

– de 17 à 24 ans : 883 940 dont 165 860 en famille monoparentale, soit 18,76 %.

On remarque que le nombre d'enfants vivant en foyers monoparentaux augmente en fonction de l'âge. Cette caractéristique montre que si la maternité célibataire est, à l'origine, une des causes de la monoparentalité, plus tard, les situations de veuvage et surtout de désunion ont un rôle prépondérant dans la constitution des familles monoparentales.

Les chiffres montrent également que la monoparentalité perdure dans le devenir de ces familles. Ces chiffres doivent toutefois être pondérés par le fait que les personnes recensées sont questionnées sur leur «*état matrimonial légal*», ce qui exclut la mention du concubinage quel qu'en soit la durée. Par contre il semble que les remariages soient peu fréquents lorsqu'une première expérience conjugale a été vécue de manière conflictuelle.

En Ile-de-France, dans la rubrique «*caractéristiques des familles selon le nombre d'enfants*[4]», sur les 341 880 familles monoparentales, 163 860 familles sont constituées d'un parent et d'un enfant, soit 43 % alors que seulement 23 % de familles bi-parentales ont un seul enfant. 21,9 % des familles monoparentales sont constituées de 2 enfants, 5,8 % ont 3 enfants et 2 % ont 4 enfants ou plus.

Les familles monoparentales constituées d'un parent vivant avec un seul enfant sont les plus nombreuses. Plus le nombre d'enfants vivant au foyer augmente, moins on rencontre de familles monoparentales.

Ces données nous ont amenés à poser nos hypothèses en fonction de la situation monoparentale la plus fréquente, c'est-à-dire celle qui concerne un parent vivant seul avec un enfant.

APPROCHE PSYCHO-SOCIOLOGIQUE DE L'ENFANT VIVANT DANS UNE FAMILLE MONOPARENTALE

Les processus psychiques de l'enfant en situation monoparentale

Dans une étude portant sur cinquante enfants et adolescents des deux sexes reçus en consultation dans le Service de Psychopathologie de l'Hôpital Hérold, dirigé par le Professeur DUGAS, l'utilisation des méthodes projectives montre qu'«... *à chaque niveau d'âge, on voit se composer une image du père. Mais elle s'efface souvent comme celle de la mère derrière la notion capitale de «couple solidaire*[5]». Cependant si cette représentation symbolique est toujours présente pour l'enfant et l'adolescent, chez ce dernier «*l'image de l'homme est, au contraire, dévalorisée*[6]».

Le couple solidaire fonctionne comme le référent de la loi parentale (père et mère au sens de la triangulation œdipienne). Il véhicule les prémices de l'intégration dans le groupe social. Les images parentales ont un rôle identificatoire structurant dans le développement de l'enfant. La dévalorisation de l'image du père pour le jeune enfant comme pour l'adolescent, peut générer une absence d'intériorisation de l'ordre symbolique, que transmettent habituellement les imagos parentales. Dans ce cas, le manque ou l'absence d'intériorisation de la loi symbolique peut envahir les conduites sociales, déclencher des attitudes revendicatives face à la société et le marginaliser.

Le couple solidaire, intériorisé dans le psychisme du jeune, constitue pour lui un moyen de se prémunir contre l'éclatement de la famille. Cet éclatement, survenu dans un passé plus ou moins récent, est réactivé à l'occasion de multiples événements et peut provoquer l'angoisse du jeune face à l'entrée dans la vie adulte lorsqu'arrive le moment de faire des choix affectifs et professionnels.

La représentation du couple solidaire fonctionne comme un processus d'ajustement qui permet au jeune de conserver, par-delà les avatars du couple parental, son intégrité et ses repères identificatoires. Lorsque l'enfant ne peut faire le travail psychique de recréation du couple parental solidaire, ou encore que l'un des parents s'oppose à ce travail en mettant en œuvre des mécanismes d'exclusion, de rejet ou de rivalité à l'égard de l'autre parent, il ne peut se structurer en fonction de sa filiation[7].

En fait, les questions de repérage dans la filiation se posent aussi bien pour les enfants nés de mères célibataires que de parents divorcés, et parfois même dans certaines familles bi-parentales. Dans ces dernières toutefois, l'enfant peut trouver plus facilement des réponses aux questions qu'il se pose sur sa généalogie car la famille élargie est souvent moins dispersée et plus vaste que dans les familles monoparentales, notamment en ce qui concerne les enfants issus de maternité célibataire.

La situation des enfants vivant avec un parent veuf est différente. Le parent défunt est souvent idéalisé par le jeune et apparaît comme un modèle sans faille, parfois inaccessible, tels que le sont certains héros. Le père décédé est souvent intériorisé comme un homme courageux et travailleur, surtout lorsqu'il meurt d'une maladie qui le foudroie brutalement comme un infarctus. La maladie est attribuée à un travail trop intense pour lequel il n'a pas ménagé ses forces et renforce l'idée de son courage et de son dévouement pour les autres. Pour les femmes, les causes de décès sont souvent liées au cancer, parfois aux suites d'un accouchement. Dans les souvenirs évoqués par le jeune, la mère est décrite comme une femme exemplaire et son image est rarement ternie.

En ce qui concerne les décès ayant pour cause les accidents de la circulation et les suicides, le parent défunt sera tout autant idéalisé car le travail de deuil a pour fonction, entre autres, de reconstruire dans l'après-coup l'image d'un parent jeune, plein de promesses d'avenir et trop tôt disparu. L'absence irrémédiable que provoque la mort précoce génère une représentation idéalisée du parent défunt. L'intériorisation de cette représentation permet au travail de deuil de se terminer.

Lorsque la monoparentalité procède du divorce, le jeune se remémore les souvenirs qu'il a vécus avec ses parents sans méconnaître leurs conflits passés et parfois encore actuels, mais tend à les refouler pour conserver intact le souvenir du couple parental uni. Pour les jeunes enfants, la question qu'ils se posent le plus fréquemment peut se résumer en ces termes : *quand mes parents vivront-ils à nouveau ensemble ?* ou *quand papa (ou maman) reviendra-t-il (elle) à la maison ?* tandis que la souffrance éprouvée par l'enfant est liée à la dévalorisation d'un parent par l'autre.

Les conflits du couple parental, encore uni ou désuni, jouent un rôle important dans les symptômes de l'enfant. Les maladies psycho-somatiques ont souvent pour but de réunir le père et la mère à son chevet. Par contre, certains troubles tels que l'énurésie, les troubles de l'alimentation et les terreurs nocturnes sont réactionnels à la situation conflictuelle vécue dans la famille monoparentale mais peuvent également y préexister, notamment lorsque l'enfant a été impliqué dans les conflits du couple, avant le divorce.

La théorie psychanalytique apporte un modèle de construction psychique du couple parental à travers les identifications et les fantasmes qui les sous-tendent ainsi que Freud l'écrivait en 1909 : «*Pour le petit enfant, les parents sont d'abord l'unique autorité et la source de toute croyance. Devenir semblable à eux, c'est-à-dire à l'élément du même sexe, devenir grand comme père et mère, c'est le désir le plus intense et le plus lourd de conséquence de ces années d'enfance*[8]».

Attachement et étayage

L'attachement a été décrit par John Bowlby. Il fonde ce concept sur des données empruntées principalement à l'éthologie et à la neuro-psycho-physiologie[9]. L'attachement s'origine dans la dyade formée par la mère et par l'enfant à la période où le petit d'homme ne possède aucune autonomie. Il sert les besoins vitaux de celui-ci et, à ce titre, participe d'un modèle instinctif[10].

L'attachement s'apparente à des phénomènes d'empreinte, au sens éthologique du terme[11], et crée une situation de dépendance comportementale et affective de l'enfant à l'égard de sa mère et réciproquement. Les comportements du nouveau-né (réactions de succion, agrippement, recherche de chaleur, de caresses, etc.) concernent sa survie et ne perdurent pas au-delà de quelques mois[12].

Du point de vue neuro-psycho-biologique, l'attachement est une fonction transitoire et nécessaire au développement du nourrisson. En éthologie, cette conduite instinctuelle se retrouve chez toutes les femelles mammifères à l'égard de leurs petits[13].

L'attachement fonde les premières relations entre la mère et l'enfant. Celles-ci sont indispensables à la survie du nourrisson mais peuvent perdurer plus de temps qu'il est nécessaire si elles ne sont pas médiatisées par un tiers et par le désir de la mère de se détacher de son enfant afin de faire d'autres investissements. L'attachement, s'il se poursuit trop longtemps, peut générer une relation d'emprise entre la mère et l'enfant.

L'entrée à la crèche ou à l'école maternelle constitue des moments où, si l'attachement est encore prégnant, la mère et l'enfant sont confrontés à la séparation. Celle-ci est nécessaire pour que l'enfant se socialise, devienne autonome et investisse les apprentissages.

Pour Didier ANZIEU «... *l'interdit primaire du toucher s'oppose spécifiquement à la pulsion d'attachement ou d'agrippement*[14]». La mère satisfait les besoins vitaux du nouveau-né en le nourrissant et en lui procurant chaleur et caresses et simultanément anticipe le moment de la séparation en ne se montrant pas disponible à tout moment.

L'interdit secondaire du toucher s'applique à la pulsion d'emprise. Il correspond au moment où la mère explique et montre à l'enfant qu'il est capable d'être seul en sa présence[15] et de se divertir en dehors de sa proximité physique. Cette conduite vise à s'opposer à la pulsion d'emprise que l'enfant pourrait développer à l'égard de sa mère et éventuellement de son environnement. L'absence de cet interdit laisse imaginer à l'enfant qu'il est tout-puissant sur son entourage. Elle crée une situation de dépendance réciproque entre l'enfant et les siens. La dépendance constitue un obstacle aux processus de séparation et d'individuation, puis de socialisation.

Si la mère ne peut pas formuler l'interdit du toucher, elle se positionne dans une problématique de toute-puissance. En ne pouvant renoncer à la situation dyadique, elle s'autorise à tout faire avec son enfant. Celui-ci est assimilé à un *objet* dont la survie dépend du seul désir maternel. Cette situation persiste lorsque la mère interdit à quiconque de s'immiscer dans sa relation avec son enfant et refuse la médiatisation d'un tiers. Le tiers médiateur, le père ou son substitut, a pour rôle, entre autres, d'aider la mère à assumer la séparation. Il détourne sur lui l'attention qu'elle porte à l'enfant et se situe simultanément comme un personnage important pour le petit d'homme, dans la mesure où il peut capter lui aussi l'intérêt de la mère. Le rôle du tiers a pour fonction de rappeler à la mère que l'enfant a besoin de son attention et de celle d'autrui pour s'épanouir. L'évolution de l'enfant s'étaye sur des personnalités différentes et pas seulement sur le personnage maternel.

Du point de vue psychanalytique, FREUD étudie dès 1915 le rôle de l'étayage qui s'appuie «... *sur l'une des fonctions corporelles importantes pour la vie*[16]». Alors que l'attachement met en jeu les besoins organo-physiologiques vitaux de l'enfant, l'étayage concerne son premier choix d'objet sexuel : «*A l'époque où la satisfaction sexuelle était liée à l'absorption des aliments, la pulsion trouvait son objet au-dehors, dans la succion du sein de la mère. Cet objet a été ultérieurement perdu, peut-être précisément au moment où l'enfant est devenu capable de voir dans son ensemble la personne à laquelle appartient l'organe qui lui apporte une satisfaction. La pulsion sexuelle devient, dès lors, auto-érotique*[17]».

L'attachement et l'étayage constituent des pôles fondamentaux dans le développement du petit d'homme. Le premier terme est fondé sur des bases organo-physiologiques tandis que le second prend essentiellement en compte la structure psychique du sujet.

L'attachement comme l'étayage, s'ils persistent, président au développement de la pulsion d'emprise. Cette pulsion peut générer des conduites sadiques, définies par FREUD comme un avatar de la pulsion de mort[18]. L'enfant éprouve du plaisir à être l'*objet* privilégié de la mère et simultanément veut s'en dégager. Le fait d'être perçu comme un *objet* renforce les pulsions d'auto-conservation et vise à détruire la personne à laquelle est attribué le rôle destructeur.

L'étayage, en tant que fonction qui procure un plaisir sexualisé, fait appel à la libido : «*Elle a pour tâche de rendre inoffensive cette pulsion destructrice et elle s'en débarrasse en la dérivant en grande partie vers l'extérieur, en la dirigeant contre les objets du monde extérieur, bientôt avec l'aide d'un système organique particulier, la musculature. Cette pulsion s'appelle alors pulsion de destruction, pulsion d'emprise, volonté de puissance. Une partie de cette pulsion est placée directement au service de la fonction sexuelle où elle a un rôle important à jouer. C'est le sadisme proprement dit. Une autre partie ne suit pas ce déplacement vers l'extérieur; elle demeure dans l'organisme où elle est liée libidinalement (...). C'est en elle que nous devons reconnaître le masochisme originaire, érogène*[19]».

La relation de proximité entre la mère et l'enfant peut conduire celle-ci à le surprotéger. En retour l'enfant éprouvera le sentiment d'être *tout* pour sa mère. Il pourra à son tour développer à son égard une pulsion d'emprise ou encore une pulsion de maîtrise, qui en découle directement.

Lorsque l'attachement perdure trop longtemps et que les phénomènes d'emprise générés par la pulsion de mort dominent la vie de l'enfant, des troubles psychopathologiques graves peuvent se développer, telle que la psychose infantile. Celle-ci ne paraît pas plus fréquente dans les familles monoparentales que dans les familles bi-parentales.

La séparation entre la mère et l'enfant

La séparation n'apparaît pas, dans l'après-coup, comme un processus particulièrement traumatisant pour les deux partenaires. Elle fait partie de l'évolution de l'enfant qui acquiert son indépendance et son autonomie en présence de sa mère, puis sans elle. C'est à partir de la phase de séparation-individuation que l'enfant s'approprie son identité «... *comme investissement cohérent de l'image de soi, autonome et différenciée, au fur et à mesure que l'enfant se dégage de l'enveloppe symbiotique*[20]».

Cette phase constitue la première expérience de dégagement sur laquelle l'enfant s'appuiera ultérieurement. La mère investit l'enfant et lui évite des frustrations mais l'amène peu à peu à accepter certaines contraintes en lui renvoyant une image valorisée de lui-même.

Certaines mères célibataires et certaines femmes divorcées peu après la naissance de leur enfant peuvent avoir inconsciemment la tentation de mettre en place des processus d'emprise. Le fait d'être vigilantes au développement harmonieux de l'enfant et de l'aider à s'épanouir fait appel à des mécanismes de sublimation. Ils font échec à l'imaginaire maternel qui pourrait lui laisser croire qu'elle peut exercer tous les droits sur lui.

Le deuil que la mère fait d'une position de toute-puissance trouve un écho chez l'enfant qui abandonne son omnipotence primitive, accepte la non-disponibilité permanente de la mère et accède aux processus de socialisation. La maturité affective de la mère et sa capacité à anticiper les besoins de l'enfant génèrent la qualité de sa relation avec son enfant et la manière dont il se structurera.

En psychopathologie, l'anamnèse et le travail sur les souvenirs d'enfance permettent de cerner les différents modes de structuration du sujet. Les symptômes qui en découlent, tels que les inhibitions phobo-anxiogènes, les états dépressifs, les carences affectives, les troubles obsessionnels ainsi que la psychose et l'autisme ne diffèrent pas de manière significative chez les enfants vivant dans des situations de bi-parentalité et chez ceux qui sont en familles monoparentales, quel que soit l'âge de l'enfant au moment de la constitution de cette famille.

Certaines caractéristiques de la relation parent/enfant en situation de monoparentalité peuvent cependant être envisagées comme des *situations extrêmes*, notamment lorsque l'enfant ne peut s'appuyer sur un tiers pour soutenir sa parole et son désir, et qu'il doit compter sur ses seules ressources psychiques. Par voie de conséquence, il acquiert souvent une maturation précoce.

La fonction paternelle

Pour que l'enfant puisse se détacher de l'image idéalisée de ses parents, il lui faut d'abord les investir de tous les pouvoirs et de tous les bienfaits. Cette condition est nécessaire pour que l'enfant puisse à la fois échapper à une autorité vécue comme dominatrice et se soumettre aux règles de la vie en société.

L'activité fantasmatique offre au jeune la possibilité de se soustraire à l'autorité et investir de nouvelles identifications en imaginant par exemple, comme c'est le cas chez certains adolescents, qu'il est adopté ou encore que ses parents naturels sont d'un rang social plus élevé et donc, que sa famille actuelle, et principalement son père, n'a aucun droit sur lui. Cette activité fantasmatique permet au jeune de se dégager peu à peu du couple parental et de s'écarter du père, tel qu'il est dans la réalité, pour réinvestir le père idéalisé de sa petite enfance, auquel il s'est identifié. Le père de la petite enfance est instauré comme un père différent du père actuel, un père prestigieux ou inconnu, somme toute un père idéal.

Pour que les processus de socialisation et d'autonomisation se poursuivent, la place du père de la petite enfance doit être marquée, dans le fantasme, des attributs auxquels l'enfant demeure attaché car ils ont fondé ses premières identifications et ont généré la phase œdipienne et sa résolution.

Qu'en est-il de l'identification au père et des fantasmes concernant le père dans le cas de l'enfant de la mère célibataire ?

Il existe deux catégories de mères célibataires : celles qui ont choisi cette situation et celles qui y ont été contraintes, notamment lorsque le père a vécu avec la mère jusqu'au moment de la grossesse ou de l'accouchement, n'a pas reconnu l'enfant et a décidé de quitter le foyer. Dans ce cas, le rôle du père est intériorisé par la mère, ne serait-ce que par le vide créé par son absence. Il est présent dans son discours et constitue un référent que l'enfant peut identifier.

Le père prend une valeur de signifiant pour l'enfant lorsque la mère prend en compte son existence et sa parole. La reconnaissance du père par la mère, comme objet de son désir avant qu'il soit le père de son enfant, le fait entrer dans le champ du symbolique. Le fait que la mère puisse parler d'un homme qu'elle a désiré laisse entrevoir à l'enfant qu'il n'est pas *tout* pour elle et qu'elle a éprouvé du désir pour son père, manifestant ainsi son *manque* et sa castration.

Jacques LACAN montre, à propos de la psychose, les ravages que provoque le déni du *Nom-du-père* : «*Pour que la psychose se déclenche, il faut que le Nom-du-père, verworfen, forclos, c'est-à-dire jamais venu à la place de l'Autre, y soit appelé en opposition symbolique du sujet*[21]».

Dans le cas de certaines mères célibataires, la place du tiers est occupée par le père. Le discours que la mère tient sur le père permet à l'enfant de se construire par rapport à la triangulation œdipienne même si le troisième terme est absent dans la réalité. Les souvenirs qu'elle évoque donnent une consistance au père et permet que l'ordre symbolique, défini par les trois termes œdipiens, soit mis en place.

C'est moins la manière dont la mère vit ou non avec le père qui est opératoire «*... mais du cas qu'elle fait de sa parole, de son autorité, autrement dit de la place qu'elle réserve au Nom-du-père dans la promotion de la loi*[22]». La référence que fait la mère au Nom-du-père n'est pas à entendre comme la prise en compte du patronyme paternel, mais comme la reconnaissance qu'un autre qu'elle est le garant de la loi[23]. Cette acceptation implique que la femme ait intériorisé dans son enfance la métaphore paternelle comme représentant de la loi, c'est-à-dire qu'un tiers ait médiatisé sa relation à sa propre mère.

Chaque sujet, masculin ou féminin, se construit en fonction de l'ordre symbolique. La métaphore paternelle représente un signifiant qui médiatise la relation mère/enfant et permet à ce dernier d'exister comme sujet désirant. Le père n'incarne pas la loi mais en est un représentant. Si le père est identifié à la loi, il apparaît pour l'enfant comme un personnage tout-puissant qui lui interdit de faire ses expériences et d'affirmer son désir[24].

Lorsque la mère assigne le père à jouer ce rôle et qu'il y consent, l'enfant n'a pas d'autre choix que de se conformer au désir redoublé de ses deux parents. L'imaginaire des parents construit pendant la grossesse un enfant merveilleux. Lorsque le nourrisson naît, il est nécessairement différent de l'enfant imaginaire dont ils ont à faire le deuil[25]. La persistance de l'enfant imaginaire dans le fantasme parental est un obstacle à l'évolution psychique de l'enfant. Celui-ci n'est pas reconnu comme celui qu'il est, mais désigné comme celui qu'il n'est pas ou qu'il aurait dû être. L'impossibilité pour les parents de faire le deuil de l'enfant imaginaire entrave son développement psychique et lui interdit l'accès au symbolique[26].

L'identification de l'enfant né de certaines maternités célibataires à *un*[27] père nous amène à envisager que ce sont les figures masculines de l'environnement maternel (grand-père, oncle, parrain...) qui génèrent les traits identificatoires. Ces personnages seront sollicités, parfois à leur insu, pour séparer la dyade mère/enfant, et énoncer le tabou de l'inceste afin d'ouvrir l'enfant à l'ordre symbolique et, ce faisant, à l'ordre social.

La période œdipienne

L'universalité du complexe d'Œdipe a fait l'objet d'un débat entre George DEVEREUX[28] et Bronislaw MALINOWSKI[29]. Le premier se situe dans la ligne freudienne et adhère sans réserve à la fonction nécessaire et structurante de la période œdipienne tandis que le second affirme, en étudiant la société matrilinéaire trobriandaise, que le complexe d'Œdipe est produit par la société patriarcale. Il remarque cependant que dans la société matrilinéaire des Trobriandais, le désir (de l'enfant) «... *est d'épouser la sœur et de tuer l'oncle maternel*[30]». Le déplacement de la rivalité œdipienne sur l'oncle maternel et le désir d'épouser les sœurs confirment l'universalité du mythe œdipien. En effet, la société trobriandaise se caractérise par le fait que le père est privé de ses droits sur ses fils. Ce sont les frères de la mère qui les assument.

Les études ethnologiques confirment que la phase œdipienne peut être vécue avec un autre personnage que le père, tel que l'oncle maternel par exemple. L'important pour l'enfant réside dans le fait que cette situation soit éprouvée car c'est une étape structurelle dans le développement de la personnalité, comme le soulignent M.-C. et E. ORTIGUES[31], en accord avec Jacques LACAN, pour qui le mythe œdipien est «... *un système où chaque terme est défini par sa valeur de position*».

Dans la maternité célibataire volontaire, l'absence du père dans la réalité, par rapport à la mère et à l'enfant, pose la question du rapport singulier de la mère aux instances tierces. Le choix de la maternité célibataire semble, à première vue, procéder du souhait de réfuter un rôle au père dans l'éducation de l'enfant. La mère apparaît comme un personnage tout-puissant dont le désir est d'assumer seule l'autorité parentale. L'homme est désigné comme géniteur à l'occasion d'une relation sexuelle nécessaire, et parfois exempte de désir. Le désir, dans ce cas concerne exclusivement le fait d'avoir et d'élever *seule* un enfant.

Cependant, comme dans le cas des mères célibataires par contrainte, l'enfant peut trouver auprès de substituts paternels des modèles auxquels il s'identifie. De quelle manière percevra-t-il toutefois le fait que son père ne se préoccupe pas de lui ?

Le substitut paternel peut être le père de la mère. Dans ce cas, le jeune peut avoir le rôle d'un enfant œdipien dans le fantasme maternel. Le substitut paternel peut également être un homme appartenant à la famille de la mère (frère, beau-frère, cousin...). Un homme extérieur à la constellation familiale peut aussi assumer ce rôle. Ce peut être le cas du mari de la nourrice ou de celui d'une amie, ou encore d'un enseignant ou d'un animateur de centre sportif ou de loisirs que l'enfant admire et auquel il a envie de ressembler.

L'enfant né d'une maternité célibataire est souvent privé du référent paternel dès sa naissance et même parfois avant. Un couple parental imaginaire peut être reconstitué par l'enfant. Le père, inconnu dans la réalité, peut être construit, à l'aide de traits identificatoires empruntés à différents substituts paternels, comme un personnage prestigieux ainsi que le montre FREUD dans *Le roman familial du névrosé*[32].

L'enfant dans le contexte social

Dans toutes les classes d'âge, les troubles du comportement des enfants vivant en famille monoparentale sont significatifs. 25,5 % des enfants de 6-12 ans et 34,3 % des adolescents dont les parents sont divorcés ont des troubles du comportement contre respectivement 13,5 % et 16,6 % de ceux vivant en famille bi-parentale.

Les troubles du comportement peuvent être envisagés comme une manière d'interroger *la loi* que symbolise la fonction paternelle pour l'enfant et l'adolescent. L'absence de confrontation à l'interdit d'*un père* peut générer l'angoisse et être ressentie comme une absence de limites, notamment au moment de la période œdipienne et lors des réaménagements identificatoires de l'adolescence.

L'adolescence est une période au cours de laquelle sont réactualisées les identifications infantiles. Si le garçon n'a pu précédemment s'identifier à un modèle paternel valorisé, les troubles du comportement apparaissent comme une manifestation d'angoisse face à une loi qui ne le protège pas de désirs incestueux face à la mère dont il partage l'existence.

L'absence de médiatisation par un tiers peut conduire le jeune à des passages à l'acte dangereux pour lui et/ou pour les autres. La manière dont le parent gardien contient, ou non, les conduites de l'adolescent(e) révèle sa capacité à investir, ou non, la médiation d'un tiers dans la relation qu'il entretient avec le jeune et montre le rapport qu'il a lui-même face à la loi.

La relation de proximité fait du jeune un partenaire privilégié de l'adulte. Cette relation peut l'amener à être confronté plus précocement que d'autres à un mode de communication *d'adulte à adulte* et à être sollicité par le parent qui en a la charge éducative à propos de questions qui concernent habituellement les adultes. Cette situation est assez proche de celle que l'on peut observer dans le cas des enfants uniques.

L'enfant dans le contexte scolaire

On peut penser que le parent-gardien se mobilise autour de la scolarité du jeune et se montre particulièrement vigilant à l'égard du travail scolaire. Cette conduite fonctionne comme un processus de réparation par rapport à l'échec du couple conjugal ou marital, ou comme un moyen de se revaloriser par rapport à la situation monoparentale, encore déconsidérée socialement actuellement.

Jean-Jacques GUILLARME et Philippe FUGUET[33] ont fait une étude comparative portant sur 1 075 enfants venus consulter au Centre d'Adaptation Psycho-pédagogique de l'Ecole Normale d'Instituteurs de Paris entre 1977 et 1981. L'échantillon porte sur des enfants et des adolescents, garçons et filles de 3 à 15 ans, issus de tous les milieux sociaux.

Ils remarquent qu'«... *aucun trouble des conduites instinctuelles (sommeil, alimentation, etc.), difficultés de langage ou troubles des acquisitions scolaires n'apparaît caractéristique d'un groupe. Comme si la séparation parentale n'induisait pas de symptôme particulier*».

Cette étude va à l'encontre de l'opinion commune qui tend à faire de l'enfant de parents divorcés un sujet plus fragile que les autres, préoccupé par le conflit et la séparation du couple parental et donc moins attentif aux acquisitions scolaires.

Michel BASQUIN[34], pédo-psychiatre, fait une constatation identique et montre qu'un très grand nombre d'enfants vivant dans cette situation ne présente pas de difficultés majeures. Les troubles présentés ne sont pas, comme il est fréquent de le croire, spécifiques aux situations de monoparentalité.

Les auteurs divergent cependant sur un point : les premiers notent que les enfants vivant en famille monoparentale ont moins de troubles du langage et de difficultés dans l'apprentissage de la langue maternelle que ceux vivant en famille bi-parentale. En effet, Jean-Jacques GUILLARME et Philippe FUGUET remarquent que 4,5 % des enfants de parents divorcés ont des troubles du langage et 37 % ont des difficultés d'acquisition de la langue maternelle contre respectivement 6,4 % et 41,4 % de ceux qui vivent en famille bi-parentale tandis que Michel BASQUIN met l'accent sur «... *le moindre niveau de langage*[35]» des enfants vivant dans des familles monoparentales.

Nous pouvons déduire de ces constatations que les enfants vivant en situation monoparentale ne présentent pas de troubles de l'efficience scolaire qui soient significatifs et symptomatiques par rapport à leur situation familiale et envisager, comme le conclut Michel BASQUIN que «... *nombre d'enfants de famille monoparentale se tirent bien d'affaire et peut-être mieux que d'autres*».

L'avis de quelques institutrices d'école maternelle

Une pré-enquête auprès d'institutrices d'école maternelle[36] précédant cette recherche montre que les enfants vivant en situation de monoparentalité ne présentent pas de difficultés particulières au niveau de leur intégration scolaire et de leur autonomie, notamment lorsqu'il s'agit d'enfants de parents divorcés.

En revanche, si les enfants élevés par une mère célibataire ne manifestent pas de conduites différentes de celles de leurs camarades devant les consignes données dans la classe, ils apparaissent plus exigeants que les autres sur le plan affectif et se montrent très dépendants de leurs mères, notamment lorsqu'elles viennent les chercher à la sortie de l'école.

Lorsque la mère, célibataire ou divorcée, vit seule avec un garçon, une relation de type fusionnel semble s'instaurer. Le couple mère/fils laisse percevoir des attitudes de complicité et de dépendance mutuelle dont chacun des partenaires se dégage avec difficulté.

Ces conduites sont amplifiées par le fait que certaines mères célibataires ne répondent pas de manière ajustée à l'enfant, soit en les satisfaisant dans l'immédiat, soit en les rejetant.

Certaines mères célibataires semblent fuir le dialogue avec les enseignantes, comme si elles ne pouvaient pas assumer leur situation, craignant d'être questionnées sur leur relations avec leur enfant ou appréhendant une remise en question de leurs principes éducatifs. Les pères divorcés qui ont la garde de l'enfant compensent le départ de la mère par des conduites de surprotection et d'affection excessives. Ils consacrent beaucoup de temps à l'enfant, se montrent très disponibles et donnent l'impression de se sentir coupables du départ de la mère. Ils entretiennent avec les institutrices des relations privilégiées et tentent de les investir comme un substitut maternel. Ils n'hésitent pas à leur demander aide et conseil pour l'éducation de leur enfant.

Les enseignantes d'école maternelle remarquent que des symptômes tels que le repli sur soi, l'inhibition, l'agressivité et l'énurésie, apparaissent dans des cas particuliers, notamment lorsque la mésentente du couple parental devient patente, avant et pendant le divorce et quelques mois après.

Elles notent des troubles identiques lorsqu'un des parents décède ou lorsque le parent gardien change souvent de partenaire sexuel. Ces troubles s'aggravent lorsque l'enfant ne sait rien de son père ou lorsque le droit de visite n'est pas exercé auprès de l'enfant par le parent qui ne vit plus au foyer, comme le cas d'un petit garçon vivant avec sa mère, qui disait à son institutrice : «*Mon papa est mort*», à propos de son père qu'il n'avait pas revu depuis que le couple était divorcé.

L'enfant paraît mieux assumer la séparation des parents lorsque celle-ci est énoncée sans ambiguïté ainsi que le souligne Françoise DOLTO : «*Il faudrait éviter que l'enfant ne soit amené à imaginer que, puisque ses parents ne s'aiment plus entre eux, ils n'aiment plus en lui l'autre parent*[37]».

Dans le cas des enfants nés de mères célibataires, Françoise DOLTO préconise de leur tenir un langage qui renforce la pulsion de vie : «*Si l'enfant est né d'un désir physique et non d'amour, s'il est né à un moment où les corps de ses géniteurs s'étaient unis sans qu'ils fussent certains de rester ensemble, je crois que là aussi, il est important de lui dire, car cela signifie que lui a eu cette force de venir dans un couple qui n'était pas certain de durer. C'est lui qui a désiré prendre vie; il n'a pas «fausse-couché» (...), il a donc lui aussi responsabilité de sa vie*[38].»

Ce discours met l'enfant en position de s'assumer en tant que sujet vivant et pensant. Il ne peut soutenir cette position que si le discours sur ses origines et sur son existence est authentique. La primauté du discours *vrai* est le moyen de faire advenir le rapport de l'enfant au symbolique puisque la parole sur ses origines réintroduit dans son histoire les événements qui ont un sens pour lui, et notamment la rencontre physique de ses parents. La vérité énoncée à l'enfant par les parents ou par la mère célibataire constitue également pour eux, ou pour elle, un moyen de se déculpabiliser, de déculpabiliser l'enfant et de dédramatiser une désunion.

MÉTHODOLOGIE

L'échantillon

Dans la diversité des familles monoparentales, notre étude prend en compte l'ensemble des situations que nous avons rencontré au cours de la collecte du matériel clinique. Ces situations mettent en évidence des types de monoparentalité diversifiés qui nous ont permis d'étudier les processus d'emprise et de dégagement qui interagissent entre le parent isolé et l'enfant vivant dans une famille monoparentale.

L'échantillon reflète la situation actuelle puisque les mères obtiennent plus fréquemment que les pères le droit de garde, quoiqu'actuellement les demandes de droit de garde de la part des pères soient de plus en plus nombreuses.

Il est constitué de 8 familles dans lesquelles cohabitent un parent et un seul enfant. Cette situation, comme le montrent les études statistiques, est la plus fréquente[39].

Les familles qui ont participé à l'enquête nous ont été adressées par des praticiens de ville auxquels nous avions donné les critères de sélection en précisant qu'il s'agissait d'une étude psycho-sociologique, non spécifiquement psycho-pathologique.

Les situations de monoparentalité rencontrées au cours de l'enquête découlent de la maternité célibataire, du divorce ou du veuvage. Pour participer aux entretiens, le foyer monoparental devait être constitué de manière stable depuis un an au moins. La séparation des parents, dans le cas de couples mariés, devait être légalisée par un acte de divorce. En effet dans un foyer monoparental de constitution récente, le travail de deuil du couple parental uni et les remaniements identificatoires auraient constitué des obstacles à l'étude des investissements et des contre-investissements en train de se créer entre le parent et l'enfant, et vis-à-vis de l'environnement.

Nous avons choisi de travailler avec des familles monoparentales dont le chef de famille appartient à la classe moyenne. Le phénomène d'appauvrissement des ressources ou les difficultés financières des catégories socio-professionnelles défavorisées aurait pu renforcer un discours défensif ou servir d'écran aux familles monoparentales interviewées et devenir un obstacle dans l'étude des processus psychiques et des relations du couple intergénérationnel.

Tableau récapitulatif des familles constituant l'échantillon

Enfant	*Age*	*Parent : âge*	*Profession*	*Aide psychologique pour l'enfant*
Sandra	3,5	22	agent de bureau	non
Ahmed	4	32	secrétaire	non
Sébastien	4	32	dentiste	non
Pierre	6	28	infirmière	oui
Jérôme	8	31	formatrice	oui
Guillaume	11	35	responsable d'études de marché	non
Céline	12	+ 40	responsable des ventes	non
Paule	15	+ 40	employée de bureau	non

Enfant	Parent gardien : origine de la famille monoparentale	Situation actuelle	Parent non gardien
Sandra	mère célibataire	sans changement	géniteur, pas de relation
Ahmed	mère célibataire	"	absence de relation
Sébastien	mère, divorce	"	concubinage
Pierre	mère, divorce	"	concubinage, 1 enfant
Jérôme	mère célibataire	"	relations épisodiques
Guillaume	mère célibataire	"	géniteur, pas de relation
Céline	père, divorce	"	mariée, 1 enfant
Paule	mère, veuvage	"	–

Dans les familles monoparentales qui constituent l'échantillon, nous avons étudié les relations entre le parent gardien et l'enfant, quelle que soit sa classe d'âge. L'enfance permet d'envisager la manière dont la période œdipienne est abordée. La période de l'adolescence, en fonction de la durée de vie du couple parental, montre les remaniements identificatoires qui s'opèrent ou non au cours de la situation monoparentale. Ces remaniements sont étudiés en fonction du parent gardien et en fonction du parent qui ne vit pas au foyer, qu'il exerce ou non son droit de visite, et dans le cas du veuvage, ainsi que par rapport aux substituts paternels qui se sont mis en place au cours de la période monoparentale.

L'enfant vivant seul avec un parent

Les études statistiques montrent que la situation la plus fréquemment rencontrée dans les familles monoparentales concerne celle d'un parent vivant seul avec un enfant. Même si la monoparentalité doit être envisagée comme une étape dans une vie, cette situation constitue un *cas-limite* par rapport à la mise en place des processus d'emprise et de dégagement dans la mesure où la relation au parent-gardien n'est pas médiatisée par un tiers dans la réalité de la vie quotidienne.

Dans une famille monoparentale où vivent plusieurs enfants, les relations avec la fratrie médiatisent le rapport au parent, l'aîné se substituant souvent au parent absent. Lorsque plusieurs enfants cohabitent dans un foyer monoparental, le rôle parental que s'approprie un des enfants conduit à la recréation fictive d'une famille bi-parentale.

L'enfant qui vit seul avec un parent peut être amené à privilégier sa relation à l'adulte et à désinvestir le jeu. On a pu comparer la situation de l'enfant vivant seul en famille monoparentale à celle de l'enfant unique d'un couple bi-parental dans la mesure où celui-ci, selon Donald WINNICOTT «... *ne développe pas le sens du jeu (...), fait preuve de pré-*

cocité et préfère écouter parler et parler en compagnie d'adultes (...), n'a pas vécu cette expérience (de la grossesse et des soins donnés au petit frère ou à la petite sœur, de la haine du nouveau venu puis de l'amour qu'il lui porte (...). Les enfants uniques ne cessent de chercher des relations stables (...) et peuvent être écrasés par leur désir de s'occuper de leurs parents[40].»

Winnicott conclut son article en rapportant les remarques d'un de ses amis : «*... trop d'amour, trop d'attentions, trop d'esprit de possession font peut-être que l'on s'enferme avec ses parents qui s'imaginent longtemps après que cela cesse d'être vrai, qu'ils sont tout au monde*».

L'enfant qui vit seul avec un parent peut aussi être confronté à des responsabilités habituellement réservées aux adultes. Il partage avec lui les activités du quotidien telles que les tâches ménagères par exemple, ainsi que ses préoccupations affectives et professionnelles et s'inquiète souvent de son état de santé.

La confrontation quotidienne avec le parent gardien peut être parfois gratifiante, parfois étouffante pour l'enfant. La relation exclusive à l'adulte peut générer une interdépendance entre les deux membres du couple intergénérationnel qui, si elle favorise la maturation de l'enfant, le prive simultanément, dans certains cas, de relations à d'autres enfants. La relation exclusive à l'adulte peut motiver l'enfant à faire une démarche vers le monde extérieur pour trouver de nouveaux investissements ou au contraire le pousser à se replier dans l'univers fermé du couple intergénérationnel.

L'entretien de recherche avec la famille monoparentale

Les entretiens cliniques de recherche ont été conduits selon un protocole très voisin de ceux pratiqués avec les familles, lors de consultations psychologiques. La spécificité de la méthodologie de l'entretien de recherche a consisté à mener des entretiens semi-directifs qui prennent en compte à la fois la problématique de la recherche, et la spontanéité et l'authenticité de l'interviewé.

La non-directivité de certaines phases de l'entretien a permis aux familles d'aborder des problématiques qui n'avaient pas été envisagées dans les hypothèses. Des questions précises, afférentes aux hypothèses, ont été formulées telles que des demandes d'informations sur l'organisation quotidienne et la répartition des tâches, le mode de vie du parent gardien dans ses aspects privés ainsi que celui du parent non gardien dans la mesure où ce point pouvait être abordé. Des informations multiples sur l'histoire personnelle et familiale des membres de la famille monoparentale et de la famille élargie ont été collectées.

La limite de ces entretiens réside principalement dans le fait que le parent et l'enfant étaient présents, ensemble, au cours de la collecte du matériel clinique. Alors que dans la pratique thérapeutique, le fait de recevoir ensemble le(s) parent(s) et l'enfant, puis l'enfant seul fait partie d'un protocole qui n'est pas contesté par les familles, dans les entretiens de recherche, il nous a paru délicat de proposer à l'un des partenaires de s'éclipser. Ainsi, au cours d'un entretien de famille, alors que nous poursuivions l'entretien avec le jeune, tandis que le parent allait répondre au téléphone dans une pièce voisine, lorsqu'il fut de retour il ne cessa de questionner le jeune pour connaître les propos qu'il avait tenus en son absence.

D'autre part, le contexte concret ne permettait pas, dans certaines familles, de disposer de plusieurs pièces et rendait impossible un entretien duel. Toutefois, certains enfants sont allés jouer d'eux-mêmes dans leur chambre ou dans un endroit isolé de la pièce tandis que le parent abordait des questions qui lui étaient personnelles.

Si pour certains enfants, et surtout adolescents, il eût été utile d'avoir leur point de vue hors de la présence du parent, la présence de celui-ci dans l'entretien l'a aussi enrichi dans la mesure où les jeunes sont intervenus fréquemment pour manifester leur assentiment et leur désaccord lorsque les propos de leur parent étaient, ou non, conformes à leurs opinions. Les interactions entre le parent et l'enfant ont permis d'aborder ou de vérifier certains points. Cette présence a aussi empêché que s'exprime la spontanéité de quelques adolescents.

La présence des deux partenaires a permis de mener, corrélativement à l'entretien, une observation des conduites des deux acteurs, sur le terrain. L'observation des conduites du parent et de l'enfant a permis de valider les modes d'emprise et de dégagement que l'analyse du discours, dans l'après-coup, mettait en évidence.

Des tests projectifs, et notamment le Children Aperception Test et le Thematic Aperception Test ont été utilisés auprès des jeunes, dans le but d'élucider ou/et de confirmer une problématique psychique et de préciser le fonctionnement de certains mécanismes identificatoires et des mécanismes de défense.

L'entretien de recherche clinique implique la prise en compte du contre-transfert du chercheur[41]. Dans cette étude, différents types de contre-transfert pouvaient infléchir la recherche. Le sentiment personnel éprouvé face à la souffrance et aux conduites mal ajustées de certains membres des familles monoparentales devait être analysé et ne pas conduire à une intervention de nature psychologique, puisque telle n'était pas la demande explicite des familles.

La question pour le chercheur ne consistait pas, dans ces entretiens de recherche, à évaluer le degré de pathologie de la structure psychique et à apporter une aide, qui d'ailleurs n'aurait pas de suite et pouvait mettre en difficulté les acteurs concernés, mais à analyser les processus psychiques et les aménagements à la lumière des hypothèses, dans l'après-coup de l'entretien. Ceci implique qu'il nous fallait privilégier la validité de nos hypothèses sans toutefois qu'elles aient un rôle réducteur dans notre approche.

Nous sommes fondés à penser que les familles qui ont accepté de répondre à cette enquête avaient une demande potentielle de réassurance et parfois d'aide par rapport à leurs conduites dans la situation monoparentale. Certains questionnements ont été clairement formulés au cours des entretiens, notamment en ce qui concerne la place du père dans la maternité célibataire.

La reconstruction des histoires de cas

L'étude s'étaye sur des entretiens cliniques de recherche dont le matériel est livré de manière brute par les interviewés. La présentation des histoires de cas nécessite que celles-ci soient reconstruites de manière à être lisibles et compréhensibles pour le lecteur.

La rédaction des histoires de cas restitue une chronologie par rapport aux entretiens. Dans ceux-ci, les événements de vie sont décrits de manière plus ou moins ordonnée, se chevauchent et se recoupent. Certains faits sont cités alors que d'autres sont laissés de côté. Ce choix met en cause la subjectivité du chercheur et son implication[42], quelle que soit la rigueur des critères retenus. Les événements relatés s'ordonnent en fonction de la problématique de la recherche et des hypothèses qui la sous-tendent.

La reconstruction des histoires de cas est soumise à des facteurs subjectifs, qui concernent notamment l'ordonnancement du matériel clinique afin de le rendre intelligible pour le lecteur. Cette reconstruction implique que certains événements soient davantage mis en lumière que d'autres. Elle ne restitue pas toujours la richesse et la diversité que les entretiens de recherche contenaient.

Problématique

Les différents questionnements de cette recherche s'ordonnent autour des points suivants :

Pour l'enfant vivant seul avec un parent, quelles sont les conséquences de cette situation sur la constitution des identifications et l'évolution des processus psychiques ?

La mère peut-elle accepter ou empêcher l'enfant d'investir d'autres adultes et notamment un substitut paternel ?

A-t-elle intériorisé pour son propre compte le rôle d'*un* père ?

Comment l'enfant aborde-t-il la période œdipienne ?

Les relations entre la mère et l'enfant se modifient-elles au cours de cette période ?

Comment l'enfant se positionne-t-il par rapport au parent avec lequel il vit et qui représente le personnage stable et permanent dans l'existence quotidienne ?

Les substituts paternels familiaux (grand-père, oncle...) ont-ils un rôle suffisamment important pour que l'enfant se développe harmonieusement ?

L'enfant, faute de se confronter au père qui médiatise sa relation à sa mère, pourra-t-il se dégager de la relation fusionnelle ?

En quoi cette relation peut-elle devenir aliénante pour l'enfant ?

Vit-il avec la mère dans une relation d'emprise ?

S'en dégage-t-il sans provoquer de rupture ?

Des relations d'emprise mutuelle se mettent-elles en place, et selon quelles modalités, entre le parent isolé et l'enfant ?

Par quels moyens le parent gardien se dégage-t-il de l'emprise de l'enfant ?

Quel est le rôle du parent non gardien dans la famille monoparentale ?

Quelles voies de dégagement le champ social peut-il favoriser pour permettre au parent isolé et à l'enfant de s'investir dans le monde extérieur ?

NOTES

[1] Nadine LEFAUCHEUR, *Familles monoparentales : les mots pour les dire*, Paris, Ed. ouvrières, 1985.
[2] Rapport INSEE, *Recensement de la population : démographie et société*, n° 13-14-15, 1990, p. 29.
[3] Ibid., p. 171.
[4] Ibid., p. 171.
[5] Jean-Jacques GUILLARME, Philippe FUGUET, *Les parents, le divorce et l'enfant*, ouvrage cité, p. 85.
[6] Ibid., p. 86.
[7] Françoise DOLTO, *Quand les parents se séparent*, Paris, Seuil, 1971.
[8] Sigmund FREUD (1909), «Le roman familial des névrosés», *Névrose, psychose et perversion*, Paris, PUF, 1973, p. 157.
[9] John BOWLBY, *Attachement et perte. Tome 1 : L'attachement; Tome 2 : la séparation. Angoisse et colère; Tome 3 : La perte. Tristesse et depression*, Paris, PUF, 1984.
[10] H.F.HARLOW, «Love created, love destroyed, love regained», *Modèles animaux du comportement humain*, Paris, CNRS, 1972, p. 13-60.
[11] Konrad LORENZ, *Les fondements de l'éthologie*, Paris, Flammarion, 1984.
[12] René SPITZ, *De la naissance à la parole. La première année de la vie*, Paris, PUF, 1974.
[13] Irenäus EIBL-EIBESFELDT, *Ethologie. Biologie du comportement*, Paris, Flammarion, 1976.
[14] Didier ANZIEU, «Le double interdit du toucher», *Nouvelle Revue de Psychanalyse*, n° 29, printemps 1984, p. 186.
[15] Voir Donald W. WINNICOTT, *De la pédiatrie à la psychanalyse*, trad. franç., Paris, Payot, Petite biblio., 1975, p. 205-213 et *Jeu et réalité*, trad. franç, Paris, Gallimard, coll. Connaissance de l'inconscient, 1975.
[16] Sigmund FREUD (1914), *Trois essais sur la théorie de la sexualité*, Paris, Gallimard, Coll. Idées, 1962, p. 76.
[17] Ibid., p. 132.
[18] Ibid., p. 89.
[19] Sigmund FREUD (1924), «Le problème économique du masochisme», *R.F.P.*, 1928, 2, n° 2, p. 211-223.
[20] Margaret MALHER, *Symbiose humaine et individuation. Psychose infantile*, trad. franç., Paris, Payot, 1973, p. 74.
[21] Jacques LACAN, *Ecrits*, Paris, Seuil, 1966, p. 577.
[22] Ibid., p. 579.
[23] Jacques LACAN, au cours des années 1973-74, a fait son séminaire sur *Les non-dupes errent* (les noms du pères) montrant qu'il n'y avait pas, de manière générique, un nom du père mais un signifiant primordial du père. Séminaire inédit.
[24] Voir «Le cas Schreber» dans les *Cinq psychanalyses* de FREUD (1913), Paris, PUF, 1966 et *Le Seminaire. Livre II* de Jacques LACAN, Paris, Seuil, 1981. Ce cas montre que le père du Président Schreber, qui fonda l'Institut d'orthopédie à l'Université de Leipzig et qui publia *La gymnastique médicale de chambre*, incarnait pour son fils un maître absolu. Le fils du Président construisit un délire dans lequel chaque élément était destiné à faire jouir le père, en tant qu'unique objet de son désir.
[25] Serge LECLAIRE, *On tue un enfant*, Paris, Seuil, 1975.
[26] Mustapha SAFOUAN, *Etude sur l'Oedipe*, Paris, Seuil, 1974.
[27] Nous écrivons *un* père afin de distinguer l'ordre symbolique représenté par la métaphore paternelle et qui peut être assumée par le père géniteur ou par un substitut paternel. *Un* père peut ne pas être le père.

[28] George DEVEREUX, *Essais d'ethnopsychiatrie générale*, Paris, Gallimard, 1970.
[29] Bronislaw MALINOWSKI (1927), *La sexualité et sa répression dans les sociétés primitives*, Paris, Plon, 1966.
[30] Ibid., p. 172.
[31] M.C. et E. ORTIGUES, *Oedipe africain*, Paris, Plon, 1966.
[32] Sigmund FREUD (1909), *Névrose, psychose et perversion*, ouvrage cité, p. 157-160.
[33] Jean-Jacques GUILLARME et Phillipe FUGUET, *Les parents, le divorce et l'enfant*, ouvrage cité, p. 68.
[34] Michel BASQUIN, «Familles monoparentales : des problèmes qui doivent être abordés sans a priori», *Le Quotidien du Médecin*, 1er fév. 1988.
[35] Voir ibid.
[36] Voir à ce sujet : Claudine SAMALIN-AMBOISE, *Identité personnelle, identité professionnelle et processus d'aménagement à propos de quelques institutrices d'école maternelle*, Thèse de doctorat de 3e cycle, Université Paris VII, 1984.
[37] Françoise DOLTO, *Quand les parents se séparent*, ouvrage cité, p. 28.
[38] Ibid., p. 28.
[39] Voir supra, p. 19.
[40] Donald W. WINNICOTT, *L'enfant et sa famille*, Paris, Payot, 1979, p. 153-159.
[41] Voir à ce sujet l'ouvrage de Claude REVAULT D'ALLONNES «La recherche clinique. Repères», *MIRE informations*, n° 9, p. 27-73, et Claude REVAUT D'ALLONNES *et al. La démarche clinique en sciences humaines*, Paris, Dunod, 1989.
[42] Voir *La démarche clinique en sciences humaines*, ouvrage cité, p. 28 et suivantes.

Deuxième partie
Etude de cas cliniques

L'ENFANT DANS UN SYSTÈME FAMILIAL CLOS

Sandra ou la tentative de cicatrisation des plaies

Sandra a 3 ans 1/2. Elle est gaie et vive. Elle aime à se faire admirer comme si toutes ses activités étaient guidées par le désir que l'adulte la remarque. Elle est élevée par sa mère. Elle ne l'a guère quittée jusqu'à l'âge de 13 mois, époque à laquelle elle est entrée à la crèche. Elle fréquente maintenant l'école maternelle de son quartier. Son intégration dans ces lieux de socialisation n'a pas posé de problèmes particuliers alors que la mère avait remarqué que Sandra avait un *comportement sauvage* lorsqu'elles vivaient toutes les deux.

La mère de sandra devait commencer un stage de formation en informatique peu après la naissance de sa fille. Elle a décidé de ne pas le suivre car elle ne pouvait se résoudre à la confier à d'autres adultes. Au bout d'un an, elle a du se résoudre à retravailler car elle n'avait plus de ressources financières suffisantes. Quelques semaines avant de commencer son stage, alors que Sandra avait 13 mois, sa mère l'a amenée à la halte-garderie voisine afin de la familiariser avec les autres enfants.

La séparation n'a pas été trop douloureuse car Sandra s'est rapidement adaptée à ce nouvel environnement. Elle a été accueillie avec bienveillance par les puéricultrices et a rapidement fait de nouveaux apprentissages. Sandra aime raconter à sa mère ce qu'elle a appris depuis qu'elle est entrée à la crèche. La mère de Sandra est une spectatrice enthousiaste. Elle jubile en voyant sa fille dessiner, chanter une comptine ou danser devant les clips diffusés par la télévision, que Sandra allume elle-même le matin dès son réveil.

La mère de Sandra est heureuse d'avoir pu élever seule, durant la première enfance, un enfant qu'elle a profondément désiré. Elle n'éprouvait pas vraiment le besoin de rencontrer des adultes, ni d'instaurer de nouvelles relations avec son entourage et voulait prolonger son congé parental jusqu'à l'entrée de Sandra à l'école maternelle.

La première séparation a été bien vécue par la mère et par la fille. La mère est à la fois ravie et étonnée que Sandra aime autant le contact avec les autres. Elle a cependant remarqué qu'à certains moments sa fille sollicitait aussi bien les enfants que les adultes pour jouer avec elle, alors qu'à d'autres moments elle les ignore et joue seule sans se préoccuper de son environnement. Parfois alors que sa mère doit rentrer à la maison, Sandra retourne vers le parc de jeux. Elle fait de violentes colères lorsque sa mère va la rechercher et elle refuse de rentrer à la maison.

En dehors de ces colères aiguës, Sandra participe volontiers à ce que lui propose sa mère et ne manque pas une occasion de la faire rire ou de la câliner lorsqu'elle est triste. Elle l'aide dans des tâches qui sont à sa portée, comme aller lui chercher à boire ou lui apporter ses cigarettes, mais parfois un conflit éclate sans que sa mère en comprenne la cause.

Sandra choisit ses vêtements elle-même et commence à s'habiller seule. Elle range sa chambre aussi soigneusement qu'elle le peut. Elle ne fait aucune difficulté pour s'alimenter ou se coucher.

Depuis que Sandra a 2 ans, elle fait des séjours, en dehors de la présence de sa mère, chez ses grands-parents maternels. Ces séjours ont été mis en place sur l'initiative de la mère lorsqu'elle a constaté que sa fille recherchait la présence d'autres adultes. La mère de Sandra apprécie ces séjours car ils lui permettent de se reposer et de vivre différemment. Ils donnent aussi l'occasion à Sandra de partir en vacances à la montagne où ses grands-parents possèdent un chalet. Elle y pratique des activités telles que la luge et les promenades dans les bois, avec son grand-père, et compare les acquisitions qu'elle a faites avec sa mère à celles d'autres adultes qui ont un mode de vie différent de celui du couple intergénérationnel.

Le fait que Sandra soit dans une relation de confiance avec son grand-père maternel a été déterminant dans la décision de la mère de la confier quelques semaines par an à ses parents, durant les vacances scolaires.

Pour la mère de Sandra, la vie quotidienne avec sa fille est éprouvante. Levée à 6 heures, son temps est compté jusqu'au soir. Elle rentre de son travail à 18 heures 30, va chercher Sandra à la garderie de l'école puis lui donne son bain et prépare le repas. La plupart du temps Sandra respecte les consignes que lui donne sa mère, mais à certains moments la moindre réflexion devient source de conflit. La mère de Sandra supporte mal les colères de sa fille et ne sait comment réagir. Lorsqu'à 20 heures Sandra est couchée, sa mère est harassée et ne songe qu'à dormir afin d'assumer les tâches du lendemain.

La mère de Sandra a 22 ans. Elle est célibataire. Elle a fait le choix d'avoir un enfant tout en sachant qu'elle ne vivrait pas avec le père. Le père de Sandra a 45 ans. Il vit séparé de sa femme dont il a deux enfants, une fille de l'âge de la mère de Sandra et un garçon de 15 ans. Les enfants vivent avec leur mère. La mère de Sandra a rencontré la fille de son partenaire et a été frappée par le caractère affectueux, presqu'intime de leurs relations.

La mère de Sandra a vécu épisodiquement avec le père de sa fille, un an avant sa naissance. Lorsque la jeune femme a annoncé à son compagnon qu'elle était enceinte, celui-ci n'a pas eu de réactions particulières, n'a manifesté aucune sollicitude pendant sa grossesse et s'est rarement informé de l'état de santé de sa compagne, ni du développement du fœtus. L'absence d'enthousiasme de son compagnon durant sa grossesse n'a pas contrarié la mère de Sandra. L'idée qu'elle voulait un enfant qu'elle élèverait seule était déjà forte chez elle, et l'attitude de son compagnon n'a fait que renforcer son désir. Le rôle du père se limite à celui d'un géniteur qu'elle a choisi, mais dont elle n'attend rien.

La jeune femme rayonnait à l'idée de mettre au monde un enfant et sa grossesse s'est déroulée sans difficulté. L'accouchement se passa normalement. Sandra a reçu des cadeaux des amis de sa mère. Son père ne lui a rien offert. Une semaine après l'accouchement, alors que Sandra et sa mère rentraient de la maternité, le père les attendait pour leur annoncer son départ. Ni l'une, ni l'autre ne l'ont revu depuis.

La mère de Sandra avait décidé au cours de sa grossesse que sa fille porterait son nom. Son père l'a reconnue à la naissance. Le fait que Sandra ait été reconnue par son père est une préoccupation pour la mère. Elle ne tient pas grief au père d'être parti car, en prenant cette décision, il lui permettait de réaliser son désir d'avoir un enfant pour elle seule. Elle regrette que le patronyme du père soit mentionné sur les fiches d'état civil de Sandra. Elle a engagé une demande de déchéance paternelle afin que son existence et son rôle dans la procréation de leur fille ne laissent aucune trace écrite sur le livret de famille, afin que Sandra ne puisse pas avoir connaissance du nom de son père. La mère de Sandra pense qu'ainsi sa fille ne pourra pas le retrouver si l'idée lui venait de vouloir le connaître.

La rencontre de la mère de Sandra avec son éphémère compagnon a eu lieu peu après sa dernière intervention chirurgicale. Lorsque la jeune femme avait 16 ans, elle noua une relation amoureuse avec un garçon de deux ans son aîné. Ils avaient beaucoup d'amis, sortaient fréquemment en discothèque et s'adonnaient volontiers à la boisson et parfois à la drogue. De retour d'une soirée entre copains, la voiture a quitté la route et s'est écrasée contre un arbre.

La jeune femme et son compagnon ont été grièvement blessés. Elle était enceinte de quatre mois et a fait une fausse-couche. Elle n'avait pas informé ses parents de sa grossesse. Elle n'a jamais revu son compagnon. Elle pense maintenant que lorsque l'enfant serait né, elle aurait mis un terme à leur relation. Son souhait de vivre seule avec son enfant était déjà bien ancré. La douleur de la perte de l'enfant a été beaucoup plus vive que les nombreuses blessures dont elle souffrait, d'autant plus que le bébé était le petit garçon qu'elle souhaitait mettre au monde depuis le début de son adolescence.

Des multiples fractures au niveau des jambes, des bras, du thorax et du bassin nécessitèrent un grand nombre d'interventions chirurgicales au cours des deux années qui suivirent. Pendant sa convalescence elle ne sortit pas de chez elle. Elle se sentait difforme et n'osait pas se regarder dans un miroir. Sa nudité mutilée lui apparaissait comme un supplice, de sorte qu'elle hésitait à se dévêtir et n'osait plus prendre de bain.

Après une année de convalescence qu'elle passa chez ses parents, sans avoir de relations avec le monde extérieur, elle décida de renouer avec certains de ses amis. Quelques semaines plus tard, elle rencontra le futur père de Sandra. C'était le premier homme avec lequel elle avait des relations sexuelles depuis son accident. Il n'était pas impressionné par les cicatrices qui lui lacéraient le corps et cela l'étonna beaucoup. Elle pensait qu'aucun homme ne supporterait la vue de ses cicatrices et décida d'avoir un enfant avec lui, par crainte de ne plus retrouver de partenaire sexuel. De leur vie commune, elle ne veut garder aucun souvenir. Elle pourrait «*à peine le décrire*», dit-elle.

Les parents de la mère de Sandra appartiennent à une catégorie socioprofessionnelle de la classe moyenne. Son père était, avant de prendre sa retraite, conducteur de rames à la RATP, sa mère travaillait comme chef de rayon dans une grande surface. Elle a interrompu son travail peu après l'accident de sa fille car elle est entrée dans un état dépressif qui a nécessité plusieurs hospitalisations.

La mère de Sandra est fille unique et a beaucoup souffert de cette situation. Elle se rappelle qu'elle appréhendait de se retrouver seule avec ses parents pendant les congés de fin de semaine, d'autant que toute la famille résidant dans le Jura, elle n'avait aucun adulte à qui se confier. Ses parents avaient peu d'amis ou de relations, recevaient peu et ne sortaient que rarement.

La relation entre la mère de Sandra et la grand-mère maternelle a toujours été difficile. C'est une femme qui a été élevée à la campagne et qui a des principes éducatifs rigoureux. Elle accepte difficilement l'évolution des mentalités. Sa fille n'ose pas se confier à elle. Elle garde de sa relation avec sa mère des souvenirs douloureux où les interdits dominent. A l'adolescence, alors qu'elle a ses premières relations sexuelles, sa mère refuse qu'elle prenne la pilule. La mère de Sandra s'adresse alors, de manière anonyme, sur les conseils d'une camarade, au Planning familial pour avoir une prescription de contraceptifs. Les sorties avec les jeunes du lycée lui sont interdites et l'adolescente ne cesse de transgresser les régles énoncées par ses parents, fait des fugues, se drogue et vit de plus en plus en marge de sa famille.

La mère de Sandra a toujours beaucoup admiré son père dont elle est secrètement amoureuse. Elle regrette toutefois que celui-ci lui prête peu d'attention, étant davantage préoccupé par son potager que par l'évolution d'une adolescente dont il ne perçoit pas la détresse. Il est cependant très attentif à ses résultats scolaires et met tous ses espoirs dans sa réussite professionnelle. Lorsqu'elle obtient son baccalauréat, avec mention, il lui offre un bracelet en or. La déception du père est grande lorsque la jeune fille lui annonce qu'elle abandonne son DEUG de mathématiques pour travailler comme employée de bureau.

La mère de Sandra comprend mal les sentiments que ses parents éprouvent l'un envers l'autre. Ils ne se manifestent aucune tendresse, n'ont pas de dialogue et semblent vivre ensemble sans communiquer.

Après la naissance de Sandra, sa mère décide de ne plus les revoir. Lorsque Sandra atteint l'âge de 2 ans, elle renoue avec eux à cause d'une éviction de la fillette de la crèche. Sandra a la varicelle et aucune nourrice n'est disponible alors que sa mère doit se présenter à un examen de fin de stage. La jeune femme se résigne à faire appel à ses parents, qui habitent dans la ville voisine.

Depuis un an, la mère de Sandra entretient de meilleures relations avec ses parents. La jeune femme la confie d'autant plus volontiers à ces derniers que ces périodes sont pour elle l'occasion de profiter de quelques rares moments de loisirs.

Peu à peu de nouveaux liens se tissent, surtout entre le père de la jeune femme et Sandra. La grand-mère reste à l'écart. Elle supporte mal sa petite fille qu'elle trouve exigeante et peu docile. Le grand-père est patient et tolérant avec Sandra. Il prend beaucoup de plaisir à lui faire partager ses activités. Il lui apprend à cultiver les haricots grimpants, l'emmène au parc de loisirs et construit pour ses poupées des meubles en bois qu'il décore de fleurs patiemment peintes et auxquels Sandra tient beaucoup.

La mère de Sandra est inquiète sur la manière dont sa fille réagira lorsqu'il lui faudra lui apprendre la vérité sur sa filiation. Elle envisage de la lui cacher. Elle pense que si elle se marie maintenant, elle pourra lui présenter l'homme qu'elle épousera comme étant son père. Si elle en est arrivée à prendre cette décision, c'est qu'elle redoute les questions de sa fille qui commencent à émerger, surtout depuis qu'elle va à l'école. Jusqu'alors le père était décrit comme étant en voyage, puis à l'étranger. Les interrogations de Sandra se font de plus en plus pressantes et mettent la jeune femme dans l'embarras.

Pour elle-même, la mère de Sandra ne souhaite pas vivre avec un homme, mais elle voudrait qu'un personnage masculin donne à la famille monoparentale qu'elle a constituée les apparences d'une famille traditionnelle. La jeune femme fait le projet de choisir un mari qui aura su conquérir l'affection de sa fille et qui devra jouer le rôle d'un père sans user d'une quelconque autorité sur elle. La mère de Sandra ne veut, en aucun cas, laisser à un homme, à l'exception du grand-père maternel, le soin de s'occuper de son enfant ou de le réprimander.

Lorsqu'elle envisage d'avoir un autre enfant dans le cadre d'une famille constituée selon un scénario imaginaire, il ne peut s'agir que d'un garçon. Elle a été très déçue d'avoir une fille. Elle craint que celle-ci ait avec elle des relations analogues à celles qu'elle a eues avec sa mère. Cette crainte l'amène à renforcer la complicité qu'elle entretient avec sa fille. Elle espère que si Sandra décide de partir de la maison à 18 ans, comme elle, leurs relations continueront de se poursuivre, sans rupture, contrairement avec ce qu'elle a vécu avec ses parents.

Le souhait d'avoir un garçon est lié à l'observation qu'elle a faite dans son entourage, constatant que «*les garçons ne quittent pas leur mère, ils lui restent toujours attachés tandis que les filles sont attirées par leur père, l'entourent d'attention et rejettent leur mère*».

La jeune femme a conscience que son projet d'élever sa fille avec un homme qui n'aura aucun droit sur elle, est difficile à réaliser. Un homme vivant avec elle et Sandra pourrait-il accepter cette situation ?

Elle sait qu'elle offre une apparence physique séduisante mais elle redoute le moment où son compagnon découvrira son corps couvert de cicatrices. Elle a rencontré plusieurs partenaires sur son lieu de travail avec lesquels une relation amoureuse commençait à s'engager. Chacune d'elle s'est soldée par un échec car, dit-elle «*les hommes n'ont pas supporté la vue d'un corps féminin couvert de plaies*».

La mère de Sandra conclut amèrement : «*maintenant je suis doublement handicapée, j'ai une fille et un corps meurtri*».

Analyse clinique

La maternité célibataire volontaire

Pour la mère de Sandra, le désir de maternité, notamment en ce qui concerne sa fille, prédomine sur le choix amoureux et la vie de couple. Le partenaire sexuel apparaît exclusivement comme un géniteur.

Dans ce cas de maternité célibataire, l'enfant est avant tout un enfant pour la mère, un enfant-pour-soi. Le rôle de l'enfant constitue un processus de réparation par rapport à une relation défaillante vécue douloureusement avec sa propre mère. L'enfant, dans le fantasme maternel, est investi de la capacité de lui offrir la possibilité d'instaurer des relations différentes de celles vécues dans son enfance. La mère de Sandra attend de sa fille qu'elle lui permette de faire un travail de reconstruction de son enfance et un travail de restauration de la relation mère/fille.

Ainsi, la mère n'accepte de laisser à personne d'autre le soin de s'en occuper, au moins pendant les premiers mois de sa vie. L'intervention d'un adulte dans la relation mère/enfant est vécue comme une intrusion et comme un obstacle à réélaborer une nouvelle construction de soi par le biais de l'enfant.

Le rôle de la grand-mère maternelle par rapport à sa fille et à Sandra

La mère de Sandra a souffert de l'absence de relations affectives entre elle et sa mère. Son sentiment d'avoir été peu investie par sa mère et de n'avoir pu se confier à elle, induit d'une part la maternité célibataire et d'autre part le désir de nouer avec son enfant des relations différentes où la complicité et l'échange sont leur mode de communication. Le vécu douloureux de la mère de Sandra par rapport à la grand-mère maternelle l'amène, dès l'adolescence, à souhaiter avoir un garçon afin de ne pas reproduire avec son enfant des relations où domine l'absence de relations chaleureuses.

C'est seulement à partir du moment où elle est sûre d'avoir une relation solide avec sa fille que la mère de Sandra peut envisager de revoir ses parents, sans pour autant se rapprocher de sa mère. Les relations entre la jeune femme et sa mère restent tendues. L'état de tension est renforcé par le fait que la grand-mère supporte mal sa petite fille et met en cause l'éducation que lui donne sa mère. La grand-mère, à cette époque de la vie de Sandra, continue de rejeter sa fille et rejette également Sandra, manifestant ainsi sa difficulté à communiquer avec la lignée féminine de sa famille, quel que soit le contexte générationnel.

Le rôle de l'homme dans la maternité célibataire

Pour la mère de Sandra, le désir d'élever un enfant seule prend ses racines dans un passé lointain. Il est lié à la relation qu'elle a établie avec chacun de ses parents. Le père n'a pas pu aider sa fille à dépasser le fantasme œdipien. La fille n'a pas pu vivre avec lui, au cours de sa petite enfance, les expériences de la séduction œdipienne et répète avec ses partenaires sexuels des conduites de séduction.

La distance que son père a toujours gardée vis-à-vis d'elle, rend le personnage masculin inaccessible et le promeut dans un statut de personnage imaginaire difficile à mobiliser et à séduire, et rarement à l'écoute du désir de l'autre. Cette position est renforcée par l'absence de relations affectueuses entre les parents, au moins dans ce que la fille peut en ressentir.

Le rôle de l'homme, et du père, dans le couple parental et par rapport à la fille, recèle une énigme qu'elle tente de résoudre depuis le début de son enfance, et qui l'amène à s'engager à l'adolescence dans des relations sexuelles précoces, dans lesquelles la dimension affective est peu présente.

Elle met en place un mode de vie dans lequel l'homme a un rôle essentiellement sexuel. Dès sa première grossesse, elle n'envisage pas de vivre avec le père de son enfant. Elle décide, avant son accident, de le quitter après la naissance de leur fils. Cette décision est toutefois énoncée dans l'après-coup du traumatisme, qui réactive le danger que représente un homme pour elle, et qu'elle a réellement vécu dans son corps lors de son accident.

Pour la mère de Sandra, son compagnon comme son père, apparaissent comme des personnages qui la blessent et qui la font souffrir. Elle éprouve le sentiment de vivre des situations d'échec avec eux et de ne pouvoir en attendre ni pacification, ni sérénité.

Dès lors, le désir d'enfant prévaut sur le désir de vivre avec un homme. Le départ du père de Sandra, après sa naissance, ne produit pas chez la mère de sentiment d'abandon, ni de culpabilité dans la mesure où le père constitue un obstacle à la mise en place d'une relation fusionnelle entre la mère et l'enfant.

Le choix de ce partenaire sexuel, du fait de son âge, le situe dans la même génération que celle de son père. Il représente une image paternelle qui réactive les fantasmes œdipiens de la jeune femme. Il est cependant choisi en fonction d'une maternité et non par rapport à la constitution d'une famille bi-parentale. La sexualité passe au second plan. La fonction de procréation est privilégiée.

Dans les projets d'avenir que la mère formule, le choix d'un nouveau compagnon est guidé par le souci de procurer un père à sa fille. Celui-ci ne doit pas revendiquer une autorité sur elle, ni s'immiscer dans la relation mère/fille. Le rôle que projette la mère sur ce nouveau partenaire apparaît comme celui d'un spectateur passif face à sa relation avec sa fille. Une famille ainsi reconstituée correspond à un modèle social traditionnel, proche de celui que la mère de Sandra a intériorisé dans le fonctionnement du couple parental et dans lequel les relations affectives sont peu présentes.

La préoccupation maternelle et le développement de l'enfant

La mère éprouve le besoin de garder sa fille pour elle seule pendant la première année de sa vie, renonçant ainsi à sa vie personnelle et professionnelle. La perduration de la dyade mère/enfant est perçue comme le moyen de créer une relation de dépendance de l'enfant par rapport à la mère. Cette relation restaure le pôle narcissique de la mère dans la mesure où elle lui donne le statut d'une personne indispensable.

Elle espère que la relation de dépendance, instaurée dès la première enfance, créera un lien indéfectible entre elle et sa fille et qu'il se poursuivra toute leur vie, quels que soient les événements qui interviendront ultérieurement.

Le fait que l'enfant s'intègre aisément dans un environnement différent de celui de sa mère lui procure de la satisfaction. Elle est heureuse de voir sa fille s'épanouir avec les autres adultes et avec les enfants. La socialisation apparaît à la mère comme un facteur d'épanouissement, qu'elle favorise en confiant de plus en plus souvent Sandra à ses grands-parents maternels.

La socialisation réussie de Sandra par le biais de la crèche et de l'école maternelle rend moins douloureuse à la mère la première séparation. Elle ouvre de nouvelles perspectives au couple intergénérationnel. L'enfant vit des expériences enrichissantes en dehors de la présence de la mère tout en lui gardant son affection.

En racontant ses activités et en faisant partager à sa mère ses expériences au retour de l'école ou de chez ses grands-parents, Sandra renforce la relation de confiance qui s'est instaurée entre elle et sa mère. En retour, la mère ne s'oppose pas à ce que la fillette fasse de nouvelles expériences avec des adultes. Elle élargit ses projets afin que l'enfant bénéficie de nouveaux apprentissages dans le monde extérieur et la confie plus fréquemment à d'autres personnes, notamment aux grands-parents, sans vivre dans l'angoisse que sa fille lui échappe.

La mère de Sandra ne répète pas avec sa fille les conduites de rejet qu'elle a vécues avec sa mère, mais elle crée une relation de dépendance entre elle et l'enfant. Elle fait cependant évoluer cette relation en soutenant sa fille dans ses investissements dans le monde extérieur.

Les repères identificatoires de Sandra

Sandra vit la première année de sa vie avec sa mère sans qu'un adulte intervienne dans leur relation. Les traits identificatoires de la fille se fondent exclusivement sur ceux de sa mère. Sandra trouve chez elle un étayage satisfaisant quoique la jeune femme soit parfois peu disponible pour elle, compte tenu des tâches multiples qu'elle assume seule. Sandra, à l'issue de sa première année, a fait de nombreuses acquisitions mais n'est pas socialisée et supporte mal que sa mère s'oppose à elle ou qu'elle lui impose une consigne.

L'entrée à la crèche puis à l'école maternelle ont pour effet de la socialiser et de lui permettre de s'épanouir en dehors de la présence maternelle. L'épanouissement de la fillette lui permet de faire des apprentissages et de trouver de nouveaux repères identificatoires auprès des adultes qu'elle côtoie pendant la journée.

Depuis qu'elle est née, sa mère est vigilante aux acquisitions de Sandra. Le fait d'être fréquemment sollicitée facilite l'investissement de la connaissance et favorise les apprentissages de l'enfant. Ils sont valorisés par la mère, qu'ils soient acquis à l'école ou avec les grands-parents, et deviennent le support de la communication mère/fille.

Le fait que le grand-père maternel ait un rôle actif dans l'évolution de Sandra lui donne le statut d'un substitut paternel et permet à l'enfant de se confronter à un personnage masculin. Son rôle actif auprès de sa petite-fille compense le peu de temps et d'attention qu'il a accordés à sa fille. Il permet à cette dernière de le réinvestir.

La mère de Sandra, par le biais de sa fille, vit comme par procuration une relation privilégiée avec son père, espérée durant toute son enfance et qui ne peut advenir qu'à l'occasion de la maternité célibataire.

Ahmed : l'enfant transculturel

Ahmed est né en France de parents marocains. Il aura bientôt 4 ans. La mère d'Ahmed est venue en France il y a 9 ans à la suite d'un violent conflit qui l'a opposée à son père. Celui-ci, de condition sociale privilégiée, avait organisé de longue date, selon les traditions culturelles de son pays, le mariage de sa fille avec un homme d'âge mûr qui dirige une société d'exportation de produits agricoles. Alors que les bans étaient publiés la jeune femme a pris la fuite, refusant d'aliéner son existence à celle d'un homme qu'elle n'avait pas choisi et qu'elle connaissait à peine. Elle savait seulement qu'il exigerait d'elle qu'elle mène une existence conforme à la tradition islamique. L'idée de rester enfermée à la maison, de ne pas avoir d'activité professionnelle et de ne rencontrer que les personnes désignées par son mari alors que celui-ci aurait, comme son père, toute la liberté qu'il souhaitait, lui était insoutenable. Alors qu'elle résidait en France, cet homme est venu à plusieurs reprises du Maroc pour tenter de la convaincre de se marier avec lui. Elle n'a pas cédé à ses arguments.

La famille de la jeune femme vit au Maroc et respectait scrupuleusement les traditions islamiques jusqu'à ces derniers temps. Sa mère sortait toujours accompagnée par l'un de ses enfants et s'habillait selon la coutume religieuse marocaine jusqu'à ce que sa fille la pousse, depuis qu'elle vit en France, à prendre son indépendance par rapport à son mari.

La mère d'Ahmed a été éduquée de manière rigoureuse, selon certaines valeurs rigides de la religion. Elle a fait des études secondaires et a obtenu son baccalauréat. Elle voulait s'inscrire à l'Université pour préparer un diplôme de langues vivantes car elle avait l'intention d'être interprète ou guide touristique mais son père s'y est opposé car il jugeait inconvenant pour une femme de travailler dans ce domaine.

Elle finit par le convaincre de la laisser suivre une formation de secrétariat de direction. Au bout de trois ans, après avoir obtenu son diplôme, la jeune femme se fit embaucher par son oncle dans l'entreprise qu'il dirigeait. C'est à cette époque que son père décida de la marier.

La jeune femme a un frère aîné et trois sœurs cadettes qui vivent au Maroc. Les filles ont bénéficié de son expérience pour infléchir l'autorité paternelle et deux d'entre elles poursuivent des études supérieures.

La mère d'Ahmed trouva du travail dès son arrivée en France, où sa famille a des connaissances, puis emménagea dans un appartement confortable qu'elle occupe toujours.

Deux ans après son arrivée en France, elle noua une relation amoureuse avec un homme d'origine marocaine. Peu de temps après leur rencontre ils vécurent ensemble. Son compagnon était âgé de 40 ans et travaillait dans la publicité. Au début de leur relation, la jeune femme prenait la pilule. Elle abandonna toute contraception au bout de quelques mois de vie commune et subit deux interruptions volontaires de grossesse au cours des trois premières années de leur vie de couple. Après la deuxième intervention, le gynécologue l'informa que les IVG l'avaient rendue stérile et qu'elle ne pourrait plus avoir d'enfant.

Le couple avait envisagé à plusieurs reprises de se marier. La jeune femme était tout à fait favorable à cette proposition mais son compagnon reculait sans cesse la date du mariage. L'entourage du couple l'avait mise en garde par rapport à son compagnon. En effet, ses amis pensaient qu'il resterait célibataire car il avait eu plusieurs fois l'occasion de se marier et avait toujours rompu lorsque cette décision devait se concrétiser.

Au bout de sept ans de vie commune, le désir d'avoir un enfant devint de plus en plus fort, quoique la jeune femme fût convaincue que les interruptions de grossesse avaient laissé des séquelles qui ne lui permettraient pas de mener à terme une nouvelle grossesse. Elle n'avait plus été enceinte depuis 4 ans, alors qu'elle ne prenait aucune précaution particulière.

Elle était aussi persuadée que son compagnon la quitterait lorsqu'il apprendrait qu'elle était enceinte. Elle espérait cependant que le fait d'avoir un enfant renforcerait les liens du couple et pousserait son compagnon à se marier.

A 33 ans elle pensait que si elle ne prenait pas la décision d'avoir une maternité, elle n'aurait jamais d'enfant. Elle fit part de ses réflexions et de son désir de maternité à son compagnon. Celui-ci manifesta pour la première fois un certain enthousiasme pour ce projet, quoiqu'il émît une réserve car il était inquiet pour sa situation professionnelle et craignait d'être licencié. La jeune femme fut enceinte peu de temps après.

L'annonce de la grossesse coïncida avec le licenciement de son compagnon. Celui-ci entra dans un état dépressif, refusa de chercher du travail et s'isola de plus en plus. Elle était enceinte de trois mois lorsqu'il la quitta sans lui avoir annoncé sa décision. Elle reçut quelques jours plus tard une lettre dans laquelle il lui annonçait qu'il ne la reverrait pas et qu'elle devait assumer seule ses responsabilités.

La mère d'Ahmed se rendit à l'hôpital pour faire pratiquer une nouvelle interruption volontaire de grossesse. La gynécologue qui la reçut la persuada de garder son enfant, d'autant que les dates légales d'intervention étaient dépassées. Elle lui dit aussi que *«c'était sa dernière chance d'avoir une maternité»*.

La fin de la grossesse se déroula dans des conditions très difficiles. La mère d'Ahmed était désemparée, cherchait à retrouver le père de l'enfant pour le convaincre de revenir vivre au foyer et espéra jusqu'à l'accouchement qu'il se manifesterait, en vain. Actuellement, la jeune femme est reconnaissante à son gynécologue de l'avoir ainsi conseillée quoiqu'elle accepte encore difficilement sa situation de mère célibataire.

L'accouchement fut douloureux. Trois heures après, elle téléphona à un ami commun du couple pour lui annoncer qu'Ahmed était né, afin qu'il prévienne le père de l'enfant car elle ne savait pas où il habitait. Elle apprit plus tard, par des anciennes relations, qu'il s'était installé dans le sud de la France, et qu'il vivait seul. Il s'informe de temps en temps du devenir de son ex-compagne et de leur fils mais il ne s'est pas manifesté auprès d'eux.

La mère d'Ahmed a vécu avec beaucoup de difficulté les suites de son accouchement. Elle ne voulait pas quitter la clinique de peur de se retrouver seule à la maison avec le nourrisson. Elle aurait souhaité avoir au moins la présence et les conseils de sa mère, mais compte-tenu de sa situation, elle n'avait pas osé informer sa famille de sa grossesse.

Elle redoutait particulièrement les réactions de son père. Ses relations avec lui s'étaient améliorées depuis qu'elle avait parlé à sa famille de son prochain mariage. Elle craignait que l'annonce d'une maternité célibataire conduise son père à interdire à sa mère et à ses sœurs de communiquer avec elle. Elle était aussi très culpabilisée car sa religion réprouve cette situation.

Quelques jours après son accouchement la mère d'Ahmed apprenait le décès accidentel de son frère aîné. Cet événement ébranla la jeune femme qui dut prolonger son congé post-natal de plusieurs mois car elle était entrée dans un état dépressif sévère. La présence de son fils lui apporta un grand réconfort. Elle pense maintenant que s'il n'était pas né, elle n'aurait pas survécu à son chagrin.

Au cours des premiers mois, Ahmed était un nouveau-né anxieux. Il pleurait à chaque instant quoiqu'il soit né à terme et pesait 3 kg 800. Il refusait de s'alimenter au sein alors que sa mère voulait l'allaiter. L'allaitement artificiel puis l'alimentation mixte furent pénibles à mettre en place. Actuellement encore, Ahmed est un petit garçon frêle. Les repas sont pour sa mère une source d'angoisse car il n'accepte de manger que des friandises. A la crèche et à l'école maternelle, le personnel lui a souvent fait remarquer qu'Ahmed était difficile à nourrir. Par contre chez la nourrice, il prend ses repas sans trop de difficultés, ce qui amène sa mère à la lui confier le mercredi pour le déjeuner alors qu'elle a choisi de ne pas travailler ce jour-là pour s'occuper de lui.

La jeune femme a annoncé à sa mère la naissance de son fils, ainsi que son mariage, alors que l'enfant avait 6 mois. Quelques mois plus tard, elle l'emmena au Maroc pour le présenter à sa famille. Le père de l'enfant était supposé être en voyage d'affaire et surchargé de travail. Les grands-parents firent mine de croire à cette version et ne posèrent plus de questions sur lui.

L'accueil des grands-parents maternels fut chaleureux, surtout à l'égard d'Ahmed qui était leur premier petit-fils. Ils pensèrent que c'était la providence divine qui leur envoyait le petit-garçon pour les consoler de la peine qu'ils avaient éprouvée lors du décès de leur fils aîné.

Ahmed est choyé par sa grand-mère maternelle et par ses tantes. Les trois sœurs cadettes de la mère d'Ahmed lui sont reconnaissantes d'avoir lutté pour conquérir son indépendance car elles ont bénéficié de son expérience pour amener leur père à assouplir ses positions. Elles jouissent d'une plus grande liberté que leur aînée.

Son grand-père est admiratif et indulgent avec le petit garçon. Il le gâte beaucoup et satisfait à toutes ses demandes. Récemment il lui a offert un poulain. Il espère qu'il sera, comme lui, un bon cavalier.

Ahmed parle le français avec sa mère et commence à prononcer quelques mots d'arabe que son grand-père lui enseigne lors de ses séjours au Maroc. Le petit garçon est fier de ses nouvelles acquisitions et fait souvent référence à son grand-père qu'il appelle à son secours, par téléphone, lorsqu'il est en conflit avec sa mère.

Quand il revient en France, Ahmed se montre particulièrement exigeant avec sa mère, il ne supporte pas ses interdits et se met en colère dès qu'elle tente de lui imposer des limites. Elle a cependant décidé de ne pas céder et s'affronte souvent avec lui. Elle considère que si elle ne fait pas preuve d'autorité maintenant, plus tard son fils ne respectera aucune règle. En classe et avec la nourrice, il essaye d'adopter la même attitude mais ne persévère pas lorsqu'il comprend que ses interlocuteurs ne lui céderont pas.

Il aime la compagnie des garçons, participe aux parties de football des grands et se bagarre souvent. Il s'initie au judo avec les fils aînés de la nourrice mais joue rarement avec les deux filles de son âge qu'elle garde en même temps que lui.

Quoique sa mère n'apprécie pas l'éducation des enfants de la nourrice qu'elle juge grossiers, elle estime que leurs jeux de garçons sont bénéfiques pour Ahmed. Ils lui permettent d'évoluer dans un milieu masculin et viril, et d'apprendre à se défendre.

A la maison, la mère d'Ahmed n'accepte pas qu'il participe aux tâches ménagères qu'il pourrait effectuer car elle veut en faire *«un homme»*. Ahmed se comporte comme un petit garçon autoritaire avec sa mère et obtient souvent ce qu'il veut. Il entretient avec elle des relations de séduction et l'amène à lui céder. Sa mère porte sur Ahmed un regard émerveillé et valorise chacun de ses actes, sans toutefois être dupe qu'elle est parfois trop permissive avec lui.

Ahmed a posé à sa mère la question de savoir où était son père. Après lui avoir laissé croire, comme à sa famille, qu'il était en voyage, elle a fini par lui dire qu'il était parti avant sa naissance. Elle a insisté sur le fait que c'était un homme malheureux, qui vivait seul et qui n'avait pas pu s'occuper de sa famille. Elle espère secrètement qu'un jour Ahmed ira à sa rencontre et le convaincra de venir vivre à la maison. Ahmed a compris ce message et tente de consoler sa mère de l'absence de l'homme qu'elle a aimé : «*On le retrouvera et on le gardera*», lui dit-il.

La mère d'Ahmed pense que si le père de son enfant ne revient pas, elle continuera de vivre seule avec son fils. Plus tard, lorsqu'il sera adulte, elle envisage difficilement de vivre autrement que seule, à moins qu'elle rencontre un autre compagnon, européen. Elle ne veut plus engager de relation amoureuse avec un marocain car elle est déçue des comportements des hommes de son pays. En fait, son souhait le plus profond est que le père d'Ahmed revienne vivre avec elle pour former une famille traditionnelle.

Analyse clinique

Désir d'enfant et valeurs traditionnelles

Dans ce cas, la maternité célibataire découle de la prise de conscience de la femme de son avancée en âge. Elle réalise, à cette période de sa vie, que si elle ne concrétise pas maintenant son désir de maternité, elle ne pourra plus mener à terme une grossesse, d'autant plus que les IVG font peser une menace de stérilité.

Le désir d'avoir un enfant n'apparaît pas brusquement chez cette femme. Il est présent dès le début de sa vie en couple puisqu'elle cesse de prendre une contraception. Ce désir s'objective par deux grossesses qu'elle ne peut mener à terme, faute d'avoir pu être partagé avec le père. Le désir est refoulé car la jeune femme, quoique vivant maritalement de manière stable avec son compagnon, préfère procréer en respectant les valeurs traditionnelles du mariage.

Sa culture et ses traditions familiales constituent un obstacle à la procréation en dehors du mariage. Avoir un enfant sans être mariée engendre la culpabilité par rapport aux valeurs morales que sa famille lui a transmises.

La rupture avec sa famille entraîne un sentiment de culpabilité qui s'origine dès la fin de l'adolescence dans le conflit qui l'oppose à son père. Plus tard, le concubinage, les interruptions volontaires de grossesse et la maternité célibataire accroissent le sentiment de culpabilité. Son mode de vie apparaît comme une transgression par rapport aux idéaux paternels et aux valeurs que sa famille lui a transmises.

Le père apparaît comme le garant des valeurs traditionnelles. Il refuse d'accéder au désir de sa fille de poursuivre les études qu'elle souhaite faire, de s'engager dans une vie professionnelle et de choisir elle-même son mari. En refusant de se soumettre à la volonté de son père et de se marier avec un homme qu'il a lui-même choisi, la jeune femme rompt avec sa famille et s'exclut en quittant son pays.

Le sentiment de culpabilité atteint son paroxysme lors de la naissance d'Ahmed. Le fait que la famille maternelle accepte volontiers l'enfant contribue à ce que la culpabilité s'estompe. Par contre, les sentiments d'abandon et de perte ressentis lors du départ du père de l'enfant envahissent la vie psychique de la mère et sont renforcés par la pulsion mortifère que génère la mort du frère aîné. La pulsion de vie se concentre sur la réussite de l'éducation de l'enfant. Son évolution devient la seule préoccupation de la mère. Cette préoccupation masque partiellement les blessures narcissiques qu'elle a subies.

Grand-père maternel et père géniteur

L'un comme l'autre sont issus de la même origine culturelle. Le père de la jeune femme est très attaché aux valeurs traditionnelles de sa culture. Il a transmis à sa fille certaines de ces valeurs contre lesquelles elle lutte sans pouvoir s'en dégager totalement.

Le rejet des valeurs transmises par le père et de certaines traditions liées au contexte socio-culturel du milieu dans lequel elle a vécu jusqu'à l'entrée dans l'âge adulte génère des conduites de revendication chez la jeune femme. Ils s'originent sur des sentiments de révolte par rapport au père qu'elle fuit pour échapper à son emprise.

Le choix de vivre en France avec un homme ayant la même origine culturelle qu'elle, apparaît dans un premier temps, comme un compromis. Ce compromis prend en compte son attachement à certaines valeurs culturelles de son pays et l'autonomie qu'elle a nouvellement acquise. Elle mène une existence indépendante tout en restant fidèle à certaines valeurs intériorisées depuis l'enfance.

Faute d'avoir pu mener sa relation amoureuse au terme qu'elle s'est fixé, le mariage, le fait d'être mère d'un garçon qu'elle élève en fonction de ses traditions familiales la restaure partiellement dans son narcissisme et dans son identité, à la fois au niveau psychique et culturel.

L'enfant, qui naît alors que son frère aîné meurt peu après, permet à la jeune femme de retrouver une place auprès de son père. La position maternelle est d'autant plus privilégiée que son fils est maintenant le seul garçon de la lignée de la famille maternelle. La peine des grands-parents est atténuée par la présence de l'enfant. Les espoirs de réussite qu'ils projettent sur lui les amènent à réinvestir le désir de vivre, alors qu'ils se sentaient anéantis par la pulsion de mort générée par le décès prématuré de leur fils.

Le petit garçon apparaît comme le porteur des traditions familiales auxquelles son grand-père l'initie avec plaisir, avec la complicité de sa mère. A la fois celle-ci défend son autonomie et ses choix personnels en tant que femme et éduque son fils en fonction des valeurs de sa famille et de sa culture.

Une sorte de clivage s'est opéré : la jeune femme rejette les valeurs de sa culture qu'elle considère comme aliénantes pour la femme et les perpétue dans l'éducation qu'elle donne à son fils.

La femme a intériorisé au cours de l'enfance et de l'adolescence le système de valeurs de sa famille, que certains événements de sa vie la conduisent à rejeter. La naissance de son fils l'amène à réinvestir ces valeurs et à les lui transmettre, sans toutefois renoncer totalement à la liberté qu'elle a acquise.

Les femmes de la famille

Le changement opéré par la mère d'Ahmed est déterminant pour la vie des femmes de la famille, sa mère et ses sœurs. Celles-ci, sous l'impulsion de la jeune femme, prennent des initiatives qui vont parfois à l'encontre des injonctions du mari et du père. Le départ de sa fille provoque un changement chez le père qui accepte mieux le mode de vie différent des femmes.

En s'opposant à la rigidité de son père, la mère d'Ahmed introduit des changements chez les femmes de sa famille et modifie l'attitude de l'homme face à elles.

Son retour dans sa famille est attendu par ses sœurs et par sa mère pour lesquelles elle apparaît comme celle qui a donné aux femmes la capacité d'affirmer leur désir face à la toute-puissance du père.

L'enfant dans la famille de sa mère

Ahmed focalise les projections des différents membres de la famille de sa mère. Il est investi par ses grands-parents et par ses tantes à la fois du rôle du fils et du frère disparu, et à la fois de celui de l'enfant que les sœurs de sa mère aimeraient avoir. Pour les premiers, il cicatrise la plaie faite par la mort du fils. Pour les sœurs de la mère d'Ahmed, il objective un modèle de vie de femme autonome pour lequel la jeune femme lutte : il est l'enfant qu'elle a décidé d'avoir et qu'elle assume seule. Pour les femmes marocaines, élevées dans la tradition islamique, la mère d'Ahmed symbolise la liberté de la femme.

Dans leurs relations à l'enfant, chacun des membres de la famille projette son idéal. Il représente pour le grand-père l'enfant qui perpétuera les traditions familiales. Au-delà de la figure idéalisée qu'il fait naître, il est aussi l'enfant isolé qui vit à l'étranger, loin de la famille et dont chacun pressent que sa vie quotidienne est parfois difficile, à travers la détresse que sa mère laisse percevoir, notamment par rapport à l'absence du père.

Quant à l'enfant, il vit cette absence dans son corps. Elle se manifeste par des troubles alimentaires. Ces troubles n'apparaissent pas lorsqu'il séjourne chez ses grands-parents comme si leur présence compensait l'absence du père.

Ahmed perçoit la complicité qui s'est établie entre son grand-père et lui, et tous deux ont fait une alliance, parfois contre la mère. Il n'hésite pas faire appel à lui lorsqu'il est en conflit avec elle. La complicité entre le grand-père et l'enfant médiatise sa relation avec sa mère et lui permet de faire des expériences avec un homme. Ces expériences l'enrichissent à la fois par un contact viril et par des référents culturels différents de ceux du pays où il vit habituellement et dont certains sont valorisants pour le garçon. Le grand-père a le rôle d'un tiers et simultanément il réintroduit par le biais de l'enfant les valeurs auxquelles il est attaché. Il prodigue parfois à Ahmed des conseils qui vont à l'encontre des préoccupations éducatives de sa mère.

Femme libérée et mère soumise

Depuis son adolescence, la mère d'Ahmed lutte contre les interdits de son père. Ses processus psychiques se mobilisent pour mettre en échec des décisions qui ne prennent pas en compte ses aspirations personnelles dans le domaine professionnel et dans sa vie affective. Elle souhaite gérer sa vie en fonction d'un modèle occidental qui s'oppose au modèle traditionnel islamique auquel son père adhère.

Dans la communauté culturelle dans laquelle elle a vécu, elle a dû assumer seule, et parfois avec la complicité de sa mère, les choix qu'elle a faits face à l'autorité paternelle.

La liberté acquise contre le gré de son père génère à la fois un sentiment de valorisation narcissique, notamment au niveau professionnel et un sentiment de culpabilité, face au conflit que sa prise d'autonomie a engendré par rapport à son père. La culpabilité entraîne la mise en place d'un processus de réparation qui s'objective dans le choix d'un compagnon de la même origine culturelle qu'elle. Si la vie de couple ne remet pas profondément en question son désir d'indépendance, par contre son désir de maternité est à plusieurs reprises mis en échec et ne peut se concrétiser que dans la maternité célibataire.

A un moment de sa vie elle est contrainte de choisir entre son désir de vivre avec un compagnon, qui représente pour elle une continuité avec son pays d'origine et ses traditions familiales, et son désir de mettre au monde un enfant hors du mariage. Le désir de maternité prime sur son attachement aux traditions familiales qu'elle rejette et auxquelles cependant elle ne parvient pas à renoncer totalement.

Les idéaux et les valeurs intériorisés depuis l'enfance sont représentés par les membres de la communauté à laquelle la femme appartient. Ils forment un ensemble complexe qui constitue une partie de son psychisme. Elle ne peut s'en déprendre totalement au risque de renoncer à une partie d'elle-même et à perdre son identité culturelle.

Pour la mère d'Ahmed, le renoncement à sa culture d'origine ne peut être total et l'amène à trouver des compromis névrotiques plus ou moins ajustés, comme le choix de son compagnon et la maternité célibataire. Ces compromis la poussent aussi à réinvestir sa culture.

Ahmed bénéficie d'une éducation très proche de celle qu'il aurait reçue dans la communauté culturelle à laquelle appartient sa mère, mais qui est pondérée à la fois par le statut de la mère célibataire et à la fois par leur mode de vie dans une culture occidentale. L'enfant, dont les repères identificatoires sont liés à l'image forte du grand-père maternel et à ceux des fils de sa nourrice, est au niveau fantasmatique, l'enfant du couple intergénérationnel formé par la mère et le grand-père et un enfant *transculturel*, c'est-à-dire qui est imprégné de deux cultures. Il les intériorise chacune en fonction de ses modes de vie.

Ahmed trouve dans la culture occidentale des repères identificatoires en fonction des intervenants dans sa vie quotidienne. La culture islamique se fonde en grande partie sur ses investissements affectifs, tant au niveau de certaines des conduites de sa mère que de celles de ses grands-parents maternels, et en fonction des idéaux de son grand-père.

Paule ou le mythe du héros

Paule est une adolescente de 15 ans. Sa présentation est soignée : elle est vêtue d'un tailleur bleu marine et porte un chignon qui lui donnent l'aspect d'une jeune adulte. Elle est souriante mais son attitude générale lui donne un air sévère et réfléchi. Elle est en seconde et a toujours obtenu de bons résultats scolaires. Elle souhaite faire des études de médecine.

Sa mère a 35 ans. Elle est aide-comptable dans un cabinet d'experts. Elle paraît plus modeste que sa fille dans sa manière de s'habiller et donne l'impression d'être triste et résignée. Elle est admirative devant la réussite scolaire de l'adolescente, mais ne cache pas sa préoccupation face à leur avenir à toutes les deux.

Paule et sa mère vivent ensemble depuis le décès du père de Paule, survenu brutalement à la suite d'une rupture d'anévrisme, il y a 7 ans. Le père de Paule était sous-officier dans l'armée de terre et avait toujours joui d'une excellente santé.

A cette époque, la famille résidait dans un confortable logement de fonction. Paule et sa mère ont dû le quitter après le décès du père pour emménager dans un appartement de 2 pièces. La mère de Paule y a entassé tous ses meubles faute de pouvoir se résigner à s'en séparer.

Durant les deux années qui suivirent la mort du père, Paule et sa mère ont partagé la même chambre et dormi ensemble. Paule souffrait de cette situation mais elle n'osait pas en parler à sa mère de manière explicite, de crainte de réactiver sa peine.

Lorsqu'elle est entrée en 6e, elle a fini par convaincre sa mère que le temps passé à son travail scolaire, après le dîner, ne lui permettait plus de partager la chambre maternelle. Elle a obtenu qu'un espace lui soit aménagé dans un coin de la salle à manger, où deux armoires normandes tiennent lieu de séparation entre le coin-chambre de Paule et le reste de la pièce.

La mère de Paule a accepté cette séparation avec regret mais en admet le bien-fondé pour sa fille. Elle est vigilante à préserver l'harmonie qui règne dans le couple intergénérationnel et évite soigneusement les conflits. Elle pense qu'elle aurait eu davantage de mal à surmonter son désespoir si sa fille n'avait pas été auprès d'elle pour la consoler de sa peine par sa présence attentive. La nécessité que la mère éprouvait à continuer de vivre après le décès de son mari était essentiellement motivée par l'avenir de sa fille.

Paule est sensible à l'humeur de sa mère. Elle n'hésite pas à s'occuper d'elle lorsqu'elle la sent inquiète ou tendue. Elle-même, lorsqu'elle est triste, va se blottir contre sa mère. Il lui arrive même encore maintenant d'aller dormir avec elle ou de lui demander de venir à son chevet lorsqu'elle ne trouve pas le sommeil.

Paule a beaucoup investi l'espace qui lui sert de chambre. Elle l'a décoré selon ses goûts, qui sont largement inspirés par ses programmes scolaires (emploi du temps, schémas de géographie, de physique et de biologie, programmes à étudier). Sa mère y pénètre rarement.

Paule ne reçoit pas de camarades chez elle. Elle ne sort que pour aller en classe ou pour faire les courses que sa mère lui demande d'acheter lorsqu'elle n'a pas le temps. Elle n'a pas d'autres activités que sa scolarité sur laquelle elle concentre tous ses efforts.

Le père de Paule était très attentif aux résultats scolaires de sa fille. Il lui avait appris à lire alors qu'elle était en grande section de maternelle et rencontrait fréquemment les enseignants. Il aurait aimé lui-même faire des études pour devenir médecin ou pilote d'avion et regrettait que sa famille ne lui ait pas permis de réaliser ces projets. Il espérait, par le biais de l'armée, poursuivre sa formation et gravir les échelons dans l'échelle sociale. La mère de Paule l'encourageait en ce sens.

Le fait que Paule investisse la scolarité rappelle à sa mère les préoccupations qu'avait son mari par rapport à la réussite scolaire de leur fille. La scolarité est un sujet de conversation fréquent entre elles. Elles se rappellent ensemble que le père de Paule aurait été heureux de voir ses espoirs concrétisés au travers des résultats scolaires de Paule.

Paule se souvient fréquemment des conseils que son père lui donnait lorsqu'elle était enfant. Quand elle se sent en difficulté devant un devoir, il lui arrive de regarder la photographie de son père, qu'elle garde toujours dans son porte-carte, et de se remémorer ses recommandations pour surmonter les difficultés.

La mère de Paule perçoit son activité professionnelle comme peu valorisante. Elle n'a pas de perspective de formation, ni de promotion. Sa situation financière est précaire. Elle est heureuse que sa fille envisage de faire des études supérieures et appréhende en même temps la charge financière qu'elles impliqueront pour elle.

Le décès du père de Paule a entraîné une baisse importante des revenus de la famille. Paule et sa mère mettent en avant la situation financière du foyer monoparental pour justifier le fait que l'adolescente n'ait pas d'activités à l'extérieur.

Alors que la famille bi-parentale habitait une maison dans un village où était regroupé l'environnement familial, la famille monoparentale a été obligée de venir habiter dans une ville de moyenne importance afin que la mère de Paule trouve un emploi. Le couple intergénérationnel est isolé par rapport à l'environnement familial ainsi que par rapport aux relations amicales que le couple parental avait nouées. La mère a peu de contacts avec ses collègues de travail et n'a aucun loisir.

Elle a cependant rencontré sur son lieu de travail un homme avec lequel elle entretient une relation amoureuse espacée et discrète. Il est lui-même marié et habite à 300 km. Elle le rencontre lorsqu'il vient traiter ses affaires.

Lorsque sa mère a parlé de cet homme à Paule, il y a 3 ans, sa fille a réagi violemment. Elle a refusé de faire sa connaissance et a menacé sa mère de faire des fugues si elle l'amenait au foyer monoparental. Paule considère que sa mère doit rester fidèle au souvenir de son père. Elle pense que le fait d'aimer et de vivre avec un autre homme serait une trahison à l'égard de son père.

La mère de Paule souffre de cette situation qui l'oblige à des rencontres furtives et brèves qui la culpabilisent à la fois vis-à-vis de sa fille et de son compagnon. Elle avait espéré, au début de leur rencontre, qu'elle pourrait reconstruire une nouvelle famille mais y a renoncé, au moins jusqu'à ce que Paule ait terminé ses études.

Paule et sa mère vivent ensemble depuis plus de 7 ans sans s'être quittées plus de quelques jours à l'occasion des voyages scolaires que l'adolescente a faits avec le collège. La mère et la fille passent ensemble leurs congés de fin de semaine. Pendant que Paule met à jour ses devoirs, sa mère s'occupe de la maison et fait les courses. Parfois elles regardent ensemble la télévision ou lisent des romans.

Leur sujet de conversation le plus fréquent consiste à évoquer la manière dont se dérouleraient leurs moments de loisirs si le père de Paule était encore là. Elles se remémorent les sorties qu'ils faisaient en famille lorsque Paule était enfant. Le père de Paule était très sportif. Le dimanche était souvent l'occasion de l'accompagner à des compétitions de judo dont les coupes qui ornent le buffet de la salle à manger témoignent de ses victoires. A cette époque, Paule avait commencé à s'entraîner avec lui mais depuis son décès elle a abandonné le sport, prétextant que ses études prenaient tout son temps. Elle garde de bons souvenirs de cette période, d'autant plus que son père était le seul sportif de la famille, qu'il partageait cette activité avec elle et que c'était l'occasion d'importantes réunions de famille.

Depuis 3 ans, la mère et l'adolescente partent en vacances ensemble. La première partie est réservée à une visite dans les familles du père et de la mère, dans l'Est de la France, tandis qu'au cours des deux semaines suivantes elles font du camping.

L'une comme l'autre apprécient les endroits calmes. Elles choisissent généralement de s'installer dans des lieux peu fréquentés. Chacune reprend alors les activités qu'elle pratique habituellement à la maison, en particulier la lecture pour la mère et les révisions des programmes scolaires pour Paule.

Après le décès de son père, Paule allait fréquemment chez ses grands-parents paternels et maternels où elle retrouvait ses oncles, ses tantes et ses cousins. Sa mère argumenta de l'éloignement géographique pour espacer les visites car elle supportait mal le sentiment de solitude qu'elle éprouvait dans la famille. Paule, qui prenait plaisir à voir ses grands-parents et ses cousins, a maintenant peu de contacts avec eux, hormis la semaine de vacances annuelles. Elle regrette que ses relations avec sa famille se soient espacées car elle se sent désormais un peu comme une étrangère avec eux. L'an dernier elle a demandé à sa mère d'aller séjourner quelques jours chez ses grands-parents paternels, chez lesquels ses cousins passaient leurs vacances, mais sa mère s'y est opposée, prétextant leur grand âge et leur état de santé précaire.

Paule fait des projets pour ses études mais ne peut imaginer de quoi sera fait son avenir. Son souhait actuel consiste à rester le plus longtemps possible auprès de sa mère. Elle pense que celle-ci supporterait difficilement de vivre seule et que son devoir est de veiller sur elle.

Analyse clinique

Un père réel

Le père apparaît comme un référent parental fortement investi par l'adolescente. Il représente un modèle qui a été idéalisé au cours du temps. Elle y fait fréquemment référence tant au niveau de sa scolarité que du sport, quoiqu'elle n'en pratique plus aucun.

Le rôle que continue de jouer le père, depuis sa mort, paraît plus fort que s'il était présent. Disparu précocement d'un foyer qui semblait uni alors que Paule était enfant, il laisse des souvenirs dans lesquels ne perce aucune trace de conflit.

Le travail de deuil n'est pas encore terminé sept ans après son décès. L'image forte du père continue d'opérer comme le référent ultime. Paule y fait volontiers appel lorsqu'elle est en difficulté et n'admet pas qu'un autre homme puisse être investi par sa mère. L'image de l'homme demeure celle, exclusive, du père.

Paule n'a pas de camarades et vit dans un univers clos dans lequel le couple parental est maintenu présent à la fois par les souvenirs qu'elle en conserve et à la fois par le passé qu'elle et sa mère se remémorent. Ils concernent essentiellement la vie familiale qu'elles ont connue pendant les huit premières années de son vécu infantile.

Paule semble être restée comme figée à cette époque sans qu'aucune autre image masculine l'aide à se dégager du souvenir omniprésent de son père, dont la mort a généré l'idéalisation.

Au début de l'adolescence, l'investissement massif de l'image paternelle lui permet de vivre cette période sans remettre en question les idéaux que lui a transmis la famille bi-parentale. Ces idéaux sont essentiellement ceux du père, la mère assumant leur continuité comme par procuration. Paule ne donne pas à sa mère la possibilité de remettre en question ces idéaux. Elle lui impose de les maintenir et de les assumer.

Paule, qui a été une fillette très investie par son père, affirme sa féminité au cours de l'adolescence. Elle est vêtue avec un soin et une élégance qui contrastent avec l'aspect modeste que sa mère donne à voir. L'élégance de Paule n'est pas destinée à séduire autrui, mais plutôt à construire une image d'elle-même dont elle imagine qu'elle est conforme à ce que son père attendait d'elle.

La féminité de Paule, qui s'épanouit depuis quelques années, paraît destinée à séduire son père. Il est le seul homme auquel elle ait le désir de plaire. La séduction paraît plus proche de celle de la petite fille qu'elle a été lorsque son père était encore vivant que de celle de l'adolescente qu'elle est devenue. La jeune fille se maintient dans la continuité d'une séduction œdipienne interminable. Le père étant mort, la mère ne représente plus une rivale comme dans le passé, mais une complice qui l'aide à réaliser le modèle féminin imaginaire que son père aurait aimé.

Père immuable, père imaginaire, père idéalisé

Le père de Paule, tel qu'elle se le représente dans l'actuel par rapport à l'époque où elle était enfant, n'a subi aucune modification. Le fait de ne pouvoir se remémorer que des interdits paternels relatifs à la période infantile, l'amène à construire une image du père conforme à ce qu'elle en attend. Elle ne peut pas envisager qu'il aurait pu changer et lui imposer de nouveaux impératifs, tels que celui de continuer de pratiquer une activité sportive, par exemple.

L'image de la permanence paternelle, reconstruite dans l'après-coup du deuil, répond à un besoin de stabilité et de réassurance. Le père immuable est plus exigeant, dans certains domaines, qu'un père qui serait présent au foyer, tandis que dans d'autres c'est la volonté de l'adolescente qui édicte sa loi. Le père est l'objet, lors de l'adolescence de Paule, d'une construction psychique qui, à la fois ne subit pas de réaménagement et à la fois est conforme à ses aspirations.

La relation père/fille aurait nécessairement évolué en fonction des remaniements de l'adolescence et des changements qui se seraient opérés aussi bien pour Paule que pour son père. Elle aurait pu devenir génératrice de conflits et de compromis qui auraient modifié l'image du père. Le temps écoulé depuis sept ans semble avoir eu peu d'influence sur les souvenirs de Paule. Elle reste fidèle à l'image d'un père idéalisé qui continue de vivre dans le monde figé de ses souvenirs et finalement la maintient dans un état infantile.

La relation de Paule à sa mère

Paule et sa mère vivent dans le souvenir du père. Le couple parental semble avoir vécu sans conflits majeurs, ou encore ceux-ci ont été refoulés après son décès. Cette situation a laissé la mère et la fille désemparées et les a conduites toutes les deux à se replier sur elles-mêmes.

La mère de Paule reconnaît que la présence de sa fille lui a été d'un grand secours pour lutter contre l'état dépressif qui l'a envahie lors de la perte de son mari. Pendant plus de 2 ans la mère a dormi avec Paule sans se préoccuper des effets que cette proximité corporelle pouvait provoquer chez sa fille. Celle-ci a joué le rôle du compagnon décédé auprès de sa mère et a provoqué une régression de la relation mère/fille. Cette relation est devenue fusionnelle. La mère a favorisé la mise en place de cette relation pour compenser la perte et pour lutter contre l'état dépressif.

Paule éprouve un malaise face à cette situation sans toutefois pouvoir s'opposer à l'emprise créée par la mère. L'enfant trouve un mode de dégagement de cette relation par le biais de l'investissement scolaire, surtout à partir du moment où elle est entrée au collège. A cette époque elle négocie avec sa mère la possibilité d'avoir un espace personnel.

La relation d'emprise ne s'exerce plus sur Paule, dans la réalité que représente le partage du lit maternel, mais continue de fonctionner dans le mode de vie quotidien, notamment en ce qui concerne les sorties et les loisirs, auxquels la mère n'adhère que rarement, et uniquement lorsqu'ils sont en rapport avec la scolarité. La privation de séjours chez les grands-parents constitue également une emprise qui isole Paule de son environnement familial et qui l'oblige à vivre *seule* avec sa mère.

Lorsque la mère de Paule rencontre un homme avec lequel elle envisage de reconstruire une famille, Paule s'oppose violemment à sa mère et lui rappelle le souvenir de l'homme mort qu'elle ne doit pas trahir ainsi que la permanence qu'il représente par rapport au couple parental.

En refusant à sa mère le droit de constituer une nouvelle famille, Paule manifeste sa toute-puissance. A la fois elle défend le souvenir immuable du couple parental et à la fois elle redoute que sa relation à sa mère, fondée sur l'emprise réciproque, se modifie. La relation d'emprise exercée par la mère sur la fille quelques années plus tôt se retourne contre la mère et lui interdit de prendre des initiatives qui modifieraient sa relation à sa fille. La relation d'emprise crée une résistance au changement. Cette résistance est devenue le modèle princeps du fonctionnement du couple intergénérationnel.

Le foyer monoparental constitue un lieu clos où les autres n'ont pas accès et où se joue la relation exclusive mère/fille. Paule n'invite pas de camarades chez elle et sa mère ne peut y recevoir personne.

L'interdit de recevoir des amis au foyer monoparental s'exerce pour la mère comme pour la fille. Pour cette dernière, l'exiguïté de sa chambre peut avoir un rôle, mais pour les deux partenaires il y a comme un accord tacite à ne pas montrer aux autres un lieu où elles entretiennent des relations qui révèlent leur immaturité ainsi que leurs symptômes dépressifs. La relation de proximité mère/fille constitue un obstacle à la mise en place de nouvelles relations avec d'autres partenaires, comme si la relation fusionnelle qu'elles vivent ensemble était nécessaire et suffisante pour l'une comme pour l'autre.

La mère de Paule a partiellement renoncé à sa relation amoureuse par crainte de perdre l'affection de sa fille et la permanence de sa présence. Elle méconnaît que celle-ci pourrait quitter le foyer monoparental quand ses études seront terminées, ou même avant. Elle se maintient dans un état de dépendance et de soumission par rapport à Paule. Elle hypothèque sa vie future et ne favorise pas le dégagement de sa fille par rapport au couple intergénérationnel.

L'emprise que Paule développe à l'occasion de la relation amoureuse de sa mère pourrait avoir des effets dans l'après-coup, et notamment lorsqu'elle envisagera elle-même de devenir indépendante. Sa mère, à son tour, pourrait s'opposer à ses choix.

La relation actuelle entre la mère et la fille laisse percevoir peu de conflits dans la vie quotidienne. Elles s'efforcent de maintenir un équilibre dans le foyer monoparental en renonçant à leurs projets et en refoulant l'agressivité latente. Celle-ci se manifeste lorsque l'une d'elle tente de se dégager de l'emprise de l'autre. La tentative de dégagement provoque un état de tension qui trouve sa résolution dans le renoncement au changement envisagé.

Les relations affectives et sociales de Paule hors du foyer monoparental

Paule entretient avec sa mère une relation d'où sont exclus ses camarades et, depuis quelques années, les familles de sa mère et de son père.

Depuis sa naissance jusqu'à la mort de son père, Paule a vécu dans la proximité du couple bi-parental. Il a représenté le référent stable et permanent dans la formation de ses idéaux. La mort du père a renforcé les idéaux paternels intériorisés par Paule. La mère est placée dans la position de perpétuer ces idéaux.

L'absence d'investissements affectifs dans le champ social, hors de l'espace clos du foyer monoparental, correspond à une résistance à élaborer de nouveaux idéaux et à opérer des changements. Paule continue de vivre dans le foyer monoparental comme si elle recherchait la présence de son père. Elle ne peut imaginer qu'il aurait pu lui-même changer de position au cours de sa vie, que ce soit dans son activité professionnelle ou dans sa situation sociale, ou encore à propos de sa vie de couple et vis-à-vis d'elle. Paule ne peut envisager la fonction paternelle autrement que dans la continuité des relations idéalisées de sa petite enfance. Elle ne peut pas concevoir que son père aurait pu lui imposer des contraintes.

Peu après le décès de son père, Paule abandonne le judo sans prendre en compte l'investissement qu'il faisait de ce sport. Ce renoncement intervient comme un premier mode de repliement dans le foyer monoparental et comme une transgression à l'égard des idéaux paternels. Par la suite, Paule ne fait plus d'investissements dans le champ social et vit de manière isolée par rapport à son environnement, sans que sa mère l'engage à faire de nouveaux choix.

Les grands-parents paternels de Paule ont, pendant quelques années, constitué un relais entre elle et la famille bi-parentale. Les relations entre Paule et ses grands-parents se sont espacées à cause de l'éloignement du domicile du foyer monoparental et surtout du fait de la position de retrait de la mère. Paule a peu de contacts avec sa famille. Sa mère ne favorise pas ces relations car elle est mal à l'aise dans le milieu familial. Elle craint également que sa fille investisse certains membres de sa famille et se détourne d'elle.

Paule n'a pas d'autres référents sur les différents modes de vie d'une famille mono ou bi-parentale que les souvenirs qu'elle a engrangés du temps où son père était présent au foyer. La notion de famille est intimement liée au vécu infantile que la perte du père a stigmatisé. Elle continue de vivre dans la perpétuation des traditions telles qu'elle imagine qu'elles se seraient maintenues si le père était encore là. Elle réaménage toutefois certains impératifs du père de manière qu'ils s'accordent avec sa subjectivité.

Paule ne peut envisager son avenir autrement que par rapport à sa scolarité. Elle ne fait pas de projet en ce qui concerne sa vie affective et relationnelle, sinon par rapport à sa mère qui est le représentant de la famille. Le mode vie du couple intergénérationnel, fondé sur la cohabitation exclusive avec la mère, s'étaye sur la permanence du couple parental et sur la stabilité des affects. Il conduit l'adolescente à s'exclure et à s'enfermer dans un espace clos, tant au niveau psychologique que dans la réalité. Il ne lui permet pas d'élargir son expérience auprès d'autres personnes, adultes et adolescents, ni d'investir un champ relationnel et social plus vaste.

L'investissement scolaire

La scolarité apparaît pour Paule comme l'enjeu essentiel de son existence. Enfant, elle a été motivée par son père pour réussir sa scolarité. L'adolescence est marquée par le surinvestissement des études qui sont la seule activité de Paule.

La réussite scolaire constitue un engagement qui lui permet de rester fidèle au souvenir de son père. Cet investissement apparaît comme un moyen de ne pas se mettre dans une position d'échec, comme si l'insoutenable mort du père avait laissé béante une plaie qu'une nouvelle épreuve aggraverait.

Paule met de son côté tous les moyens pour réussir. Son isolement, l'absence de relations avec ses camarades en dehors du temps scolaire et la mobilisation de son temps libre sur ses devoirs, ses leçons et la lecture d'ouvrages en rapport étroit avec sa scolarité, la conduisent à désinvestir toutes les activités qui ne sont pas dans le registre de la scolarité.

Les études sont perçues comme un moyen de se réaliser, à l'instar de ce qu'aurait souhaité son père. Son intérêt pour sa scolarité, et sa réussite, lui permettent de se dégager des tâches de la vie quotidienne et l'aident à maintenir une distance avec sa mère. Ils contribuent à son isolement et lui garantissent une certaine liberté dans l'espace qu'elle se définit.

Les apprentissages scolaires constituent pour Paule une manière de vivre par le biais des livres et des discours pédagogiques des enseignants. Elle s'épargne ainsi la confrontation directe avec son environnement social et les personnes qui l'entourent. Paule vit comme par procuration et se positionne comme spectatrice des actes de son entourage. Sa seule relation authentiquement vécue depuis la mort de son père réside dans son rapport avec sa mère.

UN SYSTÈME FAMILIAL CLOS

Le jeune enfant comme l'adolescent ont besoin pour développer et harmoniser leur personnalité de faire des expériences diversifiées. Les relations affectives qu'ils nouent avec leur entourage familial et social sont l'occasion de se confronter à différents modes de vie, de communication et d'affects. Elles leur permettent de trouver des ajustements aux conduites d'autres intervenants que le parent isolé.

Les expériences, traumatiques ou non, vécues pendant la petite enfance sont réactualisées au cours de l'adolescence. Cette réactualisation fournit au jeune l'occasion de réévaluer ses conduites et d'en trouver de nouvelles, mieux ajustées à sa personnalité, en fonction des situations qu'il rencontre. Cette réévaluation implique que les investissements de l'adolescent lui permettent de se dégager des conflits infantiles. Le dégagement s'effectue en fonction de la diversité des relations qu'il noue et des situations qu'il vit.

La capacité de l'enfant, de l'adolescent et de l'adulte à communiquer avec des interlocuteurs ayant des modes de fonctionnement psychique très différents est lié à la multiplicité des expériences relationnelles et affectives qu'il a éprouvée depuis son enfance. Ces expériences mettent en jeu les mécanismes identificatoires du sujet et sollicitent ses modes de défense. La diversité des réactions émotionnelles ressenties par le sujet, et observées chez les autres, offrent au jeune la possibilité de se construire à partir d'une large gamme d'affects.

Lorsque l'environnement est constitué par un petit nombre d'interlocuteurs ou essentiellement par le parent isolé, comme dans le cas de Paule, le développement psychique de l'enfant et les réaménagements de l'adolescent achoppent à la fois sur l'impossibilité de diversifier les identifications et de réajuster les conduites en fonction des évènements vécus. Certaines situations, surtout lorsqu'elles se répètent, sont perçues comme dangereuses. L'absence d'expériences variées en dehors du champ clos de la famille monoparentale génère des conduites phobo-anxiogènes.

Le parent isolé, lorsqu'il n'a pas d'autre investissement que le foyer monoparental, produit des conduites répétitives liées à des réactions affectives qui n'évoluent pas et qui amènent le couple intergénérationnel à se refermer sur lui-même. Ces conduites ne favorisent pas chez le jeune l'expérimentation d'affects diversifiés et rigidifient les comportements du parent et de l'enfant. La personnalité du jeune se construit alors en fonction de l'unicité des perceptions et restreint la diversité de ses conduites. La répétition de situations vécues comme douloureuses entraîne des traumatismes psychiques et peut conduire le sujet à se replier sur lui-même ou à développer des conduites d'agressivité, qui sont l'expression de sa souffrance.

Le couple intergénérationnel qui vit de manière fusionnelle, comme dans le cas de Paule et de sa mère, est soumis à des mécanismes de répétition dans la vie quotidienne. La répétition génère l'angoisse ou l'agressivité. Le déni des conflits par les membres de la famille monoparentale correspond à un mode de défense contre leur émergence.

Certaines familles s'inquiètent de cette situation et mettent en place, de manière subjective et par rapport aux obligations qu'induit le champ social, des situations affectives et éducatives qui offrent à l'enfant un champ d'expériences plus étendu. Ce champ est constitué par les grands-parents et la fratrie du parent dans le cadre de la famille élargie et par les intervenants socio-éducatifs dans l'environnement social, tels que les personnels des crèches ou de l'Education nationale.

La famille élargie et les acteurs sociaux se relaient autour de l'enfant en fonction de ses activités, de ses apprentissages et de ses loisirs, et favorisent la mise en place de nouvelles identifications qui génèrent des modes d'approche diversifiés. Certains intervenants sont investis par le jeune enfant dans des rôles de substituts parentaux. Ils lui permettent d'éprouver les affects et les expériences vécus avec le parent isolé dans un mode de relation différent.

Dans le cas de Sandra et d'Ahmed, les mères célibataires font appel aux grands-parents maternels et à une assistante maternelle pour s'occuper de leur enfant pendant qu'elles travaillent ou pendant les vacances scolaires. Ils constituent des relais pour le couple intergénérationnel. Ils assistent la mère dans sa tâche éducative et offrent à l'enfant la possibilité de se confronter à des modes de fonctionnement différents.

Les mères célibataires renouent des relations avec leurs parents au cours de la première année de la vie de l'enfant. Cette période, qui revêt les caractéristiques d'un travail de deuil, permet à la culpabilité de la mère de s'estomper. Elle correspond à une étape du développement de l'enfant. Dans les premiers mois qui suivent l'accouchement, la mère vit repliée sur la dyade qu'elle forme avec lui et simultanément se remémore les traumatismes, notamment psychiques, qui peuvent être à l'origine de la situation de monoparentalité.

Dans le cas de la mère de Sandra, c'est la remémoration de sa mésentente avec sa mère, l'accident de la circulation et la fausse-couche ainsi que les traumatismes physiques multiples qui sont évoqués comme cause de la monoparentalité. Dans le cas de la mère d'Ahmed, la rigidité des traditions, la rupture avec son père, la fuite de la famille et la rupture avec le père de l'enfant sont à l'origine de cette situation.

Le fait de faire un enfant apparaît comme un moyen de lutter contre les sentiments mortifères générés par l'abandon, la rupture ou la perte que la mère a vécus à une période de sa vie. La relation symbiotique que la mère met en place avec l'enfant constitue une tentative de réparation par rapport à son histoire personnelle.

La mère semble se ressourcer dans le réservoir de vie que représente le nourrisson. Lorsque l'enfant grandit, la mère prend conscience de son incapacité structurelle à faire face à toutes ses demandes et éprouve le besoin de faire appel à d'autres adultes pour l'aider dans son rôle affectif et éducatif.

L'absence d'un homme au foyer n'est pas la préoccupation majeure de certaines mères célibataires, par contre la solitude en présence de l'enfant et les limites qu'elle impose dans les actes quotidiens, constitue un souci important. Le sentiment de solitude, et parfois d'impuissance face aux sollicitations de l'enfant, les engage souvent à élargir leur champ relationnel dans le but de diversifier les expériences de leur enfant et de trouver un appui pour elles.

La préoccupation maternelle s'accompagne, dans les cas étudiés, d'un effet de saturation devant la multitude des tâches à accomplir. Le fait de devoir assumer, en plus de la maternité célibataire, une activité professionnelle renforce le sentiment de saturation face à la surcharge de travail. Il paraît être à l'origine de la recherche de solutions alternatives de la part de la mère, comme le recours à une nourrice et aux grands-parents.

Les contingences matérielles provoquent parfois le dégagement de la mère, notamment si celle-ci se trouve dans l'obligation de travailler, et surtout lorsqu'elle s'investit dans un emploi valorisant. Cette situation donne lieu à l'élaboration de nouveaux projets de vie pour le parent isolé et pour l'enfant.

Lorsque la situation de monoparentalité intervient plus tardivement dans la vie du couple et est liée au décès de l'un des deux parents, comme dans le cas de Paule, les réaménagements sont plus difficiles à mettre en place. Les habitudes prises pendant les années où l'enfant a vécu en famille bi-parentale perdurent malgré la disparition d'un des deux parents. Un nouvel équilibre se crée dans lequel le parent disparu tend à être remplacé par le parent vivant, pour l'enfant, et inversement l'enfant est mis à la place du parent défunt par le parent veuf. A chacun des deux partenaires du couple intergénérationnel revient alternativement le rôle d'assumer le parent absent, et de respecter et de poursuivre la continuité et la permanence du couple parental.

L'imaginaire des deux partenaires du couple intergénérationnel idéalise la famille bi-parentale constituée antérieurement au décès. La famille monoparentale ne peut pas se confronter à la réalité de la perte et faire de nouveaux investissements affectifs et sociaux. Le refus de la prise en compte de la réalité de la mort rend le travail de deuil difficile à accomplir. Ce travail est d'autant plus complexe que, au deuil lié à la mort réelle, s'ajoute le deuil du couple parental uni.

C'est le cas pour Paule et pour sa mère où chacune d'elle projette sur l'autre l'image du père mort. Cette situation conduit à la mise en place de processus d'emprise mutuelle et constitue un obstacle au dégagement.

L'ENFANT DANS LE PROCESSUS D'APPROPRIATION DE SON HISTOIRE

Sébastien ou la libre communication

Sébastien est un garçon de 4 ans. Il est gai et parle volontiers avec les adultes qu'il rencontre. Il les questionne sur leurs goûts, leurs activités et ne manque pas une occasion de leur donner son avis. Il peut aussi jouer seul avec ses jeux de construction et ses puzzles, ou faire des dessins. Il aime aussi jouer avec d'autres enfants auxquels il fait partager sa passion pour les petites voitures ou pour sa collection d'épinglettes.

Sébastien vit seul avec sa mère depuis 2 ans 1/2. Ses parents ont divorcé alors qu'il avait 18 mois. Le juge des affaires matrimoniales a prescrit un mode de garde classique : l'enfant habite avec sa mère et est accueilli chez son père les 1er, 3e et 5e week-ends du mois et la moitié des vacances scolaires.

La mère de sébastien est chirurgien-dentiste. Elle a choisi d'exercer sa profession à mi-temps avec une associée. Elle se ménage ainsi du temps libre pour s'occuper de son fils et pour continuer de participer à la vie associative de la ville où elle réside, et dans laquelle elle travaille bénévolement depuis qu'elle est adolescente.

La mère de Sébastien se lève de bonne heure pour s'occuper de sa maison avant de conduire son fils à l'école maternelle. Elle rejoint ensuite son association afin d'organiser ses activités en fonction des demandes des usagers. A la fin de la matinée, elle se rend à son cabinet dentaire et travaille jusqu'à 16 heures, de manière à aller chercher Sébastien à la sortie des classes. Le petit garçon et sa mère passent quelques heures ensemble, au parc de jeux ou à la maison, la plupart du temps avec un ou plusieurs camarades.

Sébastien aime inviter des enfants chez lui, aussi sa mère entretient de bonnes relations avec les parents de ses camarades et garde fréquemment leurs enfants. Parfois, lorsqu'elle est disponible tout le week-end, la mère de Sébastien convient avec son fils d'inviter un de ses petits amis à venir jouer et parfois dormir à la maison. Au début, les parents des enfants étaient un peu surpris de cette sollicitude mais maintenant cette initiative est appréciée par les familles et Sébastien est souvent invité, en retour, à passer un week-end chez un de ses camarades.

L'enfant attend impatiemment ces fins de semaine et prépare avec soin son sac de voyage dans lequel il emporte des objets soigneusement choisis avec l'aide de sa mère. Ces sorties ont été l'occasion pour Sébastien d'apprendre à se brosser les dents et à se laver seul, à ranger ses affaires dans son sac de voyage et à sélectionner dans son armoire les vêtements et les jeux qu'il veut emporter.

Sébastien possède chez sa mère une chambre spacieuse avec deux lits dont l'un est réservé à l'un de ses invités. Elle est décorée à l'aide des dessins qu'il réalise et des cartes postales qui lui sont adressées. Il reconnaît sans hésiter chacun de ses correspondants et le lieu d'où elle lui est envoyée. Il range lui-même sa chambre une fois par semaine, le samedi avant que le ménage soit effectué.

La mère de Sébastien a de nombreuses activités à l'extérieur et passe plusieurs soirées par semaine en dehors de la maison. En accord avec le père de Sébastien, elle lui téléphone, ou l'informe de vive-voix lorsqu'il vient chercher leur fils le samedi, afin qu'il s'occupe de lui lorsqu'elle part plusieurs jours. Lorsqu'elle s'absente pour la soirée, le couple parental a convenu que le père garderait l'enfant au foyer monoparental.

La mère de Sébastien a vécu douloureusement la période du divorce. Elle connaissait son mari depuis 13 ans lorsqu'ils ont décidé de se marier. Ils avaient de nombreuses activités en commun depuis leur adolescence et continuent d'ailleurs de les pratiquer ensemble actuellement.

Le couple a vécu pendant 2 ans sans conflits majeurs. Ils sortaient beaucoup et étaient entourés par de nombreux amis. Lorsque la mère de Sébastien a souhaité avoir un enfant, son mari n'a manifesté ni enthousiasme, ni refus. Au cours de la grossesse, il s'est montré plutôt indifférent à l'égard de sa compagne et de l'enfant à venir.

A cette époque, la mère de Sébastien se souvient qu'il a commencé à rentrer de plus en plus en tard à la maison et qu'il s'est absenté plusieurs jours de suite, ce qu'il n'avait jamais fait auparavant. Alors que l'enfant avait 8 mois, le père a annoncé à la mère de Sébastien qu'il partait avec une nouvelle compagne.

La mère de Sébastien était surprise de l'attitude de son mari et n'avait pas imaginé qu'il puisse avoir une relation amoureuse avec une autre femme. Elle se trouva très démunie sur le plan affectif lorsqu'il lui annonça sa décision. Elle s'occupait beaucoup de leur fils mais elle considère que la présence de l'enfant et l'attention qu'elle lui prodiguait n'avait pas pour objectif d'éloigner le père du foyer parental.

La situation à laquelle elle était confrontée, élever seule son enfant, allait à l'encontre de l'image qu'elle s'était forgée d'une famille unie et était en contradiction avec les valeurs qu'elle avait acquises au cours de son enfance, qu'elle avait vécue sans conflit dans une famille bi-parentale unie. Son mari représentait pour elle un référent stable et rassurant, d'autant plus qu'elle le connaissait depuis longtemps. Elle vécut dans un profond désarroi au cours de l'année qui suivit la séparation et le divorce, et pense que la présence de l'enfant l'a beaucoup aidée pendant cette période, où les repères qu'elle avait patiemment mis en place s'effondraient.

Actuellement elle considère que cette épreuve fut bénéfique pour elle car elle a vécu plusieurs années durant dans l'ombre d'un mari qu'elle admire toujours. La séparation provoqua un bouleversement affectif qui lui permit d'acquérir une plus grande maturité. Elle devint autonome alors qu'elle avait toujours compté sur son compagnon, et qu'elle ne prenait aucune décision elle-même. Sa situation financière la poussa à ouvrir un cabinet dentaire pour subvenir aux besoins du nouveau foyer monoparental. Elle assuma de plus en plus de responsabilités dans le cadre de son association.

La mère de Sébastien se souvient d'avoir vécu dans une famille traditionnelle durant sa petite enfance. Elle est la cadette d'une fratrie de 3 filles. Sa mère décéda d'un cancer alors qu'elle avait 9 ans et c'est une gouvernante qui assuma la charge du foyer monoparental paternel. Son père, très éprouvé par la mort de sa femme, s'est muré dans un silence dont il sort à peine. Elle regrette d'avoir noué peu de relations avec lui et redoute les réunions de famille dans lesquelles elle le perçoit comme un étranger.

Ses sœurs aînées se sont mariées alors qu'elle était pré-adolescente et elle a eu peu de relations avec elles. Lorsqu'elle repense à cette période, la jeune femme se souvient qu'après la mort de sa mère elle était devenue très renfermée et qu'elle communiquait peu avec les autres. C'est à cette époque qu'une amie de ses sœurs, qui avait remarqué sa solitude, lui proposa de la rejoindre dans une association caritative afin de l'aider à s'affirmer. Peu de temps après son arrivée, alors qu'elle était adolescente, elle y rencontra son futur mari dont les parents venaient de divorcer.

La mère de Sébastien entretient de bonnes relations avec les grands-parents paternels de son fils. Ceux-ci, quoique divorcés, passent souvent leurs vacances ensemble au bord de la mer dans une maison située en Espagne, pays d'origine du grand-père paternel, où ils emmènent leur petit-fils. Sébastien a fait trois séjours avec ses grands-parents et attend impatiemment la fin des classes pour aller les rejoindre.

L'enfant a appris quelques mots d'espagnol avec son grand-père et les prononce avec fierté. Il a surnommé son grand-père «*papito*» et appelle sa grand-mère «*mamitota*». Lorsque celle-ci réside en région parisienne, elle s'occupe de Sébastien le mercredi et le conduit à des spectacles pour enfants. Quand elle est en voyage, elle lui écrit régulièrement des cartes postales. La mère de Sébastien favorise la relation entre son fils et ses grands-parents paternels. Elle y est d'autant plus attentive qu'elle souffre de la relative indifférence du grand-père maternel face à son petit-fils. En effet, le père de la jeune femme se manifeste rarement auprès de Sébastien et il n'a pas répondu aux dessins que l'enfant lui a envoyés à l'occasion de son soixantième anniversaire. Sébastien parle peu de lui et remarque simplement que son «*Papy-du-Nord est loin*».

La mère de Sébastien espère que les relations entre le grand-père et le petit-fils se développeront à mesure que l'enfant grandira. Elle redoute cependant que son père soit, comme il le demeure pour elle, une sorte d'étranger.

Le père de Sébastien, qui est installé comme médecin généraliste, a choisi de vivre dans la même ville que le foyer monoparental afin de faciliter les déplacements entre son domicile et celui de son fils. Il a accepté avec enthousiasme de recevoir Sébastien lorsque sa mère s'absentait. Ce mode de garde lui permet de voir son fils plus souvent que le prévoit le jugement de divorce.

Sébastien bénéficie d'une chambre chez son père qu'il investit beaucoup. Il l'a aménagée avec son aide et celle de sa compagne. Quoiqu'il possède chez son père les objets et les vêtements dont il a besoin, il apporte toujours de chez sa mère ses objets familiers ainsi que certains vêtements qu'il aime porter, quitte à ne pas les utiliser le moment venu. Toutefois, à la demande de ses parents, Sébastien a pris l'habitude de les rapporter afin de ne pas les disperser dans les deux foyers.

Certaines semaines Sébastien passe davantage de temps avec son père qu'avec sa mère. Il semble éprouver du plaisir vis-à-vis de ce mode de vie. Il s'enquiert lui-même des activités de sa mère afin de savoir quelles sont les soirées qu'il passera en compagnie de son père et de sa compagne.

Le père de Sébastien vit avec une jeune femme qui est très attachée à l'enfant et qui entretient des relations étroites avec sa mère. Lorsque le couple vient chercher Sébastien, c'est l'occasion d'échanger sur ses progrès et sur les différents évènements de la vie, d'une manière plus générale. Il arrive quelquefois que la mère et le père de Sébastien doivent assister ensemble aux réunions de leur association, et dans ce cas la compagne du père garde l'enfant au foyer de la mère.

Sébastien s'amuse à dépeindre sa famille en nommant tous les membres. Il appelle ses parents *papa* et *maman*, et la compagne de son père «*Mimi*», du surnom dont son entourage la nomme. Il se réfère à ses parents lorsqu'il souhaite obtenir une permission et, le cas échéant, il fait appel à «*Mimi*» pour tenter de les convaincre. La compagne de son père est le plus souvent son alliée par rapport aux permissions qu'il demande à ses parents.

Depuis quelque temps Sébastien pose à son père et à sa compagne la question de savoir s'il aura bientôt un petit frère, mais il s'enquiert aussi auprès de sa mère si elle et son père vivront de nouveau ensemble. Il formule lui-même la réponse négative d'un ton moqueur. Quoiqu'il sache que cette situation est peu probable, il ne peut renoncer à poser la question.

La mère de Sébastien a eu plusieurs relations amoureuses depuis son divorce mais elle n'a pas encore fixé son choix sur un nouveau compagnon. Lorsqu'elle invite un de ses amis à passer la soirée à la maison, l'enfant se montre agressif. Il refuse d'aller jouer ou dessiner dans sa chambre comme il le fait habituellement. Il ne manque pas une occasion de décrire à l'hôte de sa mère, son père comme un personnage fort et autoritaire.

La mère de Sébastien a décidé de reconstruire un nouveau foyer et envisage de se marier dans les années à venir. Elle souhaite avoir d'autres enfants. Elle pense que l'environnement relationnel et affectif dans lequel évolue son fils lui permettra de s'épanouir de manière harmonieuse dans une famille reconstituée.

Analyse clinique

Le couple, l'enfant et le divorce

Les parents de Sébastien se connaissent de longue date lorsqu'ils décident de se marier. Le couple continue de vivre après le mariage selon des modalités analogues à celles qui précédaient leur union. Celle-ci ne modifie pas profondément leur mode de vie.

Avant et jusqu'au début de la grossesse de la jeune femme, les parents de Sébastien sont entourés de nombreux amis. Ils sont rarement seuls et sortent fréquemment. L'activité qu'ils investissent ensemble réside dans leurs fonctions au niveau de l'association caritative où ils se sont connus lorsqu'ils étaient adolescents.

Le mode de vie du couple, après le mariage, se poursuit dans la continuité de l'adolescence. Ils privilégient les sorties entre amis ainsi que la vie de groupe. La jeune femme, à cette époque, n'envisage pas de travailler et s'investit exclusivement dans sa mission caritative.

Les relations du couple se fondent sur l'immaturité affective, aussi bien chez la jeune femme que chez son mari. Leur immaturité les amène à maintenir un mode de vie centré, comme chez les adolescents, sur la primauté de la bande et du clan au détriment de la construction d'un projet de vie conjugal et parental.

L'immaturité est générée chez l'homme par le divorce de ses parents au cours de son adolescence. L'investissement qu'il fait de la vie de groupe et de sa relation amoureuse constitue un moyen de se protéger contre l'angoisse de la perte du couple parental uni.

L'immaturité affective de la femme est liée à la mort de sa mère, au départ de ses sœurs et à l'absence de communication avec son père depuis cette époque. Le départ de ses sœurs a renforcé le sentiment de perte et d'éclatement de la famille. Ces événements traumatisants, qui interviennent peu avant l'entrée dans l'adolescence, ne lui permettent pas de réaménager de manière satisfaisante ses identifications féminines.

Pour la jeune femme, le décès de sa mère génère la pulsion de mort. Celle-ci est renforcée par le deuil interminable du père qui réactive les sentiments de perte et d'abandon. Le travail de deuil de l'adolescente s'achève après qu'elle ait pu s'investir, soutenue par le groupe, dans une relation amoureuse et dans un rôle socialement valorisant.

L'association caritative où elle commence à travailler, étant adolescente, est investie d'un rôle de référent parental, et notamment maternel. L'institution représente un lieu d'accueil chaleureux et sécurisant. Elle lui tient lieu de famille et d'espace d'échanges et de communication. Le compagnon, rencontré dans ce cadre, concentre sur lui les espoirs de l'adolescente en lui permettant de se dégager de la compagnie mortifère de son père.

Pour l'homme comme pour la femme le fait d'avoir fait de longues études et de vivre dans la dépendance financière de leur famille est un obstacle à l'autonomisation. Il les maintient dans un mode de vie juvénile. L'association a représenté pour les deux partenaires un modèle de communication et d'entraide idéalisé. Il renforce un sentiment d'appartenance au groupe, comme substitut de la famille.

La séparation et la perte éprouvées par les deux adolescents au niveau de leurs familles provoquent, lors de leur entrée dans la vie adulte, des conduites de fuite devant les responsabilités. Les conduites de fuite se manifestent notamment sur le plan de la paternité pour l'homme et sur le plan de la vie professionnelle pour la femme. Devenir parent pose la question de l'avenir. Cette question interroge les deux parents sur la répétition des traumatismes vécus par leurs parents, dans leur devenir personnel.

En ce qui concerne l'homme, l'immaturité affective apparaît comme une des causes du divorce. La paternité induit la mise en place de conduites de responsabilités vis-à-vis de la mère et de l'enfant qu'il n'est pas prêt à assumer. L'enfant à venir semble être vécu comme une entrave à un mode de vie groupal, qui a un aspect rassurant pour lui.

Pour la femme, le désir d'enfant intervient lorsqu'elle atteint la maturité affective. La maturité se met en place lorsque le travail de deuil de la mère est terminé. Ce travail s'accompagne d'une restauration narcissique, notamment en ce qui concerne la dévalorisation perçue par l'absence de communication entre son père, ses sœurs et elle, et dont travail associatif lui a permis de se dégager.

Le père perçoit la naissance de l'enfant comme un danger qui l'amène à quitter la famille bi-parentale. Ce choix lui permet d'assumer sa fonction paternelle, en dehors de la famille, et de représenter pour son fils une image stable et forte.

Situation de crise et dynamisation

Le choix de vivre en couple représente pour la jeune femme une continuité entre l'adolescence et l'âge adulte. La rupture de la vie conjugale réactive les sentiments douloureux éprouvés lors du décès de sa mère et la période d'isolement qui s'ensuit. Cette époque est marquée par le mutisme du père et par son impossibilité de communiquer avec sa fille. Le départ du père de Sébastien met en échec les réaménagements œdipiens que l'adolescente a reconstruits par rapport à l'image d'un homme qui lui paraît stable et sécurisante.

La situation de crise entraîne une réorganisation des investissements affectifs et sociaux de la mère de Sébastien. La vie commune avec l'enfant prend le relais de la vie conjugale, sans que la mère mette son fils en position d'adulte vis-à-vis d'elle.

La situation de crise mobilise la mère vers de nouveaux choix de vie. Le travail est perçu comme une activité indispensable sans qu'elle soit accablante. Le fait de se trouver dans la position d'avoir à élever son enfant seule, sans avoir anticipé cette situation et sans s'y être préparée, constitue pour la femme une prise de conscience brutale de ses responsabilités. Cette prise de conscience l'amène à se positionner comme chef de famille et à entreprendre diverses actions qui visent à la promouvoir dans des rôles de responsabilité.

La première consiste à ouvrir un cabinet dentaire et à aménager son temps de travail de manière à être autonome financièrement. Elle ne réduit pas pour autant la qualité de sa relation avec son fils. La seconde concerne son implication dans l'association. Elle décide d'en prendre la responsabilité alors elle y était intervenue jusqu'à son divorce par rapport à son mari.

La crise conjugale a pour effet de libérer l'énergie pulsionnelle vers des investissements dans le monde extérieur. Cette énergie mobilise la jeune femme vers la création de nouveaux champs d'action. Le décès de la mère et l'effondrement dépressif du père avaient provoqué un retournement contre soi de l'agressivité et entraîné un isolement profond et durable. Le départ du père de Sébastien et le fait d'être seule pour élever son enfant déclenchent des processus d'autonomisation et de responsabilisation.

La mère de Sébastien éprouve, peu de temps après le départ de son mari, la nécessité de faire face à la situation, de vivre de manière autonome et d'imposer ses décisions. Elle implique le père dans son changement de conduites et le sollicite fréquemment pour s'occuper de l'enfant. C'est pour lui l'occasion de voir souvent son fils. Simultanément il se trouve dans une position de dépendance par rapport à la mère de l'enfant qui lui fait appel quand elle le souhaite.

La situation d'échec conjugal que la mère de Sébastien doit surmonter fait écho à la perte de sa mère. Elle constitue une nouvelle épreuve qui la fait entrer dans une position d'adulte. Elle apparaît maintenant comme décidant de ses choix et sachant les imposer. Le fait d'être responsable de l'enfant qu'elle a désiré l'amène à assumer la situation de monoparentalité et à être attentive à la qualité affective des relations de Sébastien avec son environnement.

Le rôle des grands-parents paternels

La préoccupation maternelle concernant la qualité des relations entre l'enfant et la famille trouve ses origines dans le vécu infantile douloureux de la mère. L'absence de dialogues avec son père et avec ses sœurs, après la mort de sa mère, crée un sentiment de vide et d'isolement qu'elle est attentive à ne pas faire vivre à son enfant. Elle est vigilante à ne pas répéter avec lui la situation qu'elle a elle-même vécue avec son père après le décès de sa mère.

Le départ du père de Sébastien réactive le sentiment de perte. Il lui fait prendre conscience des conséquences du manque affectif dans ses relations avec les autres. Le vide affectif de l'adolescence l'a conduite à surinvestir les études et le travail associatif, ainsi que la relation amoureuse avec le père de Sébastien. Le choix amoureux précoce montre la quête affective de l'adolescente. Cette quête la place dans une position de dépendance et la soumet au désir de l'homme jusqu'à ce que le désir d'enfant s'impose.

Les grands-parents paternels représentent pour la mère de l'enfant à la fois la famille qui lui a manqué et l'image d'un couple qui, quoique divorcé, continue d'entretenir de bonnes relations. Pour l'enfant, les grands-parents paternels sont un repère dans sa filiation. Ils lui permettent de mieux se situer par rapport à la génération des grands-parents, la relation au grand-père maternel étant quasiment inexistante. La mère cherche à combler le vide provoqué par l'absence du grand-père, à la fois pour elle et pour son fils, notamment en tentant d'établir une relation épistolaire entre Sébastien et son grand-père.

En favorisant la relation de son fils avec ses grands-parents paternels, la mère de Sébastien restaure pour elle-même une filiation qui a été gravement perturbée à la mort de sa mère.

La relation de proximité entre l'enfant et ses grands-parents paternels est source d'enrichissement mutuel et d'expériences diversifiées. Elle lui montre également que le couple parental, quoique divorcé, entretient, tout comme ses parents, de bonnes relations.

Une famille élargie

Sébastien, dès sa naissance, est très entouré par sa mère. La sollicitude maternelle est renforcée par le vide laissé par le départ du père. Les relations précoces que la mère établit avec l'enfant s'organisent sur un mode symbiotique quoique le père vive encore au foyer. L'évolution de la mère, au niveau de son organisation psychique, et la dynamique familiale qu'elle met en place peu après le départ du père permettent à Sébastien de bénéficier d'un environnement relationnel et familial large.

La relation entre l'enfant et son père est stable et permanente, ainsi que ses relations avec ses grands-parents paternels. Plus récemment, la compagne du père qui représente également un repère stable permet à l'enfant d'établir avec elle de nouvelles relations. En fonction des situations, elle peut jouer avec lui le rôle d'un substitut maternel ou avoir la complicité d'une sœur aînée. Elle adhère d'autant mieux à ces rôles qu'elle n'est pas dans une situation de rivalité avec la mère de Sébastien. Elle aide parfois l'enfant face aux interdits du couple parental.

Les expériences de l'enfant s'élargissent bien au-delà de la famille monoparentale. Le fait de connaître le mode vie de plusieurs foyers, dont celui du père et de chacun de ses grands-parents, constitue une expérience d'autant plus enrichissante que les relations entre les adultes, et entre les adultes et l'enfant sont chaleureuses et bienveillantes.

La famille monoparentale est largement ouverte sur le monde extérieur. La fréquentation et les invitations de camarades permettent à Sébastien de partager ses moments de loisirs avec des enfants de son âge et, ce faisant, de ne pas devenir l'objet des adultes qui l'entourent.

Les relations mises en place par la mère avec les familles des enfants sont sous-tendues par le souhait de préserver l'enfant de l'isolement. Cette démarche constitue de la part de la mère un processus de réparation à la fois par rapport à la culpabilité éprouvée lors du départ du père de Sébastien et par rapport à l'exclusion qu'elle a vécue dans son enfance et qui a été entretenue, à leur insu, par son père et par ses sœurs.

Œdipe ne voit pas double

Sébastien s'identifie à son père. Il le décrit comme un personnage fort et autoritaire qu'il admire, respecte et fait respecter. Lorsque sa mère reçoit à la maison un de ses amis, que l'enfant perçoit comme un rival, à la fois pour lui et pour son père, il l'informe qu'il a «*un père qui est fort*». Cet argument a plusieurs significations dont, notamment, que le nouveau-venu n'a pas à manifester de conduites autoritaires sur lui. L'enfant utilise les attributs paternels pour dissuader le partenaire de sa mère de la tentation éventuelle de devenir un référent paternel.

La démarche d'intimidation du garçon vis-à-vis du partenaire de sa mère, en utilisant les identifications paternelles, a aussi pour objectif de garder sa mère pour lui. Le couple parental originaire constitue dans le foyer monoparental la référence indestructible. La permanence de cette entité implique que la phase œdipienne se déroule en fonction du couple parental d'avant la désunion. Le père demeure le seul référent paternel de l'enfant et pérennise la notion immuable de couple parental.

Le père a un rôle indéfectible dans sa fonction parentale auprès du garçon qui lui reconnaît cependant le droit d'avoir d'autres enfants avec sa nouvelle compagne. Le deuil à faire pour l'enfant dans la séparation du couple concerne le couple parental uni et non le couple conjugal. Le travail de deuil terminé, l'enfant se projette dans l'avenir et engage son père à avoir une nouvelle paternité. Cette éventualité constitue un facteur de réassurance pour l'enfant. Elle lui montre que son père est dans un processus de vie. La pulsion de vie de l'enfant prend le pas sur les situations angoissantes vécues lors du départ de son père. L'anticipation d'un enfant-à-venir dans le foyer paternel procède du besoin du garçon de partager et de profiter avec un autre enfant de l'amour de ses parents et de sa famille, et aussi d'entrer en rivalité et de se confronter à lui.

Vers une famille reconstituée

La mère de Sébastien a des relations amoureuses depuis son divorce. Les hommes qui viennent au foyer monoparental, qu'ils soient ou non ses partenaires sexuels, font l'objet d'une observation perspicace de la part de l'enfant car chacun d'eux représente un danger potentiel pour l'équilibre du couple monoparental. L'enfant a peur de perdre l'affection, la bienveillance et la disponibilité de sa mère.

Les amis de sa mère sont vécus comme des rivaux qui veulent prendre sa place ou la place de son père. L'enfant appréhende cette situation qui le conduit à développer un processus d'emprise sur sa mère. La mère est disponible pour l'enfant et se préoccupe de son avenir personnel. Elle se dégage aisément du désir d'exclusivité de l'enfant dans la mesure où elle a de nombreuses activités et un large environnement social et relationnel.

Le dégagement de la mère par rapport à l'emprise de l'enfant passe par des voyages, des soirées et des réceptions. La présence du père auprès de l'enfant lors des absences de la mère fonctionne comme s'il donnait son accord à la mère pour se dégager de l'emprise de Sébastien. Le rôle tenu par ses deux parents auprès de Sébastien représente un compromis parental qui permet à la mère et à l'enfant de vivre de manière individualisée.

Les absences, prévues et expliquées par la mère, constituent un moyen pour l'enfant d'intérioriser que celle-ci a une vie personnelle, qui se déroule en dehors de lui mais pas à son insu. Elles lui permettent d'accepter que sa mère soit moins disponible pour lui sans que pour autant le sentiment de frustration de la présence maternelle soit insupportable.

En saisissant les occasions de se dégager du foyer monoparental et de rencontrer d'autres adultes que ceux qui font partie de son univers familial, la mère se déprend simultanément d'une position où elle pourrait apparaître comme toute-puissante par rapport à l'enfant. L'enfant prend conscience qu'il n'est pas pour sa mère l'unique préoccupation de sa vie. Même si cette prise de conscience est parfois douloureuse, elle assume une fonction de réassurance et permet de mettre en place de nouveaux projets pour l'enfant et pour la mère, de manière individualisée. L'enfant n'est pas placé en situation de responsabilité par rapport aux adultes. Il est à sa place, dans son rôle : celui d'un être en devenir dont la tâche est de grandir et de s'épanouir pour lui-même avec l'aide de son environnement.

Pierre : à chacun sa place

Pierre a 6 ans. Il se présente comme un petit garçon épanoui et rieur. Il est à l'aise dans ses relations avec les autres, s'exprime volontiers et accepte sans difficultés les limites que sa mère lui impose.

Il est au cours préparatoire et sait déjà lire et écrire depuis la grande section de l'école maternelle. Il aime aller à l'école et paraît impatient de grandir et de faire de nouvelles acquisitions. Il pratique différentes activités pendant ses loisirs, telles que la natation et la musique.

Lorsqu'il était nourrisson, Pierre était déjà sensible à la musique. Sa mère avait remarqué qu'il se détendait et souriait lorsqu'il entendait des pièces de musique classique. Lorsque le couple parental était en conflit, sa mère, dès qu'elle en avait la possibilité, l'apaisait en écoutant un disque avec lui car elle avait remarqué que cela l'aidait à s'endormir.

Depuis l'âge de 3 ans, Pierre sait utiliser la chaîne hi-fi et passe fréquemment les morceaux qu'il aime tels que *«La petite musique de nuit»* ou *«La sonate pour Elise»*. Il y a un an, il a demandé à sa mère de suivre, sur le conseil de son institutrice, un pré-apprentissage musical au conservatoire municipal. Depuis la rentrée scolaire, il prend des cours de flûte et de solfège et commence à jouer quelques mélodies.

Sa mère l'accompagne dans toutes ses activités. Elle choisit avec lui des livres à la bibliothèque municipale et lui offre, en fonction de ses goûts, des cassettes et des disques compacts. Elle est fière que son fils sache déjà lire et commence à jouer d'un instrument de musique.

Pierre est allé en classe dès l'âge de 2 ans. Cette période correspond à la séparation du couple parental. Auparavant, Pierre fréquentait la crèche mais les difficultés financières de la mère ont accéléré son entrée à l'école maternelle, laquelle n'était prévue que 6 mois plus tard.

L'entrée à l'école maternelle a coïncidé à la fois avec la séparation du couple parental et avec la rupture de son environnement habituel. De plus, elle eut lieu en cours d'année, un peu avant les congés de printemps, à une époque où le groupe des touts-petits était déjà constitué. Jusqu'aux vacances d'été, Pierre eut des difficultés à s'intégrer à la nouvelle structure et il fallut attendre la rentrée suivante pour que l'enfant aille en classe sans pleurer et s'intéresse aux activités que lui proposait son institutrice.

La séparation du couple parental a été vécue par la mère de Pierre comme une sorte de libération car son mari était violent avec elle et avec son fils. Cependant, pendant la période qui succéda à la séparation, l'état de tension dans lequel vivaient Pierre et sa mère ne cessait de croître alors qu'il n'y avait aucune menace de violence au foyer monoparental, hormis les quelques visites que fit le père dans le but de voir son fils, et qui étaient toujours conflictuelles.

La mère de Pierre redoutait d'avoir à s'absenter de son travail ou de devoir prendre des congés, alors qu'elle avait toujours été reconnue comme un agent de confiance, consciente de ses responsabilités dans son travail. Elle craignait que des absences répétées entraînent une baisse de salaire ou un licenciement à un moment où elle devait assumer de nombreuses charges financières, dont les frais du divorce notamment.

La mère de Pierre se sentait de plus en plus épuisée. Elle passait une partie de ses nuits à calmer l'enfant qui refusait de dormir et faisait des cauchemars. Elle craignait que le manque de sommeil ait des répercussions sur l'état de santé de son fils, tant du point de vue physiologique que psychologique. A l'école, elle n'osait pas parler de ses craintes à l'institutrice de peur de s'entendre annoncer qu'on ne voulait plus de lui, car par deux fois déjà la directrice l'avait convoquée pour lui faire part de l'agressivité de Pierre avec ses camarades et du mécontentement de certains parents.

Les parents de Pierre étaient mariés depuis 2 ans lorsque l'enfant naquit. Depuis le début de leur mariage ils se querellaient. Le couple parental n'avait aucun goût en commun. La mère de Pierre était contrainte de suivre son mari, éventuellement sous la menace, à des compétitions de tir au pistolet ou à des parties de pêche avec ses copains alors qu'elle aurait préféré faire des promenades dans la campagne ou au bord de la mer, ou encore rester à la maison pour écouter de la musique ou lire.

À la naissance de l'enfant, le désaccord du couple parental s'accrut. Le père de Pierre continuait d'exiger de sa femme qu'elle l'accompagnât dans toutes ses activités, ce qu'elle n'acceptait plus, car elle considérait qu'il lui fallait s'occuper du nouveau-né. Elle fit observer au père que les parties de pêche du dimanche, commencées à 5 heures du matin même lorsqu'il pleuvait, n'étaient pas compatibles avec la préparation des biberons et l'hygiène du nourrisson et que, de plus, l'humidité ou les grosses chaleurs représentaient un danger pour la santé de leur fils.

Le père de Pierre manifesta une violence de plus en plus grande envers sa compagne. Alors que l'enfant avait à peine six mois, son père la frappa si violemment au visage qu'elle en garde encore des cicatrices. Elle décida de faire une déposition auprès du commissariat de police après avoir fait constater les traces de coups par son médecin. Elle prit ensuite l'habitude de faire cette démarche chaque fois que son mari la frappait car elle envisageait maintenant de demander le divorce. La violence de son mari à son égard ne cessait de croître et elle avait peur qu'il s'en prît à leur fils.

Le père commença à menacer Pierre puis à le gifler alors qu'il avait 12 mois et commençait juste à marcher. La violence dirigée contre l'enfant fut intolérable à la mère et elle fut déterminante dans sa décision de se séparer de son mari.

Elle loua un appartement et acheta quelques meubles en attendant d'avoir l'accord du juge aux affaires matrimoniales pour quitter le domicile conjugal. Dans les premiers temps de la séparation, Pierre ne voulait pas voir son père. Lorsque celui-ci se présentait au domicile de la mère pour venir chercher son fils les jours auxquels étaient fixés les droits de visite, le garçon s'enfuyait dans sa chambre en hurlant.

Les réactions de Pierre provoquèrent la colère du père qui insulta à nouveau violemment la mère, car il était convaincu qu'elle ne voulait pas que leur fils le rencontre. Puis il fit appel auprès du juge aux affaires matrimoniales pour la non-présentation de l'enfant. Pierre et sa mère furent entendus par le juge mais l'enfant continua de refuser de voir son père. Le père, découragé par cette attitude, laissa passer deux ans avant de se manifester à nouveau mais continua de s'acquitter régulièrement de la pension alimentaire.

Depuis l'âge de 6 mois, l'enfant faisait des cauchemars chaque nuit et se réveillait en hurlant. Ceux-ci se poursuivirent après la séparation du couple parental. La mère emmena Pierre en consultation chez plusieurs spécialistes des troubles du sommeil. L'un d'eux les orienta vers une consultation psychologique où ils bénéficièrent de plusieurs entretiens avec un thérapeute. Les cauchemars s'atténuèrent progressivement, puis disparurent au bout de 5 à 6 mois.

Les cauchemars ressurgissent de temps en temps lorsque l'enfant est anxieux mais ils ne prennent pas l'ampleur de ceux qu'il faisait lorsqu'il vivait avec ses deux parents ou peu après la séparation du couple, et qui obligeaient sa mère à rester auprès de lui toute la nuit pour l'empêcher de suffoquer.

Pierre se souvient que parfois, quand ses parents vivaient ensemble et que le couple se querellait une partie de la nuit, il croyait mourir quand «... *le serpent s'enroulait autour de son cou*». Il n'osait plus fermer les yeux ni s'endormir de peur que le cauchemar revienne. Les seules périodes pendant lesquelles il dormait profondément étaient celles de la sieste, lorsqu'il était à la crèche ou seul avec sa mère, allongé dans la pénombre du salon pendant qu'elle lisait. Le soir, lorsqu'elle l'accompagnait dans sa chambre, il se mettait à hurler et refusait de se coucher. Cette position déclenchait des crises d'angoisse au cours desquelles il se raidissait et étouffait. Elles étaient d'une telle intensité que sa mère pensa qu'il faisait des crises d'épilepsie. A cette époque la mère de Pierre demanda un bilan médical et un électro-encéphalogramme qui ne confirmèrent pas cette hypothèse.

Maintenant, quatre ans après la séparation de ses parents, quand l'image terrifiante du serpent réapparaît parfois dans ses cauchemars, Pierre a envie d'appeler sa mère à l'aide. Il dit aussi que «... *maintenant c'est plus la peine* (parce qu'il) *ne risque plus rien, que ça va passer, que c'est un méchant souvenir*».

Peu après la séparation du couple parental, Pierre, outre les troubles du sommeil, manifesta différents symptômes. Il refusait de s'alimenter et devint agressif envers sa mère et vis-à-vis de ses camarades d'école.

Pour les vacances d'été, juste après la séparation du couple, la mère de Pierre demanda à sa famille et à sa belle-famille de les recevoir, elle et son fils, pendant quelques jours. La mère de Pierre avait de bonnes relations avec les grands-parents paternels de son fils. Ceux-ci vivaient dans une petite station balnéaire au bord de l'Océan Atlantique et elle pensait que les bains de mer et les jeux de plage, dans une atmosphère sereine, lui seraient bénéfiques.

La mère de Pierre envisagea cette possibilité car elle n'avait pas suffisamment de ressources financières pour partir en vacances. De plus elle pensait que le père de l'enfant profiterait de cette occasion pour venir le voir et que celui-ci accepterait de le rencontrer. La mère était préoccupée de l'absence de relations entre Pierre et son père. Elle cherchait un moyen qui leur permettrait de se rencontrer en dehors de leur cadre de vie habituel.

La mère de Pierre avertit les grands-parents paternels de Pierre de sa démarche. Ceux-ci l'accueillirent d'autant mieux que la mère de l'enfant avait poussé son mari à renouer des relations avec sa famille lorsqu'ils avaient décidé de se marier. Il ne vint pas leur rendre visite quoique les grand-parents et la mère de l'enfant l'aient invité à plusieurs reprises.

Durant l'autre partie des vacances, Pierre et sa mère furent accueillis par des cousins de la famille de la mère qui possédaient une ferme en Normandie. Les grands-parents maternels de Pierre avaient vécu avec sa mère dans cette région. Ils étaient décédés quelques années avant sa naissance. Lorsqu'ils avaient pris leur retraite, ils avaient cédé une partie de leur exploitation aux cousins de la mère de Pierre. Le couple parental entretenait une relation chaleureuse avec eux. Les parents et l'enfant avaient séjourné plusieurs fois dans la ferme familiale.

La mère de Pierre le confia quelques jours à sa famille pour aller terminer les travaux d'aménagement de l'appartement dans lequel ils s'étaient installés quelques mois plus tôt. Elle téléphonait chaque soir à Pierre et vint le chercher le week-end suivant. L'enfant attendait ses appels téléphoniques mais ne manifesta pas d'inquiétude.

Lors de la rentrée scolaire suivante, Pierre était plus calme. Il avait retrouvé le sommeil et prenait ses repas sans difficulté. Quoiqu'il manifestât une certaine appréhension à retourner à l'école, la rentrée se déroula dans de bonnes conditions. Il était fier de montrer à sa mère qu'il était devenu «*un grand*» et qu'il ne pleurait pas.

Son institutrice le connaissait déjà car elle s'était occupée de lui avant les vacances d'été. Elle fut attentive à ce qu'il commence l'année scolaire dans un climat de confiance. Pierre avait ses repères dans la classe. Il s'empressa de montrer à ses nouveaux camarades les jeux qu'il connaissait. Dès le premier jour il se fit quelques amis.

Un an et demi plus tard, le père de Pierre rencontra une jeune femme. Il quitta l'appartement dans lequel il avait vécu avec Pierre et sa mère. Le nouveau couple cohabita quelque temps chez la compagne du père, puis emménagea dans un appartement plus vaste.

Celle-ci joua un rôle important dans la reprise des relations entre le père et le fils. Elle convainquit son compagnon de se manifester auprès de Pierre en lui envoyant, dans un premier temps, des cartes de vœux pour Noël et pour son quatrième anniversaire. Pierre, guidé par sa mère, lui répondit en lui faisant parvenir des dessins. Lorsque le père téléphona pour demander à voir son fils, celui-ci fut moins hostile et la première rencontre se déroula dans une atmosphère assez détendue.

Le père de Pierre était venu le chercher avec sa compagne. La présence de celle-ci rassura la mère de l'enfant qui hésitait à le confier à son père, compte tenu du temps qui s'était écoulé depuis leur dernière rencontre, chez elle, et du contexte violent dans lequel celle-ci avait eu lieu.

La mère de Pierre et la compagne du père sympathisèrent rapidement. Elles se connaissaient par le biais de conversations téléphoniques. Elles avaient en commun d'exercer le métier d'infirmière, ce qui les rapprocha. Elles parlèrent longuement de l'enfant et lorsque le père proposa d'aller déjeuner, Pierre, après avoir jeté un coup d'œil du côté de sa mère, comme pour lui demander son assentiment, accepta de partir avec le couple.

Après un repas pris rapidement pour ne pas le lasser, le couple emmena Pierre dans une fête foraine. Quelques tours de manège et un ours en peluche gagné par le père dans un stand de tir, contribuèrent à détendre l'atmosphère et redonnèrent confiance à l'enfant. Il était resté jusque là près de la compagne du père, comme s'il voulait garder une distance par rapport à son père ou comme s'il avait peur de lui.

Lorsque le couple ramena Pierre chez sa mère, l'enfant lui raconta sa journée. Nina, la compagne du père, avait pris soin de lui. Ensemble ils avaient joué et ri. Nina et la mère de Pierre commentèrent le déroulement de la journée et les attitudes de l'enfant par rapport à son père. Elles se moquèrent un peu de l'un et de l'autre comme si elles étaient deux complices.

La mère de Pierre et Nina devinrent vite très liées. Elles parlaient des progrès de l'enfant à chacune de leurs rencontres, de ses goûts et de ses activités. Elles s'entretenaient aussi de leur travail et de leurs projets professionnels.

Plus tard, lorsque les deux femmes se connurent mieux, Nina confia à la mère de Pierre que son compagnon avait des conduites autoritaires et intolérantes à son égard. La mère de l'enfant donna à Nina des conseils sur la manière de se comporter avec son ex-mari. Toutes deux échangeaient fréquemment leurs points de vue sur les difficultés du père de Pierre, son attitude peu sociable et ses conduites revendicatives. La mère de Pierre eut l'impression que le père reproduisait avec sa nouvelle compagne des attitudes identiques à celles qu'elle avait connues.

Au cours des premiers mois, le couple reçut l'enfant le dimanche. Plus tard la compagne du père lui proposa de venir chez eux le samedi après la classe jusqu'au dimanche soir. La mère de Pierre était peu enthousiaste de cette proposition. Elle craignait que son fils fût confronté à de nouvelles scènes de violence, surtout depuis que Nina lui avait confié son inquiétude sur le comportement du père. Elle repoussa de quelques mois cette proposition. Comme Pierre n'y était pas hostile et qu'il s'entendait bien avec Nina, et qu'elle avait confiance en elle, la mère de Pierre finit par accepter.

Pendant les mois qui suivirent, alors qu'il était propre depuis l'âge de 2 ans, Pierre devint énurétique. Au début l'énurésie fut considérée comme un incident ponctuel dû au changement d'habitudes. Ces incidents se répétèrent de manière régulière et finirent par devenir quotidiens.

Le père, la mère et Nina se concertèrent puis sa mère parla longuement avec Pierre. Elle lui expliqua qu'elle était heureuse de voir qu'il s'entendait bien avec son père et avec Nina. Elle lui dit aussi qu'elle appréciait la jeune femme parce qu'elle s'occupait bien de lui. Pierre parut soulagé et finit par dire à sa mère qu'il avait peur que son père maltraite Nina et se fâche contre lui. Il lui confia qu'il dormait mal chez son père et qu'il recommençait à faire des cauchemars. L'énurésie dura encore quelque temps puis disparut. La disparition du symptôme coïncida, entre autres, avec l'annonce par Nina qu'elle attendait un bébé.

Pierre accueillit la nouvelle avec enthousiasme. Il souhaitait que ce fût une fille et proposa au couple de l'appeler Elodie, comme la petite camarade de classe dont il était amoureux.

Lorsque le bébé naquit, son père téléphona à Pierre pour lui annoncer la nouvelle. Devant sa demande pressante, il vint le chercher pour le conduire à la maternité. Sa mère se souvient qu'il emporta une de ses peluches pour l'offrir au nouveau-né. De retour de la maternité il raconta avec fierté à son entourage qu'il venait d'avoir une petite sœur.

Le couple s'efforça de ne pas interrompre, ni écourter les visites de Pierre à leur domicile pendant les mois qui suivirent quoique Nina fût très fatiguée. La famille reconstituée le responsabilisa face aux soins et à l'évolution de leur fille. Pierre se plaignit parfois à sa mère que le bébé l'empêchait de dormir et que les sorties au cinéma ou au restaurant étaient devenues rares.

Il profita de cet événement pour demander à sa mère comment il était lorsqu'il était bébé, s'il pleurait la nuit et s'il prenait tous ses biberons.

Il s'inquiéta aussi de savoir à quel moment sa demi-sœur marcherait afin qu'il puisse jouer avec elle. Il lui demanda si elle comptait, elle aussi, avoir un autre enfant avec lequel il pourrait jouer comme il le faisait avec sa demi-sœur et précisa qu'il préférait que ce soit un garçon. Il ne la questionna pas sur le futur père.

A cette époque, la mère de Pierre recommença de s'investir de manière importante dans son activité professionnelle et décida de suivre une formation. Elle travaillait comme infirmière dans un service de pédiatrie et souhaitait devenir puéricultrice. Le fait que son fils soit plus autonome et que les relations avec la famille reconstituée par le père soient de bonne qualité l'engagea à faire cette démarche. Nina lui proposa de s'occuper de Pierre lorsqu'elle serait en stage ou qu'elle préparerait ses examens, elle-même ayant pris un congé parental.

Simultanément, la mère de Pierre prit des cours pour apprendre à piloter un ULM. Cette activité correspondait à un projet de longue date auquel elle avait dû renoncer au début de son mariage car le père de l'enfant s'y était opposé.

Lorsque Pierre passe ses week-ends avec sa mère, celle-ci organise fréquemment des sorties avec des amis et des collègues qui ont des enfants de l'âge de Pierre. Elle privilégie les activités en plein air centrées sur la nature, telles que la cueillette des champignons, les promenades à bicyclette ou les baignades à la mer ou à la piscine en fonction des saisons.

La vie de Pierre et de sa mère ne cesse de s'enrichir de multiples activités, surtout depuis que le père de l'enfant semble s'épanouir avec Nina et leur fille. Pierre aime vivre avec sa mère mais il apprécie également les moments, de plus en plus nombreux, passés dans la famille de son père. Il prend des initiatives dans les deux familles et donne son point de vue sur les différents sujets qui le concernent, comme notamment le choix des lieux de vacances. Lorsque sa mère envisage de partir en vacances à la montagne, il propose à son père et à Nina d'aller à la mer et réciproquement.

La mère de Pierre pense qu'elle s'engagera à nouveau dans une vie de couple dans quelques années car elle souhaite avoir au moins un autre enfant. Actuellement, elle profite de sa liberté et songe avant tout à mener à terme sa formation. Quoique très sollicitée par de nombreuses relations sociales et amicales, elle n'a eu, depuis son divorce, que des relations sexuelles épisodiques. Elle éprouve encore actuellement de la méfiance envers les hommes. Certains d'entre eux lui ont proposé de vivre avec elle mais elle ne souhaite pas reconstruire une nouvelle famille pour l'instant.

La relation chaleureuse que Pierre et Nina ont nouée ainsi que les relations équilibrées entre la famille monoparentale et la famille reconstituée rendent la mère de l'enfant confiante pour l'avenir. Elle pense que Pierre, qui voit fréquemment son père, sa compagne et leur fille, acceptera sans difficulté qu'elle ait un autre compagnon, de la même manière qu'il a intégré Nina dans sa vie.

Analyse clinique

Un enfant comme moyen de se dégager de l'emprise de l'homme et comme mode de protection de la mère

La mère de Pierre vit dans une relation difficile avec son mari depuis le début de leur rencontre. Leurs investissements sont très différents et ils partagent peu de goûts en commun. La mère de Pierre a renoncé à pratiquer des activités auxquelles elle prenait du plaisir avant son mariage pour suivre son mari dans des sorties qui ne présentent que peu d'intérêt pour elle. Sa relation à son mari se situe dans le registre de la soumission.

La naissance de Pierre, à propos de laquelle le père n'est pas hostile, fonctionne pour la mère comme un moyen de se dégager d'une emprise que l'homme a développée à son égard. Avant la naissance de l'enfant, la mère ne trouve pas les moyens de s'opposer aux exigences du père, alors que la présence de l'enfant lui fournit des arguments pour s'y soustraire, comme son confort et sa santé. Il y a déplacement de l'investissement affectif de la femme. Elle désinvestit le père au profit de l'enfant. Le désinvestissement du père est d'autant plus massif que ses sollicitations sont perçues comme une contrainte.

L'enfant peut avoir un rôle de cohésion dans le couple parental et peut aussi être à l'origine de nouvelles prises de position par l'un des deux parents, ou par les deux. Dans le cas de Pierre, l'enfant ne modifie pas la position du père vis-à-vis de sa femme de laquelle il exige, après la naissance de leur fils, un mode de relation identique à celui qui précédait sa venue.

Par contre, pour la mère, l'arrivée de l'enfant modifie profondément sa relation à son mari. Elle génère de nouvelles conduites face à des exigences qu'elle avait supportées jusque là. Elle les perçoit, dans l'après-coup de la naissance, comme des contraintes.

Les modes d'aménagement, d'ordre psychique, qu'elle ne trouve pas en elle pour s'affirmer face à son mari se mettent en place à partir du moment où elle met un enfant au monde. La naissance de l'enfant et les soins dont il a besoin l'aident à élaborer des conduites qui lui permettent de se dégager de la situation de soumission dans laquelle son mari l'a contenue précédemment.

L'acte de procréation, né du désir du couple, s'inscrit dans le projet parental de la création d'une famille. Du point de vue du père, la présence de l'enfant dans la famille ne doit pas modifier ses relations avec sa femme, ni son mode de vie. Du point de vue de la mère, si l'enfant n'apparaît pas, consciemment, comme agent de dégagement vis-à-vis des exigences de son compagnon, c'est pourtant le rôle qu'il joue dans la nouvelle dynamique familiale qui se constitue.

La présence de l'enfant dans le couple ne paraît pas être envisagée par le père comme porteur de changement. La mère, sans le formuler explicitement, perçoit que l'arrivée de l'enfant impliquera, dans la dynamique du couple des remaniements affectifs et des aménagements matériels, ne serait-ce qu'au niveau de la satisfaction des besoins du nourrisson.

Pierre donne l'occasion à sa mère de se soustraire aux exigences du père. Les modes de réponse du père face au désengagement de la mère par rapport à lui, deviennent de plus en plus violents. A la violence verbale succède la violence physique dirigée dans un premier temps contre la mère, puis contre l'enfant.

La jeune femme se résigne à subir, jusqu'à la naissance de l'enfant, les conduites autoritaires du père. Après la naissance de leur fils, elle affirme sa volonté de s'occuper exclusivement de lui et déclenche des réactions de plus en plus agressives chez son compagnon. La femme, seule, ne trouve pas la force de se défendre contre la violence du père et la subit. Lorsque l'agressivité paternelle se dirige contre l'enfant, la situation devient intolérable pour la mère. L'enfant représente la part d'elle-même dont elle ne peut accepter qu'elle soit menacée.

Au couple conjugal succède, dès la naissance de l'enfant, le couple mère/fils. La jeune femme s'investit dans sa fonction maternelle et désinvestit la relation conjugale. L'enfant perçoit les dissensions du couple parental. Cette perception se manifeste par des cauchemars qui envahissent sa vie psychique. Ils expriment de manière symptomatique la manière dont Pierre intériorise le conflit parental, dans lequel le père est représenté par le serpent. Les cauchemars mobilisent la mère auprès de l'enfant et l'éloignent du père. Le vécu psychique douloureux de l'enfant fournit à la mère l'occasion de fuir la relation conjugale, perçue comme une contrainte.

Les symptômes de Pierre amènent le père à réagir contre lui. La présence de l'enfant le prive doublement de sa compagne, d'une part en l'éloignant de lui au cours des moments de loisirs et d'autre part en l'accaparant pendant la nuit.

La fonction de l'enfant par rapport à sa mère consiste à l'aider à se dégager de l'emprise de l'homme et à la protéger contre sa violence. En retour, le père manifeste de plus en plus d'agressivité contre l'enfant. La naissance de Pierre provoque des changements importants chez chacun des partenaires du couple ainsi que dans les relations sadomasochistes que le couple conjugal entretenait.

La musique comme métaphore de la violence

L'enfant vit des scènes de violence intense entre ses parents pendant les premiers mois de sa vie. Au début, la violence est verbale. La mère trouve un refuge dans la musique classique lorsque son mari l'insulte. Elle sollicite très tôt l'enfant pour écouter avec elle de la musique. La sollicitation dont l'enfant est l'objet de la part de sa mère devient une habitude. Lorsque son père injurie sa mère, Pierre attend que le calme revienne pour écouter avec elle des mélodies qui les apaisent tous les deux.

La musique constitue une sorte de bulle dans laquelle la mère et l'enfant se retrouvent ensemble, comme des complices, dans un moment de communication infra-verbale intense, à l'abri de la violence paternelle. Cette bulle musicale fonctionne comme un espace qui les protège du père. Le couple intergénérationnel puise dans la musique et dans la proximité corporelle le moyen de se sentir à nouveau vivre et exister, et d'échapper au climat destructeur provoqué par l'agressivité du père.

Les relations affectives entre Pierre et sa mère se tissent dans l'harmonie créée par la musique. Les mélodies et les insultes constituent des traces mnésiques qui s'inscrivent dans le psychisme de l'enfant. Plus tard, lorsque le couple conjugal est séparé, l'enfant continue d'investir les mélodies de sa première enfance et écoute, soit seul, soit avec sa mère la musique de son choix dans le but de se ressourcer. La violence qui ressurgit entre le père et sa compagne, dans le couple reconstitué, réactive les cauchemars.

Pierre se montre très tôt intéressé par l'apprentissage d'un instrument de musique. L'institutrice perçoit chez l'enfant sa sensibilité musicale et conseille à la mère de lui faire bénéficier d'un pré-apprentissage de musique. L'enfant prend un plaisir intense à jouer de la flûte et à faire partager ce plaisir à sa mère. La musique est intériorisée par l'enfant comme une activité et une perception qui lui permettent d'éprouver du plaisir, de trouver un apaisement et de le rapprocher de sa mère. L'apprentissage de la flûte s'apparente à une conduite œdipienne qui vise à séduire la mère et à la garder auprès de lui comme lorsqu'il était tout petit.

La musique, comme moyen d'échange et de communication, est introduite dans la dyade mère/enfant par la mère, bien avant que le couple intergénérationnel vive dans un foyer monoparental. Le couple intergénérationnel se constitue dans la réalité psychique de la mère antérieurement à sa décision de se séparer du père. L'espace musical, dans lequel se réfugie la dyade mère/enfant constitue les prémices de la famille monoparentale.

Le fonctionnement du couple mère/enfant en cellule monoparentale, dans le cadre de la famille bi-parentale, provoque chez le père des réactions de plus en plus agressives envers la mère, puis envers l'enfant. Le père s'introduit dans la relation fusionnelle de la dyade, qui est habituelle dans les premiers mois de la vie mais ne perdure pas au-delà, par le biais de l'insulte.

La médiatisation du père entre la mère et l'enfant prend la forme de la violence. La musique, qui fait suite à la violence, en devient la métaphore. La violence constitue le mode de communication du couple parental et envahit les relations familiales tandis que l'espace musical est la création du couple intergénérationnel.

Le goût de la musique et le souhait d'apprendre à jouer d'un instrument de musique coïncide avec le désir de Pierre de retrouver sa mère, pour lui seul, comme au temps où le couple parental se querellait. Pour réaliser le désir œdipien, l'enfant utilise les expériences qu'il a intériorisées au cours de ses premières relations avec sa mère et qui coïncident avec le rejet et l'éloignement du père.

La complicité des femmes face au père

La nouvelle compagne du père de Pierre joue un rôle déterminant dans la reprise des relations du père avec l'enfant. Elle favorise les échanges entre eux, et attire rapidement la sympathie de la mère. Le fait que les deux femmes exercent la même profession est un facteur important dans la complicité qu'elles développent l'une envers l'autre. Ce facteur aurait pu avoir les effets inverses, entre autres celui de faire naître des sentiments de rivalité entre elles.

En fait, la complicité des deux femmes se met en place rapidement car la mère de Pierre a fait le deuil du couple conjugal et de sa relation avec son mari depuis longtemps. Le fait que le père de Pierre cohabite avec une compagne représente pour la mère un élément sécurisant qui permet à l'enfant de renouer une relation affective avec son père, ce que sa mère souhaite depuis que la période conflictuelle du divorce est terminée.

En ce qui concerne Nina, elle investit d'emblée l'enfant de son compagnon, peut-être parce qu'il est porteur de son désir d'avoir un enfant. Elle réalise son désir de maternité un peu plus d'un an après que le père et l'enfant aient commencé à reconstruire des relations affectives durables.

La famille reconstituée par son père et Nina offre à Pierre un nouveau foyer dans lequel il est accueilli de manière chaleureuse. Cependant les conflits violents qui opposent le père de l'enfant à Nina réactivent les traumatismes qu'il a vécus à l'époque où ses parents vivaient ensemble.

Les symptômes de Pierre ressurgissent notamment sous forme d'énurésie. Ils sont liés à sa peur de trahir sa mère, d'autant plus qu'il éprouve un sentiment d'affection pour Nina. Ce sentiment le culpabilise. L'enfant est confronté à l'ambivalence de ses sentiments qui consiste à aimer être en compagnie de sa mère tout en appréciant la bienveillance de Nina. Les symptômes découlent également de son angoisse face à l'agressivité de son père avec sa nouvelle compagne. À l'angoisse de revivre des scènes où s'exercent les pulsions destructrices du père, s'ajoute la quête identificatoire du garçon par rapport à lui. Lors de ces moments, le père apparaît à l'enfant comme un personnage peu conforme à l'idéal qu'il projette sur lui, et qui l'angoisse.

Le petit garçon a besoin de s'identifier à un père qu'il admire et qui représente un personnage important et idéalisé. Les actes de violence du père à l'égard de Nina ébranlent les tentatives d'identification de Pierre à son père. La répétition que constituent les actes de violence du père envers Nina, comme ce fut déjà le cas avec sa mère, l'amène à redouter que la jeune femme le quitte. Cette conduite entraînerait son père à s'engager dans un processus d'exclusion et de rejet, et à ne plus s'occuper de lui, comme avant qu'il vive avec Nina.

La complicité des deux femmes vise à s'occuper à la fois du bien-être de l'enfant et de celui de son père. La mère de Pierre conseille Nina sur la manière de prendre soin de son fils. Elle lui fait aussi part de son expérience avec le père de l'enfant afin qu'elle trouve les conduites qui lui permettent de poursuivre leur vie commune. La préoccupation de la mère de Pierre par rapport à Nina et à ses relations de couple a pour objectif de permettre à l'enfant de continuer à bénéficier d'une relation affective durable avec son père.

Devenir un grand-frère

Les relations entre Pierre et son père sont de plus en plus chaleureuses au fur et à mesure que la cohabitation de la famille reconstituée se stabilise. La naissance de la fille du couple marque une nouvelle étape dans les relations entre la famille monoparentale et la famille reconstituée.

Le père de Pierre, Nina et leur fille constituent une famille bi-parentale stable qui permet au garçon de bénéficier d'un mode de vie différent de celui qu'il a avec sa mère. La naissance de la fille du couple, que Pierre attendait et dans laquelle il a été très impliqué, lui donne le statut valorisant du grand-frère dans la famille reconstituée.

La reconstruction de la famille paternelle joue également un rôle dans l'investissement professionnel de la mère de Pierre. Lorsqu'elle perçoit que le couple est stabilisé, ainsi que le lui confirme Nina, et que la famille s'organise selon un mode de vie traditionnel, la mère de Pierre accepte la proposition de la compagne du père de lui confier son fils, notamment en fonction de ses obligations professionnelles.

La famille monoparentale et la famille reconstituée ont désormais un rôle complémentaire auprès de l'enfant. Pierre bénéficie des expériences diversifiées des adultes qui l'entourent et joue pleinement auprès de sa demi-sœur son rôle de grand-frère.

La recomposition de la famille paternelle et la naissance d'Elodie lui permettent également de questionner sa mère sur sa vie de nouveau-né. Elles font émerger chez lui des souvenirs du vécu bi-parental, du temps où il était tout petit.

La famille reconstituée l'amène également à se projeter dans son devenir avec sa mère et à envisager qu'elle puisse avoir un autre enfant. Celle-ci, rassurée par le comportement de Pierre devant les choix de son père, élabore de manière plus précise son avenir avec un nouveau compagnon, ce qu'elle avait jusqu'alors refusé d'envisager.

Le divorce génère chez le parent vivant seul avec l'enfant des sentiments de culpabilité et d'échec qui l'amènent à hésiter à s'engager dans une nouvelle vie de couple. Le parent peut à nouveau faire un choix amoureux lorsque l'enfant construit ses identifications par rapport à ses deux parents et notamment par rapport au parent qui ne vit pas au foyer.

Le fait que l'enfant ne se représente pas, ou plus, un nouveau compagnon comme un homme qui prend la place du parent absent du foyer, déculpabilise le parent gardien à la fois vis-à-vis de l'autre parent et de l'enfant. Il peut alors faire des projets pour son avenir, envisager de nouveaux modes de vie, et éventuellement reconstruire une famille.

L'enfant reconnaît très tôt la fonction paternelle surtout quand elle est remplie par un père qui exerce son droit de visite et d'hébergement. Il reconnaît aussi le droit à ses parents désunis de reconstruire leur vie selon leur désir, dans la mesure où la fonction du couple parental continue d'œuvrer de manière permanente.

La liberté retrouvée

Quoique l'engagement du père de Pierre dans la recomposition d'une famille amène la mère à modifier son attitude face à la situation monoparentale, elle n'envisage pas de recréer une nouvelle famille avant quelques années.

Le mode de vie qu'elle met en place dans le cadre de la famille monoparentale lui convient d'autant mieux qu'elle a recouvré une indépendance et une autonomie qu'elle avait perdues depuis le début de son mariage. Elle a de nombreuses activités. Son entourage relationnel, puis la famille reconstituée du père, lui permettent de ne pas vivre avec son fils de manière isolée.

Le réseau socio-familial dense qui entoure la famille monoparentale semble suffisamment investi pour que des relations d'emprise ne soient pas générées par les deux partenaires. La mère vit dans une position d'ouverture sur le monde extérieur et fait des projets d'avenir tant au plan de sa situation professionnelle que de ses loisirs, tandis que l'enfant bénéficie de la liberté d'investir les personnes et les activités de son choix, tout en conservant l'intérêt de sa mère.

En recouvrant sa liberté, la mère de Pierre renoue en quelque sorte avec le mode de vie qu'elle avait envisagé de mener lors de son adolescence. Elle peut maintenant mener ses projets à terme. La vie conjugale apparaît comme une expérience amoureuse malheureuse, mais qui lui a permis d'avoir un enfant. Pierre symbolise pour sa mère, à la fois le bonheur partagé par le couple, et à la fois l'enfant qui lui a permis de recouvrer sa liberté.

Guillaume : le lion comme signe du père

Guillaume a 11 ans. Il se présente comme un garçon dynamique et plutôt gai. Il est au courant de tout ce qui se passe dans la maison et sait aussi bien préparer un repas que faire fonctionner le lave-linge. Dans la cuisine, il a affiché un emploi du temps où figurent, sur deux colonnes, les horaires de travail de sa mère et ses horaires scolaires et d'activités, ainsi que ses rendez-vous chez le dentiste et le coiffeur, entre autres. Chacun inscrit les modifications éventuelles afin d'être informé de l'absence de l'autre. Lorsqu'il rentre le premier à la maison, il regarde si sa mère a noté des changements sur l'emploi du temps, puis écoute les messages sur le répondeur téléphonique.

Guillaume s'organise en fonction de la présence ou de l'absence de sa mère. Si elle a prévu de rentrer pour le dîner, Guillaume termine ses devoirs, fait les courses et commence à préparer le repas du soir en regardant la télévision. Lorsque sa mère rentre tard, après avoir fait son travail scolaire, il se confectionne un sandwich et passe sa soirée devant sa console de jeux électroniques ou lit dans son lit. Lorsqu'elle a des obligations professionnelles plusieurs soirées de suite, elle demande à la nourrice, dont le fils est devenu un des camarades de Guillaume, qu'il dîne et éventuellement dorme chez eux.

Durant les jours de congés scolaires, Guillaume a de nombreuses activités. Il pratique le football et la natation dans le cadre de clubs de loisirs. En fonction de ses activités, de la disponibilité de ses camarades et de son travail scolaire, il les invite à venir jouer chez lui ou organise des sorties à bicyclette ou des courses en skateboard. Il joue aussi au tennis et aime aller flâner dans les boutiques où il fait le choix des vêtements et des jeux qu'il demandera à sa mère de lui offrir, le moment venu.

Guillaume, durant ses moments de loisirs, est rarement seul. Il a de nombreux camarades. Il connaît certains d'eux depuis sa première année d'école maternelle et s'en fait chaque année de nouveaux. Récemment il est allé séjourner une semaine chez un camarade qui a déménagé en province il y a trois ans, et avec lequel il entretient une relation durable. Parfois, lors des vacances scolaires, lorsqu'il les passe chez ses grands-parents maternels, il invite un camarade à venir avec lui.

La première fois qu'il a demandé à ses grands-parents d'amener un enfant avec lui pour les vacances, ceux-ci n'y étaient pas très favorables. D'une part, ils souhaitaient profiter de manière exclusive de la présence de leur petit-fils, d'autre part ce n'était pas dans leurs habitudes d'accueillir un enfant qui ne faisait pas partie de la famille sans ses parents. Enfin la présence de deux garçons leur donnait à penser qu'ils auraient des difficultés à leur imposer des règles.

Guillaume avait 9 ans à cette époque et il manifestait peu d'enthousiasme pour aller séjourner seul chez ses grands-parents. Ceux-ci habitent un hameau isolé dans lequel résident quelques personnes âgées qui ont une activité restreinte. Lorsqu'il était plus jeune, Guillaume aimait aider ses grands-parents aux diverses tâches de la vie rurale, telles que désherber le potager, récolter les légumes et les fruits, et nourrir les animaux. Il rendait aussi visite aux voisins qui l'accueillaient avec gentillesse. Dans cette atmosphère paisible et bienveillante, Guillaume avait appris à lire et avait acquis un savoir-faire concernant la culture des fleurs et des légumes. Sa grand-mère lui a expliqué plusieurs recettes de cuisine, dont la pâte à crêpes et les clafoutis qu'il confectionne chez lui. Il sait aussi reconnaître les différentes espèces animales que son grand-père lui a montrées au cours de parties de chasse et de pêche.

Depuis 2 ans, Guillaume apprécie moins ses séjours à la campagne. Il n'accepte de s'y rendre que si un camarade l'accompagne. Il a négocié avec sa mère et ses grands-parents cette possibilité, à défaut de quoi il refuse de partir en vacances chez eux.

Les vacances chez ses grands-parents sont devenues l'occasion de faire découvrir à plusieurs de ses camarades ce qu'il connaît, mais aussi le moyen d'échapper aux activités qu'ils lui imposaient. Les garçons font des randonnées à bicyclette et se baignent dans la piscine de la ville voisine. Le jeune dispose d'une liberté qu'il n'avait pas auparavant. Lorsqu'il était seul avec ses grands-parents, ils ne lui permettaient pas de se déplacer seul et eux-mêmes ne disposent pas de moyen de transport.

Guillaume a toujours vécu avec sa mère. Elle avait 28 ans quand elle a décidé d'avoir un enfant. Cadette d'une fratrie de 4 garçons, son adolescence a été marquée par divers actes de petite délinquance lorsqu'elle pouvait échapper à la surveillance de ses parents. Elle a été soumise à une éducation rigide. Jusqu'à 18 ans, elle n'avait pas l'autorisation de sortir avec ses camarades. Au cours de ses moments de loisirs, elle aidait sa mère aux tâches familiales qui consistaient, outre les activités ménagères traditionnelles, à s'occuper des animaux de la ferme et des travaux du potager.

Peu motivée par les études à cette époque-là, après avoir obtenu un CAP, la jeune fille décida de partir à la ville pour travailler. Elle occupa différents emplois. Elle fut serveuse puis vendeuse, et suivit une formation de secrétariat pour adultes qui lui permit d'être embauchée comme employée dans une agence de publicité. Elle y travaille toujours et a obtenu un poste de responsabilité dans les études de marché. Son travail l'amène à se déplacer fréquemment. Elle a commencé à accepter des missions en province lorsque son fils avait 6 ans. Cette période correspond à son changement professionnel. Il est lié en partie à sa décision d'accepter de confier son fils plusieurs jours de suite à sa nourrice durant les périodes où elle voyage pour son travail.

De cette période, Guillaume a conservé l'habitude que sa mère lui rapporte de ses voyages un souvenir. Il a réuni en collection une quantité importante d'objets divers (petites peluches, jouets de toutes sortes, porte-clés...) qui sont disposés sur les étagères de sa chambre et dont il connaît l'époque et le lieu d'où sa mère les lui a rapportés.

Lorsque la mère de Guillaume s'est installée en ville, en dehors de son frère aîné, elle n'avait aucune relation. Celui-ci vivait de manière instable et était peu disponible pour lui venir en aide. Elle était désemparée devant la solitude mais décida de faire face à la situation car elle ne souhaitait pas retourner habiter chez ses parents. Elle logeait dans des hôtels modestes, qu'elle quittait lorsqu'elle n'avait pas d'argent pour payer son loyer. Ses changements d'emplois fréquents ne lui permirent pas de nouer des relations durables avec ses collègues pendant les premières années de son installation en ville et elle vécut dans un profond isolement.

Quand elle se fut stabilisée dans l'agence de publicité, elle noua une amitié avec une de ses collègues. Celle-ci l'hébergea dans un petit appartement où elle vivait seule. Les deux femmes cohabitèrent pendant environ deux ans. Tandis que la mère de Guillaume commençait sa grossesse, son amie décida de vivre en couple avec un compagnon qui travaillait également dans l'agence. La vie à trois fut rapidement pénible. Le couple manquait d'intimité dans un espace qui était devenu exigu et la mère de Guillaume percevait que sa présence constituait une gêne pour le couple.

Elle n'avait pas prévu ce changement de situation de la part de son amie qui lui avait affirmé, peu avant le début de sa grossesse, que cette décision ne serait pas un obstacle à leur cohabitation. La mère de Guillaume était démunie sur le plan financier. Elle ne se résignait pas à louer un studio éloigné de son lieu de travail. Elle décida alors de retourner vivre à l'hôtel. Elle y séjourna pendant toute sa grossesse et partit accoucher chez ses parents. Elle entretenait avec eux des relations stables quoique peu chaleureuses, et allait leur rendre visite de temps en temps.

Elle informa sa mère de sa grossesse alors qu'elle était enceinte de 4 mois.

Les parents de la jeune femme étaient déconcertés par l'évolution de ses frères. Ils étaient sans emploi et sans domicile fixe. Quoiqu'un peu déçus de ne pas connaître le père de l'enfant, ils accueillirent favorablement la grossesse de leur fille. A partir de cette époque, la mère et la fille se rapprochèrent. Leurs relations devinrent plus étroites. Son père se montra moins autoritaire à son égard. La grand-mère de Guillaume fut prévenante avec son petit-fils.

La mère de l'enfant estime que sa mère lui fut d'une aide et d'un conseil précieux durant les premiers mois de la vie du nourrisson. Il était né avec une malformation de la voûte palatine qui nécessita une intervention chirurgicale précoce. La grand-mère de Guillaume prit en charge l'opération car sa mère avait repris son travail dès la fin de son congé de maternité. En effet, elle craignait d'être licenciée si elle s'absentait plus longtemps.

Guillaume resta chez ses grands-parents le temps nécessaire à sa guérison. Sa mère venait le voir chaque week-end. Elle était retournée vivre à l'hôtel car elle n'avait pas le temps de s'organiser pour chercher un logement.

Elle se mit en quête d'une nourrice et au bout de 6 mois, comme Guillaume était un nouveau-né calme et bien portant, sa mère décida de l'emmener vivre avec elle, quoiqu'elle n'ait pas encore trouvé d'appartement. La première année, ils vécurent dans une chambre d'hôtel modeste, dont le propriétaire avait accepté la présence de l'enfant.

Durant la journée, Guillaume était gardé par une nourrice et le soir sa mère allait le chercher et le ramenait à l'hôtel. Les tâches quotidiennes les plus difficiles à assumer concernaient la préparation des repas et l'entretien du linge. La nourriture était la plupart du temps constituée d'aliments en pots, que la mère de Guillaume faisait réchauffer sur un camping-gaz. Quant au linge, elle en confiait l'entretien à la nourrice, ce qui impliquait de nombreuses allées-et-venues entre l'hôtel et le domicile de cette dernière.

La mère de Guillaume trouvait cette situation de plus en plus pénible et humiliante. Elle souffrait, comme son fils, de l'exiguïté de la chambre qui n'était meublée que d'un grand lit, d'une armoire et d'un lavabo. Le propriétaire de l'hôtel commençait à manifester de l'impatience face à une situation qui lui avait été présentée comme un service transitoire et qui durait plus longtemps que prévu.

La santé de la mère de Guillaume s'altérait de plus en plus. Au cours d'un congé qu'elle passait, comme à l'accoutumée, chez ses parents, elle perdit connaissance. Le médecin de famille, qui la connaissait bien, lui prescrivit un arrêt de travail et la recommanda auprès d'un de ses amis afin qu'il lui procure un appartement. Peu de temps après, Guillaume et sa mère emménageaient dans un studio meublé, pas très éloigné de l'hôtel où ils avaient vécu, de telle manière que l'enfant continuât d'aller chez sa nourrice.

A partir du moment où Guillaume entra à l'école maternelle, sa mère ressentit un soulagement. L'enfant progressait rapidement. Il apprit à s'habiller seul, puis à faire réchauffer son petit déjeuner et à aider sa mère, comme il le pouvait, aux tâches quotidiennes.

Après avoir habité trois ans dans le studio, la nourrice de Guillaume informa sa mère qu'un appartement de trois pièces serait bientôt libre dans son immeuble. Celle-ci fit les démarches pour l'obtenir, ce qui fut facilité par le fait que sa situation financière s'était améliorée depuis quelques mois.

La famille monoparentale s'installa peu de temps après dans le nouvel appartement. Les avantages de cette nouvelle résidence étaient importants. La nourrice de Guillaume habitant l'étage au-dessus, sa mère était moins inquiète lorsqu'elle était retenue par son travail, et il fut convenu que la nourrice, en fonction de l'heure de son retour, garderait Guillaume ou irait le coucher chez lui. L'enfant était heureux de rester dans un quartier où il avait ses habitudes et ses camarades. Enfin, la mère et l'enfant disposaient chacun d'une chambre et pouvaient créer leur intimité.

Au début, Guillaume se levait fréquemment la nuit pour aller vérifier que sa mère était bien dans la chambre voisine et qu'elle respirait calmement. Lorsqu'ils habitaient à l'hôtel, ils partageaient le même lit. Dès qu'ils furent dans le studio, sa mère exigea que son fils dorme dans son lit, à côté d'elle. Il finit par accepter cette situation mais il se réveillait fréquemment et était inquiet de ne pas la sentir près de lui. Parfois elle se réveillait en sursaut car son fils était debout devant elle et la regardait dormir. La mère le rassurait et l'aidait à se rendormir. Peu à peu cette habitude cessa.

Guillaume devint de plus en plus autonome. Il assumait de nombreuses responsabilités dans le foyer monoparental. Il connaissait les habitudes et les goûts de sa mère. Si le café ou le thé venait à manquer, il allait lui-même les acheter ou demandait à sa nourrice de lui procurer avant son retour.

La mère de Guillaume laissait toujours une petite somme d'argent dans le tiroir de la cuisine afin de parer aux dépenses courantes. Guillaume prit l'habitude de noter les denrées qui manquaient et finit par faire lui-même la plupart des courses. Il aimait cette activité qui lui donnait l'occasion d'aller se promener dans le quartier et de parler avec les commerçants et les voisins. Il était apprécié pour sa bonne humeur et sa débrouillardise.

Il était aussi au courant des soucis de santé de sa mère qui l'inquiétaient. Il lui demandait fréquemment si elle ne se sentait pas trop fatiguée, lui préparait ses médicaments et lui rappelait qu'elle devait consulter régulièrement son médecin pour vérifier sa tension.

Au cours de ses sorties dans le quartier, Guillaume rencontra un voisin âgé, qui avait été instituteur et qui vivait seul. L'homme et l'enfant se lièrent d'affection. Guillaume lui rend souvent visite et l'instituteur lui a appris à jouer aux échecs et l'aide à faire ses devoirs. En échange Guillaume lui rend des petits services, comme porter ses bouteilles ou lui faire quelques courses lorsqu'il ne peut pas se déplacer.

La mère de Guillaume a eu plusieurs partenaires sexuels avant de choisir l'homme qui serait le père de son enfant. Depuis qu'elle est adolescente, elle pense qu'elle élèvera seule son enfant car elle considère qu'un homme à la maison constitue un travail supplémentaire et n'apporte aucune aide. Lorsqu'elle rencontra cet homme, elle décida qu'il serait le père de son enfant tout en sachant qu'il ne vivrait pas avec elle et que, de toute façon, elle ne le souhaitait pas.

Elle le décrit comme un homme d'une grande sensibilité, passionné par l'art contemporain. Il travaillait à ses toiles la nuit et son mode de vie, en retrait de la société, n'était pas compatible avec une vie de couple et encore moins avec une vie de famille.

Le couple n'a jamais vécu ensemble. La jeune femme lui a annoncé qu'elle était enceinte cinq mois après le début de sa grossesse alors qu'ils ne se fréquentaient plus. Il n'a fait aucun commentaire. Elle a conservé de cette liaison éphémère deux cadeaux que lui fit le père de l'enfant : une photographie sur laquelle on devine le profil d'un visage masculin embrumé dans la fumée de cigarette et une toile qui représente une sorte de lion, prêt à bondir et coiffé d'une crinière volumineuse.

Sa mère a parlé à Guillaume de son père lorsqu'il avait environ 3 ans. Il lui avait raconté qu'à l'école maternelle la maîtresse avait demandé que *«les mamans et les papas qui venaient chercher les enfants à l'école viennent la voir pour leur donner les photos faites à l'école»*. La mère de Guillaume avait alors considéré que le moment était venu de lui dire la vérité sur son père.

A la fin de la conversation qu'elle eut avec son fils, ne sachant trop comment conclure, elle était allée chercher la photographie et le tableau qu'elle avait gardés dans un carton et les avait montrés à Guillaume. L'enfant s'en était emparé et était allé les ranger dans son coffre. Sa mère s'était aperçue qu'il les regardait de temps en temps et était intriguée par cette attitude qu'elle n'avait pas prévue. Le comportement de son fils l'amena, à certaines occasions, à mentionner l'existence du père sans pouvoir lui fournir les informations qu'il demandait, puisqu'elle-même l'avait peu connu.

Lorsque la famille monoparentale emménagea dans le nouvel appartement, Guillaume disposa ses affaires personnelles comme il le souhaitait. La première chose qu'il entreprit fut d'accrocher au mur les objets qui venaient de son père. Quand on lui pose des questions sur celui-ci, il répond en riant : *«C'est un lion mais il fume et je n'aime pas la fumée de cigarette, ça me fait tousser!»*

Guillaume n'a jamais vu d'hommes au foyer monoparental. Sa mère profite de ses déplacements, depuis peu de temps, pour vivre quelques rares aventures amoureuses. Elle aimerait avoir un autre enfant maintenant, mais elle hésite entre plusieurs choix. Son goût pour l'indépendance la pousse à avoir un deuxième enfant en restant célibataire, mais les contraintes matérielles qu'implique cette situation l'amènent à penser que la présence d'un homme à la maison serait préférable.

Faute de pouvoir choisir entre sa liberté et une vie de couple, sa situation de mère célibataire perdure. Elle pense que si elle ne se décide pas à choisir dans cette alternative d'ici deux ans, elle restera seule avec son fils. Elle envisage cette possibilité comme étant peut-être la meilleure pour elle car elle ne crée pas de liens de dépendance entre elle et un homme. Elle n'est pas inquiète pour l'avenir de son fils car elle considère qu'il est indépendant et autonome, qu'il saura toujours se débrouiller et qu'elle est là pour l'aider.

Guillaume ne s'est jamais posé la question de vivre autrement qu'actuellement. Dans la mesure où il est autonome et prévenant avec sa mère, et qu'il participe aux tâches quotidiennes, il comprend mal les raisons pour lesquelles elle aurait besoin d'un homme à la maison. Quant à l'éventualité d'un autre enfant, il considère que la situation actuelle est confortable et il rappelle à sa mère que «*ça a été dur d'y arriver tous les deux!*»

La mère de Guillaume pense que si elle n'a pas d'autre enfant, elle s'investira encore davantage dans son travail. Sa réussite professionnelle lui apparaît comme une sorte de revanche par rapport à sa famille qui considérait que les filles devaient rester à la maison. Des cinq enfants de la fratrie, parmi quatre garçons, elle est la seule à exercer un métier qui lui a permis d'accéder à une position sociale très supérieure à celle de ses frères. Cette position lui permet enfin d'être reconnue socialement, mais surtout d'affirmer ses choix par rapport à sa famille.

Analyse clinique

La position de la fille dans la fratrie

La mère de Guillaume a été élevée dans une famille modeste où les valeurs traditionnelles consistent à attribuer aux garçons un rôle où ils peuvent exercer une autorité sur les femmes et où ils bénéficient d'une liberté de choix dans tous les secteurs de leur vie tandis que les filles doivent demeurer soumises à la volonté de l'homme.

Les grands-parents ne remettent pas en question ce système de valeurs. La mère de Guillaume, au cours de son enfance et de son adolescence, par le biais de l'identification à sa mère, se situe en retrait par rapport aux garçons et vit repliée sur elle-même, à l'écart des jeunes de son âge. Le rôle effacé de la fille est renforcé par l'autorité paternelle. Les garçons ont des exigences par rapport à leur mère et parfois à l'égard de leur sœur. Ils sortent quand ils le souhaitent, comme leur père, tandis que la fille reste à la maison pour aider sa mère aux travaux ménagers et s'occuper des animaux. Il n'y a pas de complicité entre les garçons et leur sœur. Elle est considérée, à l'instar de sa mère, comme quelqu'un qui doit veiller à la bonne tenue du foyer sans rien demander en retour.

La contrainte exercée par le père et par les frères sur la fille joue un rôle important dans son désir d'avoir un enfant avec un homme dont elle sait qu'il ne vivra pas avec elle. Après une enfance passée sous la domination masculine, ce choix apparaît comme une manière de se restaurer narcissiquement, après les humiliations qu'elle a subies de la part des hommes de la famille. Le rôle de la maternité célibataire constitue une tentative de cicatrisation de la blessure narcissique.

Dans la dynamique pulsionnelle de la jeune femme, l'homme est considéré par rapport à la fonction de procréation et non comme un compagnon éventuel. Elle ne cherche pas à construire une vie de couple mais s'enquiert d'un géniteur. Le fait que l'enfant soit un garçon ne constitue pas un obstacle à la relation affective et éducative qu'elle entretient avec lui, car le fait d'assumer seule son enfant constitue en tant que tel une réparation par rapport au vécu infantile. Les qualités du géniteur, recherchées et reconnues par la mère, ne génèrent pas de sa part des propos dévalorisants sur le père auprès de l'enfant mais témoignent plutôt d'une certaine admiration.

De l'hôtel au 3 pièces : le parcours d'un couple intergénérationnel

La vie quotidienne du couple monoparental est ponctuée de plusieurs phases difficiles à vivre, autant pour la mère que pour l'enfant. Lorsque la mère de Guillaume décide de sa maternité, elle n'envisage pas les réaménagements que cette situation va générer dans sa vie. Hébergée par une amie, elle ne prévoit pas que sa grossesse d'une part, et l'évolution de la vie affective de sa compagne d'autre part, peuvent être un obstacle à leur cohabitation.

Lorsque sa décision est prise de procréer, ses conditions de vie futures passent au second plan par rapport à son désir d'enfant. Elle se préoccupe essentiellement de trouver un homme qui possède les qualités qu'elle recherche pour être le père de son enfant, sans assumer sa paternité.

Peu avant la naissance de Guillaume, la jeune femme se tourne vers sa mère. Celle-ci se montre disponible et de bon conseil. Elle aide sa fille lors de l'accouchement et au cours des premiers mois de la vie de l'enfant.

Les contre-identifications et les identifications de la mère de Guillaume à la grand-mère maternelle jouent un rôle important à ce moment dans sa vie. Son départ de sa famille correspond à un rejet des identifications maternelles depuis son adolescence. Sa maternité la rapproche de sa mère et lui permet de nouer une nouvelle relation plus profonde et plus chaleureuse avec elle. Cette relation de complicité persiste depuis lors. Guillaume est l'agent de la reconstruction de la relation mère/fille.

Comme premier petit-fils du couple grand-parental, Guillaume est accueilli avec joie. Il atteste d'une continuité de la filiation alors que les fils des grands-parents, qui ont bénéficié d'une éducation plus laxiste, n'ont pas encore pu assumer de paternité.

L'accueil du nouveau-né est assuré, tant sur le plan de la vie quotidienne qu'au niveau de son environnement affectif, par la mère et par les grands-parents. Cependant, la mère de Guillaume n'envisage pas de vivre avec son fils chez ses parents. Les voyages entre la campagne et la ville, où elle continue de travailler, sont fatigants. De plus, elle considère qu'elle a fait un enfant pour l'élever elle-même. Elle ne veut pas le confier à sa mère, quoique les deux femmes se soient bien entendues au cours de cette période de cohabitation, notamment en ce qui concerne les soins à donner au nourrisson.

La mère de Guillaume préfère revenir vivre à la ville avec son fils. Les conditions d'hébergement sont précaires. La mère comme l'enfant doivent se contenter d'un espace et d'un confort qui rendent les conditions de vie particulièrement éprouvantes. Les événements vécus lors de cette période procèdent d'un véritable combat pour survivre ensemble. Guillaume se montre un enfant calme et peu exigeant, comme s'il comprenait que des cris ou des pleurs pourraient remettre en question le fait qu'il partage sa vie avec sa mère.

La cohabitation confine à la promiscuité dans la mesure où ni la mère, ni l'enfant jouissent d'un espace personnel et intime. Guillaume dort dans le lit de sa mère, faute de place dans la chambre exiguë de l'hôtel. Il ne peut guère se mouvoir et encore moins gambader et ne profite pas des jouets qu'il a à sa disposition.

Les moments de complicité affectueuse, des jeux et des rires ont lieu soit pendant les congés passés chez les grands-parents, soit en revenant de chez la nourrice. La semaine se déroule selon un emploi du temps très rigoureux, où le plaisir de se retrouver et les rires partagés doivent s'interrompre sur le seuil de l'hôtel.

Plutôt qu'une relation d'emprise mutuelle, c'est une lutte commune pour survivre ensemble que la mère et l'enfant mènent quotidiennement. La mère est persuadée que la situation finira par s'arranger et l'enfant fait confiance à sa mère, guettant sur son visage des indices d'inquiétude ou de joie. De cette époque, Guillaume conserve l'habitude de lire sur le visage de sa mère ses émotions. Il a acquis un sens aigu de l'observation des sentiments exprimés par l'autre en fonction de ses attitudes et de ses mimiques.

La situation de la famille monoparentale évolue considérablement lorsque la mère trouve à louer un studio. Outre l'espace pour se déplacer et rire, sans être aux aguets des réactions du voisinage, l'enfant bénéficie d'un petit lit et peut étaler ses jouets. Les repas, que l'enfant prépare avec sa mère, deviennent des moments d'échanges et de plaisanteries. Le couple intergénérationnel part moins souvent chez les grands-parents. La mère et l'enfant prennent de plus en plus de plaisir à se retrouver pour jouer. Par ailleurs, la jeune femme a commencé une formation d'anglais et dispose de moins de temps libre.

La mère et le fils entretiennent une grande complicité dans leurs relations quotidiennes. Ils sont moins anxieux par rapport aux réactions du voisinage et ne craignent plus de se faire expulser. Ils prennent aussi leurs distances l'un par rapport à l'autre. Cette époque correspond à l'entrée de Guillaume à l'école maternelle et à la décision de sa mère de s'investir davantage sur le plan professionnel.

Le processus de séparation amorcé dès les premiers mois de la vie de l'enfant, alors qu'il est hébergé par ses grands-parents, mais toujours à refaire, notamment à cause des conditions d'habitation, trouve enfin une résolution. L'univers de la mère et celui de l'enfant, quoiqu'encore interactifs, se différencient et s'individualisent. L'individualisation découle des nouvelles conditions de vie liées au changement de résidence et au souci de la mère de continuer de se former. Elle souhaite progresser dans son statut socio-professionnel et avoir davantage de ressources financières pour assumer les charges de la famille. Simultanément, Guillaume s'investit dans sa scolarité et dans diverses activités.

L'arrivée dans le nouvel appartement constitué de 3 pièces marque l'étape actuelle du parcours immobilier de la famille monoparentale. Il correspond au besoin de la mère de vivre de manière encore plus autonome par rapport à son fils, d'autant que sa situation professionnelle évolue et que ses absences du foyer sont de plus en plus fréquentes.

Le fait d'avoir des chambres individualisées répond aussi aux besoins de l'enfant d'avoir un espace personnel à la fois pour faire son travail scolaire et pour vivre selon un rythme qui est indépendant de celui de sa mère. L'enfant devient de plus en plus autonome tout en continuant de se préoccuper de la vie de sa mère et surtout de la gestion du quotidien, notamment en ce qui concerne les repas. Guillaume devient un partenaire responsable et soucieux de la bonne tenue de la maison. Sa mère lui fait partager ses préoccupations. Il remplit le rôle d'un partenaire attentif et conscient de ses responsabilités.

La vie au quotidien

Guillaume se sent concerné par tout ce que vit sa mère. Il est impliqué dans de nombreux domaines la concernant tels que son activité professionnelle, l'évolution de ses ressources et son état de santé. Depuis sa petite enfance il participe à son cheminement en tant que spectateur passif dans un premier temps, puis comme partenaire actif depuis qu'il peut assumer différentes tâches dans le foyer monoparental.

Le fait de le faire participer à la vie quotidienne constitue une manière de l'aider à s'autonomiser et à le responsabiliser. Il est davantage considéré par sa mère comme un partenaire qui a un rôle efficace à la maison que comme un enfant *à charge*. Sa responsabilisation précoce dans le foyer monoparental le prive toutefois de la sérénité et de certaines expériences infantiles.

Guillaume est plongé précocement dans les soucis incombant aux adultes. Il partage les inquiétudes de sa mère, veille sur sa santé et se préoccupe de l'organisation de la maison. Guillaume est devenu un *petit homme*. Sa maturité est largement supérieure à celle des enfants de son âge, au moins lorsqu'il est à la maison. Par contre, à l'école et pendant ses loisirs, il participe volontiers aux activités de ses camarades et partage le mode de vie des enfants de son âge.

L'éducation que sa mère donne à Guillaume est très différente de celle que ses parents ont donnée à leurs enfants. Elle incite très tôt son fils à acquérir son autonomie comme ses oncles, mais elle le responsabilise de manière à ce qu'il se sente valorisé. Du même coup, elle manifeste sa désapprobation quant à l'éducation laxiste dans laquelle ses frères ont été élevés. Elle fait preuve d'autorité face à son fils, mais de manière différente de celle qu'elle a subie. L'autorité paternelle tendait à l'infantiliser et à déresponsabiliser ses frères tandis que la sienne permet à Guillaume de devenir conscient des difficultés de la vie.

Itinéraire d'un enfant (presque) seul

Quoiqu'il vive dans un foyer monoparental seul avec une mère célibataire, Guillaume apparaît comme un enfant sociable. Dès sa naissance, il est entouré de personnes bienveillantes telles que ses grands-parents dans les premiers mois de sa vie, puis par sa nourrice ensuite. Il y a une continuité dans ses relations avec les autres quels que soient les changements effectués par la famille monoparentale.

Au quotidien, le couple intergénérationnel vit dans une relation de proximité. Cette relation n'exclut pas les relations de l'enfant avec d'autres personnes. La mère de Guillaume souhaite s'occuper seule de son enfant, cependant le fait qu'elle travaille nécessite qu'elle ait recours à différents modes de garde et qu'elle laisse son fils s'organiser de manière de plus en plus autonome à mesure qu'il grandit.

La mère de Guillaume entretient des relations de bonne qualité avec son environnement. Ces relations favorisent le développement et l'extension des relations de Guillaume avec le monde extérieur. Tout en continuant d'aller chez sa nourrice et chez ses grands-parents, l'enfant élargit son champ relationnel à des camarades de son âge et à certains adultes du voisinage avec lesquels il acquiert de nouvelles expériences lorsqu'il revient de l'école ou quand il fait ses courses. Sur ce point l'enfant s'identifie à sa mère, qui dit volontiers qu'elle fait un «*métier de communication*».

La mère de Guillaume passe son temps libre avec son fils et aime partager des activités avec lui. Parfois lorsqu'elle travaille sur ses dossiers, s'occupe des tâches ménagères ou se repose, Guillaume va rejoindre ses camarades mais la plupart du temps il reste avec elle. Les sorties et les activités avec les camarades sont plutôt réservées aux moments où sa mère est absente du foyer. L'enfant semble avoir peu d'emprise sur sa mère, par contre celle-ci manifeste des exigences à l'égard de Guillaume.

Pourtant, la relation d'emprise qui s'est mise en place entre Guillaume et sa mère est l'objet d'une transaction : lorsque Guillaume est seul, il organise son temps comme il le souhaite dans la mesure où il assume un certain nombre de tâches ménagères, par contre lorsque sa mère est à la maison il se sent dans l'obligation de rester auprès d'elle. Ces attitudes semblent correspondre à un pacte implicite dans lequel l'autorité maternelle a un rôle prépondérant. La plupart des activités de Guillaume sont organisées par rapport à celles de sa mère, en fonction des heures auxquelles elle est présente à la maison.

Sa présence et son absence créent une relation de dépendance de Guillaume par rapport à sa mère. Lorsqu'elle est à la maison, l'enfant paraît vivre sous son emprise. Il se dégage de cette emprise dès qu'elle retourne travailler. Le dégagement est opéré par le biais de ses relations avec les autres, adultes et enfants, auxquelles la mère ne s'oppose pas lorsqu'elle est absente du foyer monoparental. Ces relations constituent des relais sur lesquels la mère de Guillaume s'appuie lorsqu'elle est absente.

Des hommes partout

En quête d'identifications masculines, Guillaume trouve des substituts identificatoires dans son entourage, avec lesquels il a de multiples échanges, comme l'instituteur avec lequel il a tissé des liens affectifs solides. Les personnalités de ses divers interlocuteurs alimentent une sorte de magasin imaginaire dans lequel Guillaume puise des traits identificatoires. A ces personnages du quotidien s'ajoute la personnalité de son grand-père qui lui fait découvrir le mode de vie rural, et l'initie aux travaux de la campagne et à l'observation des animaux. Les expériences acquises à la campagne sont complétées par celles vécues en ville. Il y a complémentarité des identifications masculines.

Lorsqu'il était petit, l'enfant était entouré de femmes. Dès son entrée à l'école élémentaire, devenu plus autonome, il privilégie ses relations avec les hommes sans contre-investir les identifications féminines qui ont forgé sa première enfance. De celles-ci, il garde un goût prononcé pour l'organisation de la maison qui lui permet notamment d'avoir des échanges avec les commerçants de son quartier. Il choisit aussi des activités comme la natation et le football, qui le confrontent à des personnages masculins. Ces personnages représentent également des repères identificatoires. Son désir d'apprendre et de réussir en classe est entretenu par la relation privilégiée qu'il entretient avec l'instituteur en retraite.

Guillaume négocie ses relations avec les autres sur le mode de l'échange et n'hésite pas à aider autrui en compensation de quoi il fait appel à leur expérience et à leur savoir. Guillaume semble avoir intériorisé que, faute d'un père sur lequel il peut s'appuyer, les hommes de son entourage peuvent l'aider à s'épanouir dans son identité masculine.

Le père-lion

Guillaume ne connaît pas son père. Il sait qu'il est né du désir de sa mère d'avoir un enfant. Elle lui a dit que pour le concevoir elle a choisi un homme dont elle pensait qu'il avait les qualités requises pour être un géniteur qui lui transmettrait des qualités qu'elle appréciait. La mère de Guillaume lui parle de son père sans le dévaloriser car il lui a permis de réaliser son désir de maternité célibataire sans revendiquer sa paternité, ni jouer quelque rôle que ce soit dans l'éducation de l'enfant.

La mère de Guillaume ne nie pas le rôle du père dans la procréation et ne formule pas de reproches à son égard car il s'est conformé à son désir. Le contrat passé avec le père de l'enfant est respecté et la mère apprécie qu'il n'ait pas ressurgi dans la vie du foyer monoparental.

Pour Guillaume, l'image paternelle n'est pas associée à un abandon, à un rejet ou à un conflit parental. Les difficultés de sa mère sont indépendantes du rôle que son père a joué dans sa vie. L'enfant perçoit très tôt qu'un dialogue sur la vie de son père et ses aspirations ne déboucherait sur aucune information qu'il ne connaisse déjà.

Sa mère l'informe des conditions de sa naissance lorsqu'il a trois ans. Depuis, la question du père n'est que rarement un sujet d'échanges dans la famille monoparentale. L'enfant a intériorisé que le rôle de son père par rapport à lui s'est limité à lui permettre de naître ce qui, somme toute, est un acte capital.

Guillaume a toutefois le désir d'objectiver le personnage paternel par rapport à des traces concrètes. Le tableau du lion et la photographie de son père, conservés par sa mère en dépit des déménagements, constituent les seuls souvenirs objectivables du père. Le fait que la mère en ait ainsi pris soin et les ait transmis à son fils montre l'importance que cet homme a eu pour elle, au moins par rapport à la procréation.

Guillaume s'est approprié ces objets. Pour l'enfant, le tableau du lion est devenu la représentation du père et sert de projection à ses fantasmes sur la personnalité paternelle. Il a construit un signifiant de son père qu'il imagine comme un homme fort qui énonce la loi. Quand il est amené à parler de son père avec ses camarades, il fait référence au *lion*.

Le signifiant met en scène à la fois la virilité et la vie solitaire du roi des animaux. Il a permis à l'enfant de construire une représentation idéalisée et mythique de son père. Les identifications qu'il puise auprès des hommes de son environnement et notamment de l'instituteur en retraite, ont pour rôle de l'aider à ressembler à ce père mythique qui est assimilé à un héros et qui possède des attributs spécifiques, comme celui d'être identifié à un peintre de talent et de faire face, seul, un peu comme lui, à la vie.

Le commentaire de Guillaume sur la fumée de cigarette, à propos de la photographie de son père, montre l'ambivalence de l'enfant. Il répond au désir de sa mère en invoquant qu'il n'aime pas la fumée de cigarette pour ne pas lui montrer qu'il investit massivement l'image de son père. Celle-ci est forte et offre un support identificatoire important au garçon.

Un enfant veille sur sa mère

La relation de proximité qui se développe entre la mère et l'enfant, depuis sa naissance, incite Guillaume à être attentif et à avoir de la sollicitude face aux préoccupations de sa mère, à son humeur, à sa fatigue et à son état de santé. La mère a fait face à de nombreuses situations difficiles auxquelles Guillaume a participé, notamment parce qu'il a partagé avec elle les multiples épreuves de leur vie commune.

L'enfant est son partenaire exclusif durant le temps qu'elle passe au foyer. Guillaume reprend à son compte les préoccupations maternelles et représente un allié face à leur devenir commun. Il veille à ce que rien ne manque à la maison et s'enquiert de la santé de sa mère, allant jusqu'à lui faire remarquer qu'elle n'y est pas attentive. Il l'incite à consulter plus fréquemment son médecin. L'enfant développe des préoccupations d'ordre maternel pour sa mère. Ces préoccupations résultent de ses identifications à sa mère et à sa grand-mère.

Guillaume a pris le relais de sa mère face aux soucis que suscite le quotidien. Il assume un certain nombre de tâches et, dans cette mesure, il lui permet de rester performante dans son travail. L'enfant apparaît comme un partenaire attentif et raisonnable. Il s'efforce de ne pas être perçu comme un garçon exigeant mais plutôt comme un compagnon fidèle et compréhensif, comme il l'était déjà lorsque le couple intergénérationnel résidait à l'hôtel. En ce sens, Guillaume se conforme au désir de sa mère et peut apparaître comme un enfant soumis à la loi maternelle. Sa bienveillance pour elle montre qu'il a besoin de sa présence.

La mère, dans le cadre du foyer monoparental et dans ses relations privées, apparaît comme un personnage tout-puissant qui impose sa loi à son entourage. Elle décide seule de sa maternité et de son mode de vie avec son fils. Sous un abord chaleureux, elle a une personnalité autoritaire et accepte difficilement que ses décisions soient remises en question. Pour mener à terme son projet de vie elle choisit de s'investir dans son travail de manière à être autonome financièrement afin de s'entourer de personnes qui l'aident sans s'opposer à ses idées. La nourrice de Guillaume, Guillaume et ses grands-parents, en fonction de leur statut et de leurs liens de parenté sont soumis à l'autorité maternelle. La femme s'est identifiée à son père sur ce point et assume, comme lui, une position dominatrice.

Au cours de son enfance passée auprès de ses frères dans un rôle de soumission, la mère de Guillaume renonce à s'épanouir sur le plan personnel et refoule ses aspirations. A l'âge adulte, elle met en scène la rivalité qu'elle a vécue par rapport à ses frères et elle réalise ses fantasmes de toute puissance par rapport aux autres et notamment par rapport aux hommes, ce qui la restaure sur le plan narcissique.

La réussite sociale comme attribut masculin

La mère de Guillaume a vécu durant son enfance dans un climat de dévalorisation par rapport à ses frères et à son père. Elle n'a pas, ainsi que ses frères, investi la scolarité. Le savoir et les connaissances scolaires ne représentent pas, pour sa famille, des facteurs d'épanouissement personnel et social.

Son père et ses frères jouissent d'un pouvoir qui, comme dans le modèle patriarcal, entretient l'adolescente dans une situation de soumission qu'elle supporte difficilement. Par identification à sa mère, et en l'absence d'autres modèles identificatoires féminins, elle ne peut que jouer un rôle qui la relègue dans une position d'aliénation au désir des hommes de sa famille.

L'entrée dans la vie adulte, à une époque où ses frères rencontrent de nombreux échecs sur le plan professionnel et privé, l'amène à prendre conscience de cette position. Cette prise de conscience est déterminante pour ses choix professionnels et privés ultérieurs. Elle décide de s'éloigner de sa famille et simultanément met peu à peu en place un changement par rapport à l'éducation qu'elle a reçue.

La mère de Guillaume rejette le modèle du fonctionnement familial et s'efforce à ne pas le reproduire. Sa trajectoire professionnelle, au travers des différents métiers qu'elle a exercés et des formations, lui permet d'accumuler des expériences et des connaissances auxquelles elle n'a pas eu accès au cours de son adolescence. Sa réussite professionnelle fonctionne comme un processus de restauration narcissique par rapport au vécu infantile dévalorisant de son enfance. La réussite professionnelle comble un manque au niveau du savoir et engage la jeune femme dans des situations où elle peut exercer un certain pouvoir.

La quête du pouvoir évolue peu à peu vers une revendication phallique qui se manifeste à la fois par son souhait de gérer sa vie et d'élever seule un enfant, en prenant peu en compte les avis d'autrui. Une contre-identification à la mère et une identification aux hommes de la famille se mettent en place. Le recours aux identifications masculines coïncide avec le désir d'affirmer des positions d'autorité et d'indépendance face aux autres. Les nouveaux investissements de la femme sont de plus en plus virils. Ils ne laissent pas de place à un compagnon avec lequel elle aurait à partager l'autorité et à faire des compromis.

La valorisation de la réussite professionnelle apparaît comme un écran qui la protège de nouveaux investissements affectifs. La jeune femme justifie par son investissement de la réussite professionnelle son choix actuel de ne pas nouer de relations amoureuses alors qu'elle se pose la question de ses réaménagements dans le futur.

La représentation du rôle de l'homme est liée aux traumatismes infantiles et réactive les blessures narcissiques éprouvées lors des situations de soumission et de contrainte. Les réaménagements de la femme sont effectués en fonction d'un modèle viril. Elle rejette les identifications féminines et hésite à s'engager dans une relation amoureuse qui l'obligerait à renoncer partiellement à son indépendance et à sa liberté.

Les hésitations à s'engager dans un choix amoureux ne concernent que la décision de la femme. Elle n'évoque pas les réaménagements que son fils aurait à faire face à l'arrivée au foyer monoparental d'un compagnon. Le choix de la mère peut cependant évoluer dans la mesure où elle envisage d'avoir un autre enfant. Elle est soumise à des sentiments ambivalents : renoncer à sa liberté et créer une famille bi-parentale pour procréer, assumer une nouvelle maternité célibataire ou continuer de vivre seule avec son fils.

Il s'ensuit que la situation œdipienne perdure en fonction des choix actuels de la mère, malgré les identifications du garçon aux différents substituts paternels de son environnement. L'enfant est placé dans la position de l'idéal masculin pour sa mère. Il représente pour elle le seul compagnon avec lequel elle puisse partager sa vie. Le fait d'être l'unique représentant masculin de l'environnement affectif maternel conduit l'enfant à la fois à l'élaboration d'un sentiment de toute-puissance qui renforce son narcissisme et à la nécessité de se conformer au désir de la mère pour continuer de bénéficier de ce statut.

Désir de la mère, emprise du fils ?

La question se pose de savoir, dans la relation mère/fils où chacun des partenaires est partie prenante de la permanence du foyer monoparental, comment fonctionnent les processus d'emprise et de dégagement. La mère et l'enfant vivent-ils de manière vraiment autonome, dans la mesure où chaque membre du couple intergénérationnel est dépendant de l'autre, et notamment Guillaume par rapport à sa mère ?

La mère de Guillaume est une jeune femme dynamique. Elle est peu attentive aux opinions des autres et manifeste des conduites de toute-puissance. Elle affirme sa volonté d'assumer seule l'éducation de son enfant dont la garde, effectuée par la nourrice, est rémunérée et la laisse libre de ses choix. Quoique des relations amicales se soient instaurées entre les deux familles, la mère de Guillaume prend peu en compte son avis.

Dans ses principes éducatifs, elle a pris le parti de responsabiliser très tôt Guillaume car son projet de vie est sous-tendu par son souhait de poursuivre sa carrière tout en élevant son fils, mais sans en être dépendante.

Pour Guillaume, le fait d'être autonome depuis qu'il est entré au cours préparatoire l'amène à une maturation précoce. Il a acquis très tôt le sens des responsabilités, sait s'organiser seul et supporte une certaine solitude. Il sait s'entourer d'enfants et d'adultes qui compensent l'indisponibilité de sa mère.

Il s'épanouit dans ses relations avec les autres mais dépend aussi des décisions maternelles qu'il subit parfois plus qu'il n'y participe. Il est souvent préoccupé par la santé de sa mère et son confort, mais accepte bien ses absences. Il se conduit comme un partenaire peu exigeant pour lui-même et bienveillant à son égard, que ce soit pour lui préparer un repas ou pour la réconforter lorsqu'elle est fatiguée.

Guillaume et sa mère ne semblent pas vivre actuellement dans une relation d'emprise dans la mesure où chacun mène son existence de manière autonome. Guillaume vit cependant dans une situation de dépendance par rapport à sa mère. Il s'organise de manière à être disponible lorsqu'elle rentre de son travail et il partage ses soucis.

La relation de dépendance est une source de valorisation pour l'enfant promu précocement dans un rôle d'adulte. Guillaume l'entretient avec un certain plaisir mais n'est-elle pas déjà la mise en place d'un processus d'emprise du fils par rapport à la mère et inversement, dans la mesure où les deux partenaires envisagent difficilement un autre mode de vie ?

La relation d'emprise ne se révélera-t-elle pas mortifiante plus tard, en fonction de nouveaux choix affectifs de la mère par exemple, ou lorsque le garçon se montrera moins disponible pour elle, ou encore lorsqu'il décidera de quitter le foyer ?

UN ENFANT S'APPROPRIE SON HISTOIRE

Les trois cas cliniques que nous venons d'étudier montrent que l'enfant, quel que soit le type de monoparentalité dont il est issu, a besoin de se situer dans son histoire personnelle et dans sa filiation.

Lorsque la monoparentalité est la conséquence d'un divorce, la construction de l'histoire de l'enfant paraît plus aisée que pour celui qui est issu de maternité célibataire. Dans le premier cas, les étayages familiaux représentés par les grands-parents et la famille élargie constituent des repères souvent stables. Ils permettent à l'enfant de se référer à la parole du parent-gardien, et à celle du parent non gardien, ainsi qu'aux discours de la famille élargie. L'enfant, à travers les discours de ses différents interlocuteurs, se forge son opinion et reconstruit les relations du couple parental d'avant la désunion.

L'enfant est moins préoccupé par les dissensions du couple parental que par sa continuité symbolique. Ce qui intéresse l'enfant en premier lieu, c'est de savoir quelles sont les relations que ses parents entretenaient lorsqu'ils l'ont conçu, cherchant ainsi à percer l'authenticité de leur désir l'un pour l'autre et de celui d'avoir un enfant. L'impossibilité de se représenter ce désir fonde les prémices du fantasme originaire. Ce fantasme préside à la mise en place de la problématique œdipienne.

Il s'agit pour l'enfant, au travers du désir parental de procréer, de s'assurer qu'il a été conçu pour que sa vie lui appartienne et non pour qu'il occupe la place d'un autre dans l'inconscient de ses parents.

Les interrogations de l'enfant sur sa naissance et sur le désir de ses parents se forment dès son plus jeune âge. Elles sont réactualisées à l'occasion de la désunion des parents, quel que soit l'âge de l'enfant. Lorsque la période, souvent difficile, du divorce est dépassée et le deuil du couple conjugal terminé, les parents sont mieux en mesure de répondre aux interrogations de l'enfant.

L'enfant attend de ses deux parents que chacun d'eux le rassure sur la place qu'il continue d'occuper pour eux. Sa réassurance concerne les relations affectives qui se sont tissées entre lui et ses deux parents, et qui ont fondé ses premières identifications.

Des réponses évasives et peu convaincantes amènent l'enfant à se questionner sur l'absence d'investissement ou le désinvestissement d'un des deux parents ou des deux. Ce questionnement provoque un effondrement narcissique qui peut générer des symptômes d'ordre névrotique. Le repli sur soi ou les troubles du comportement que l'on peut parfois observer chez certains enfants issus de famille monoparentale, mais aussi de famille bi-parentale, sont souvent causés par l'absence de réponse ou par la duperie contenue dans les réponses des parents sur les questions que pose l'enfant sur ses origines[1].

Pour l'enfant issu d'une maternité célibataire, l'appropriation de son histoire s'effectue par étapes, en fonction des situations auxquelles il est confronté. La mère célibataire contrainte n'exclut pas le rôle du père dans la procréation, mais elle tient parfois sur lui un discours critique auprès de l'enfant. Dans ce cas, le père représente un modèle identificatoire peu valorisant. Pour le garçon, la dévalorisation du père par la mère peut le conduire à rejeter les identifications masculines au profit de l'identification à la mère afin qu'elle ne l'exclue pas. Pour la fille également, les identifications féminines sont, dans ce cas, surinvesties, et l'image de l'homme ternie.

Dans l'échantillon, les mères des garçons se montrent attentives à ne pas créer de faille identificatoire par rapport à leur identité sexuelle. Certaines d'entre elles s'appuient sur les hommes de leur environnement pour leur proposer des modèles identificatoires valorisants ou/et leur laissent le choix de leurs référents. Lorsque le père est présent dans le discours de la mère, l'enfant peut construire son identité sexuelle et sa filiation à partir des propos tenus par la mère sur les événements vécus par le couple parental, avant la naissance de l'enfant et jusqu'à la séparation.

A partir des événements relatés par la mère, l'enfant construit une représentation symbolique du père qui peut être un personnage plus viril que ce qu'en dépeint la mère. La réalité d'un père, qui peut être décrit par la mère, aide l'enfant à se repérer à la fois dans une filiation réelle constituée par la famille de la mère et dans une filiation imaginée à partir de la nomination du père. Il arrive également qu'en l'absence de contact avec le père, la mère continue d'entretenir des relations avec certains membres de la famille de celui-ci. Les relations avec la famille paternelle donnent une consistance au père dont l'enfant arrive mieux à cerner l'existence et parfois la personnalité.

Lorsque l'enfant est issu d'une maternité célibataire volontaire, la mère a rarement l'occasion et surtout le désir de vivre avec le père. Il est cependant peu fréquent qu'elle ne l'informe pas de sa grossesse et de la naissance de l'enfant.

Dans les premiers mois de la vie de l'enfant, l'absence du père au foyer ne constitue pas un obstacle pour la mère, mais peu à peu cette place inoccupée devient une source de préoccupation. Elle est générée en premier lieu par le discours social, souvent réprobateur à la fois pour l'enfant et pour la mère, et par le sentiment d'un vide au lieu traditionnellement occupé par le père.

Le père, en tant qu'homme, est un personnage qui ne manque pas à la mère. Il représente l'autre face de l'alternative à laquelle l'enfant ne peut pas se confronter à la fois comme sujet d'un discours différent de celui de la mère et à la fois comme partenaire sexuel et affectif qui partage avec elle un certain nombre de tâches matérielles et financières.

Dès ses premières relations sociales avec son environnement, l'enfant élabore un questionnement sur le rôle que joue son père dans sa filiation. La mère feint parfois de ne pas comprendre le sens de ses questions jusqu'au moment où la formulation ne lui laisse pas le choix d'éluder l'interrogation de son enfant. Les questions que l'enfant lui pose font surgir ou réactivent un sentiment de culpabilité qui entraîne une prise de conscience sur la difficulté d'assumer seule son rôle éducatif.

De son côté l'enfant taraude sa mère jusqu'à ce qu'il obtienne une réponse qui concerne à la fois la question sur la place du père par rapport à la mère et la question sur le désir d'enfant du couple parental. Lorsque la réponse satisfait l'enfant, qui sait repérer ce qu'est un discours de vérité et ce qu'est une tromperie, elle constitue pour lui le fondement à partir duquel il va continuer de se construire.

L'homme, identifié comme le père dans le fantasme infantile, prend peu à peu une consistance. Différents éléments puisés dans l'environnement relationnel de l'enfant, comme les traits identificatoires du ou des substituts paternels, sont utilisés pour construire une représentation de l'image paternelle, comme le tableau représentant un lion pour Guillaume ainsi que les propos que tient sa mère sur son père.

L'image du père, quoique quasiment mythique dans ce cas, aide l'enfant à construire son histoire personnelle à partir des éléments de sa généalogie. Même si le père n'est pas présent dans la réalité, l'enfant lui donne une existence dans la représentation qu'il en élabore. Cette représentation est d'autant plus accessible à l'enfant que la parole de la mère n'est pas porteuse d'un déni du rôle du père à la fois par rapport à sa personne et comme géniteur.

L'avancée en âge de l'enfant désempare parfois la mère qui élève seule son enfant. Elle est confrontée à la solitude de sa situation, quelle qu'ait été la force de son désir de procréer et d'exclure le père dans l'éducation de l'enfant, ou encore que celui-ci ait décidé lui-même de s'éloigner précocement.

L'absence du père par rapport à l'enfant est ressentie comme un manque dans la famille monoparentale, à plus ou moins long terme. La mère s'emploie alors à trouver un ou des substituts paternels pour l'enfant. La solution la plus fréquente consiste à faire appel aux grands-parents maternels et, notamment au grand-père qui est dans la situation de devoir assumer le rôle singulier d'un père auprès de l'enfant de sa fille.

Le rôle du substitut paternel consiste à aider l'enfant à intérioriser des valeurs masculines. Il lui permet de s'identifier à un homme mais ne prend pas la place du géniteur. La place du géniteur ne peut pas être occultée car elle authentifie le désir de la mère pour un homme, même s'il s'agit *a priori* de la seule perspective de concevoir un enfant.

L'enfant, au cours de son enfance puis de son adolescence, si la situation monoparentale persiste, étaye son évolution psychique sur des référents masculins multiples. Le grand-père maternel joue souvent ce rôle au cours de la petite enfance. Au fil du temps, il est relayé par différents acteurs parfois désignés par la mère (un nouveau compagnon, un frère, un beau-frère, un ami de la famille monoparentale etc.) et parfois choisis par l'enfant (un voisin, le conjoint de l'assistante maternelle, etc.).

Le développement de l'enfant est d'autant plus harmonieux que sa mère se préoccupe du vide affectif et éducatif que représente pour lui l'absence du père. Elle tente de le pallier en faisant en sorte qu'un tiers contrebalance les effets de sa toute-puissance, que sa position génère dans le couple intergénérationnel.

La stabilité et la permanence d'un tiers masculin, dans le cas de la maternité célibataire, pendant les premières années de la vie de l'enfant, est un facteur qui permet au jeune de construire une représentation d'un couple parental. Un changement fréquent de partenaires sexuels de la part de la mère, peut entraîner pour l'enfant une perte de ses repères identificatoires. L'enfant peut alors se réfugier dans une position de retrait, qui peut évoluer vers un état abandonnique, ou développer des troubles du comportement.

L'enfant vivant en famille monoparentale, lorsqu'il peut se référer à un tiers qui médiatise sa relation au parent isolé, bénéficie d'une situation stable qui le rassure et qui le sécurise. Elle lui permet de construire ses identifications en fonction d'un couple parental reconstitué dans le fantasme infantile par deux adultes de sexe différent et affectivement investis.

L'ENFANT DANS LE PARADOXE INTERGÉNÉRATIONNEL

Céline ou la fée du logis

Céline a 12 ans. Elle se présente comme une adolescente vive et gaie, et paraît très impliquée dans la vie de la maison. Lorsqu'elle avait 5 ans, sa mère est partie vivre avec un autre homme dans le sud de la France, en laissant Céline avec son père.

Pendant la période qui a précédé le divorce, la mère est revenue habiter la même région que le foyer monoparental. Elle a tenté de reprendre sa fille mais le père s'y est opposé. Il a obtenu la garde de Céline sans trop de difficultés car il a pu prouver que la mère ne s'était pas manifestée auprès de l'enfant pendant plusieurs mois. Le père de Céline éprouve de la fierté à élever seul sa fille. Tous deux évoquent la petite enfance de l'adolescente avec une grande complicité.

Le père se souvient que la petite fille était déjà très autonome lorsque sa mère est partie. Elle allait à l'école maternelle depuis 2 ans 1/2 et avait acquis des habitudes qui facilitèrent sa tâche éducative. Elle savait se laver et s'habiller seule, avait bon appétit et n'était jamais malade.

Au cours des semaines qui suivirent le départ de la mère, Céline eut des nuits agitées. Le père ne savait pas quels moyens utiliser pour la consoler. Il lui faisait écouter des cassettes de musique classique ou de contes pour enfants et restait immobile auprès d'elle, en lui tenant la main. Il n'osait pas la prendre dans ses bras ou sur ses genoux, ni l'embrasser. Lui-même éprouvait une profonde tristesse. Il pense que la présence de sa fille l'a aidé à surmonter sa peine.

Céline se souvient que, quand elle était petite, elle avait des cheveux longs que sa mère brossait et nattait chaque matin. Comme son père n'avait pas la patience de les démêler, elle allait en classe avec les cheveux ébouriffés et gardait toute la journée sa cagoule sur la tête de peur que ses camarades se moquent d'elle. Son institutrice la questionna sur cette attitude et elle finit par lui dire que sa mère n'habitait plus à la maison. Céline tenait à garder ses cheveux longs. Son père n'osait pas la contraindre à les couper et quoiqu'il essayât différentes méthodes pour discipliner la chevelure de sa fille, le résultat fut peu concluant.

Lorsque sa mère vint la chercher, après qu'un droit de visite lui fut accordé par le juge aux affaires matrimoniales, sa première démarche fut de lui faire couper les cheveux. Plutôt contente au début de n'avoir plus à se préoccuper de sa coiffure, Céline décida peu de temps après de ne plus faire couper ses cheveux, qu'elle porte longs depuis cette époque.

Le père de Céline est responsable des ventes dans un laboratoire pharmaceutique situé près de son domicile. Lorsqu'il a dû s'occuper seul de sa fille, il a organisé son emploi du temps en fonction des rythmes scolaires, de manière à pouvoir être le plus souvent possible auprès d'elle.

Il l'accompagnait à l'école le matin et venait la chercher le soir. Il lui arrivait fréquemment de travailler à son domicile durant le week-end afin de bénéficier des mêmes congés que sa fille pendant la partie des vacances scolaires qu'elle passait avec lui.

Le père de Céline s'est marié alors qu'il avait 35 ans. Auparavant, il avait beaucoup voyagé et fait différents métiers tant en France qu'à l'étranger. Le mariage était pour lui l'aboutissement des expériences qu'il avait vécues. En choisissant de se marier, il avait décidé de renoncer à une vie aventureuse. Il comptait fonder une famille stable, axée sur des valeurs traditionnelles.

Dernier d'une fratrie de cinq enfants, il avait compris très jeune que la petite exploitation forestière de son père ne lui offrirait pas l'emploi qu'elle avait procuré aux aînés. Ses quatre frères et sœurs avaient succédé à leur père dans l'entreprise familiale mais la création d'un nouvel emploi n'avait pas pu être envisagée pour lui.

Le père de Céline est très lié à tous les membres de sa famille. Il n'a cependant pas fait appel à eux, lors de son divorce, pour l'aider à s'occuper de sa fille car il préférait assumer seul cette situation. Les divers membres de la famille se téléphonent régulièrement et chaque été, grands-parents, enfants et petits-enfants se retrouvent dans la propriété familiale située au bord de la mer. Au cours des dernières années, sous l'impulsion des grands-parents, chacun a participé à la restauration et à l'aménagement de la maison de telle manière que tous les enfants et petits-enfants aient leur chambre et s'y sentent à l'aise.

Le père de Céline aime retrouver les siens et fait des projets de randonnées pédestres avec ses frères plusieurs mois avant les vacances. Quant à Céline, elle apprécie surtout la compagnie de sa grand-mère avec laquelle elle apprend à faire la cuisine et les gâteaux. De retour dans le foyer monoparental, elle cuisine pour son père les recettes que sa grand-mère lui a enseignées.

Pendant les mois qui ont précédé la procédure de divorce, le père de Céline avait adopté une conduite très rigide à l'égard de la mère de l'enfant, refusant de lui laisser voir leur fille tant que le jugement n'était pas rendu. Lorsqu'il eut obtenu la garde de Céline selon les modalités habituelles (les 1er, 2e et 5e week-ends et la moitié des vacances scolaires étant réservés à la mère), il modifia son attitude et se montra compréhensif à son égard. Celle-ci n'ayant pas de moyen de locomotion, il lui proposa de conduire Céline chez elle et d'aller la chercher lors de ses droits de visite. Peu à peu le couple parental eut des échanges de plus en plus nombreux sur l'éducation de leur fille.

La mère de Céline vit avec un homme plus jeune qu'elle, qui est au chômage depuis plusieurs années. Elle a cessé de travailler car elle attend un deuxième enfant et connaît des conditions d'existence précaires, dont elle a informé le père de Céline. Il est parfois soucieux pour son état de santé et s'informe auprès de sa fille de ses conditions de vie. Quoique l'adolescente entretienne avec sa mère une relation assez distante, elle parle spontanément avec son père des difficultés de sa mère.

Elle ne refuse pas d'aller chez elle, mais elle regrette parfois la monotonie des moments passés avec elle et son indisponibilité. Depuis peu et sur les conseils de son père, elle se plonge dans la lecture de bandes dessinées lorsqu'elle doit rester plusieurs jours chez sa mère car elle n'a pas la possibilité de pratiquer d'autres activités.

Durant les périodes des vacances scolaires qui sont réservées à la mère, Céline part chez ses grands-parents maternels. Ceux-ci ont pris leur retraite à Biarritz et habitent une villa dans laquelle l'adolescente aime résider. Elle apprécie la manière dont sa grand-mère soigne ses fleurs et sa connaissance des diverses essences d'arbres dont elle a planté son jardin. Le grand-père l'aide dans cette tâche et expérimente des greffes qui donnent naissance à de nouvelles variétés d'arbustes.

Céline a décrit avec enthousiasme à son père les plantations du jardin d'agrément de ses grands-parents maternels. Tous deux ont convenu qu'ils pourraient adapter ces plantations dans la propriété des grands-parents paternels. Chaque été, l'adolescente se charge de transporter les plants d'un jardin à l'autre. Le père n'intervient pas dans la relation que Céline a nouée avec ses grands-parents maternels mais elle le tient au courant de la manière dont son séjour s'est déroulé. Ils en parlent ensemble et le père ne manque pas une occasion, lorsqu'il est question des grands-parents paternels, de faire référence aux grands-parents maternels de l'adolescente, tout comme il fait référence aux avis de sa mère.

Il arrive souvent que, lorsque l'adolescente évoque un événement auquel ses grands-parents maternels ou sa mère sont mêlés, le père lui raconte une anecdote que la famille a vécue avant le départ de la mère. Ce peut être un événement de la vie familiale, un souvenir de voyage, la description d'un paysage que le couple a apprécié lorsqu'il vivait ensemble, ou encore l'histoire d'une déconvenue dans leur vie quotidienne.

Le père de Céline s'entendait bien avec ses beaux-parents. Il leur a gardé une certaine affection que ceux-ci lui témoignent également. Souvent, l'adolescente revient de chez eux avec des objets dont ils savent que son père y sera sensible. Les grands-parents maternels font aussi des recommandations à Céline pour que sa vie avec son père se déroule sans incident.

Au début de leur vie en famille monoparentale, le père de Céline était très présent auprès d'elle. Il craignait de ne pas savoir s'occuper de l'enfant. Il avait remarqué que la mère était peu attentive à leur fille et il palliait ce qu'il décrit comme une forme de carence maternelle par une présence quasiment permanente auprès de Céline. Il avait aussi de nombreux contacts avec les enseignantes de l'école maternelle qui s'inquiétaient de voir que l'enfant avait peu de relations avec les autres, qu'elle ne savait pas se défendre et qu'elle était en retrait par rapport au groupe.

Céline participait aux activités que lui proposait son père dans le cadre du foyer monoparental. Hormis sa vigilance pour la scolarité qu'il surveillait attentivement en lui faisant faire ses devoirs chaque jour, il partageait les moments de loisirs de l'enfant. Tous deux jouaient à des jeux de société, regardaient la télévision ou allaient se promener en forêt. Il remarqua cependant qu'elle manifestait des signes d'ennui dès qu'il ne s'occupait plus d'elle ou qu'elle était seule. Ils semblaient l'un comme l'autre éviter de nouer des relations avec les autres, adultes et enfants.

Céline était une enfant isolée. Elle n'avait pas de camarades et s'exprimait peu en dehors du contexte familial. Quant à son père, il avait décidé de s'occuper exclusivement de sa fille, refusant les invitations qui lui étaient proposées par ses collègues ou par ses amis. Tous deux attendaient avec impatience les vacances d'été pour retrouver les grands-parents paternels, les oncles et les tantes et leurs enfants, dont certains avaient l'âge de Céline, et avec lesquels elle aimait jouer.

Au bout de 4 ans d'une situation monoparentale passée à l'écart des autres, le père de Céline prit conscience que ce mode de vie n'était satisfaisant ni pour lui, ni pour sa fille. Il décida alors de modifier certaines des habitudes qu'ils avaient prises. Il s'inscrivit à un cours d'escrime un soir par semaine et confia sa fille à une baby-sitter. A la même époque, il convainquit Céline de suivre des cours de natation le mercredi après-midi avec un maître-nageur. Ces changements furent douloureux pour l'enfant mais le père tint bon.

A la fin de l'année scolaire les nouvelles habitudes étaient acquises. A la rentrée suivante, Céline demanda à son père de reprendre des cours de natation. Elle accepta de s'inscrire dans un groupe. Au cours de l'année elle se fit des camarades puis obtint de son père la permission de les inviter. Celui-ci accepta, à condition toutefois que ce fût en sa présence, car il était à la fois soucieux de la bonne tenue de la maison et souhaitait veiller sur les relations de sa fille.

Les relations restreintes du couple intergénérationnel commencèrent à s'enrichir de nouveaux partenaires. Le père noua des relations avec les parents des enfants que sa fille lui présentait. Lorsque Céline restait chez son père durant le week-end, celui-ci organisait des sorties à la campagne avec leurs nouveaux amis.

Peu à peu, un groupe dynamique se forma et se retrouva régulièrement pour aller faire de la varappe et des randonnées pédestres. Plus tard, ils décidèrent de partir ensemble aux sports d'hiver. Il s'agissait, pour la plupart d'entre eux, de familles monoparentales, connaissant des conditions de vie similaires à celles de Céline et de son père. Ces familles éprouvaient un sentiment d'isolement face aux familles bi-parentales. Elles communiquaient avec ces dernières de manière superficielle et avaient l'impression de ne pas pouvoir nouer des relations chaleureuses avec les couples.

Dans le même temps, le père de Céline, qui restait seul au foyer pour travailler ses dossiers pendant que sa fille passait ses week-ends chez sa mère, accepta les invitations de ses collègues. Il rencontrait aussi les parents des camarades de Céline, qu'elle lui avait présentés, et avec lesquels il pratiquait maintenant des activités. Ce fut pour lui l'occasion de nouer des relations amoureuses avec différentes partenaires et de se questionner sur son devenir d'homme divorcé et de père seul avec un enfant.

Dans la vie quotidienne, Céline et son père se sont, d'un commun accord, fixés des tâches bien définies depuis qu'elle est entrée en 6ᵉ. Le père fait les courses et prépare les repas tandis que l'adolescente s'occupe du ménage et du linge. Lorsqu'elle le souhaite, souvent au retour des vacances passées chez ses grands-mères qui lui apprennent des recettes de cuisine, Céline fait à son père la surprise d'un repas qu'elle prépare seule.

Le père de Céline n'a pas envisagé de vivre avec une compagne depuis le départ de sa femme. Il s'accommode de son mode de vie parce qu'il craint de perdre l'affection de sa fille s'il s'engage dans une relation amoureuse durable. L'équilibre qu'il est parvenu à atteindre dans le cadre de la famille monoparentale ne lui paraît pas devoir être remis en question tant que sa fille vit avec lui. Les relations amoureuses épisodiques qu'il entretient avec quelques femmes, elles aussi en situation de monoparentalité, lui suffisent pour l'instant.

Le père de Céline, compte-tenu de l'avancée en âge de l'adolescente, commence cependant à se préoccuper de la manière dont il organisera sa vie lorsque sa fille quittera le foyer monoparental. Les rencontres féminines qu'il a faites jusqu'alors ne le mobilisent pas suffisamment pour envisager une vie de couple dans l'avenir. L'idée de vivre avec une partenaire le motive peu, dans la mesure où il est très attaché à sa liberté. Sans toutefois exclure totalement cette idée, il pense qu'il vivra seul, tout en continuant de pratiquer des activités sportives et de faire des voyages, comme au temps de sa jeunesse.

Céline envisage son avenir avec sérénité. Elle souhaite devenir infirmière ou puéricultrice et fonder une famille. Elle n'est pas soucieuse pour son père car elle considère qu'il a toujours su se débrouiller seul et que, s'il décide de continuer à vivre seul, ses relations avec sa famille et son cercle d'amis combleront sa solitude.

Analyse clinique

De la séparation au divorce : le temps de faire un deuil

Pour l'enfant, la période la plus douloureuse à vivre est celle où la mère part brusquement du foyer conjugal. L'enfant ne peut pas comprendre, ni imaginer la raison pour laquelle la mère a commis cet acte, dans la mesure où elle ne lui a donné aucune explication qui vienne symboliser sa conduite.

La mère, que l'enfant retrouve chaque soir à la sortie de l'école, lorsqu'elle n'est plus là comme de coutume, sans qu'aucune parole ne soit venue donner un sens à l'absence, est perçue comme morte. La surprise que ressent l'enfant face à l'absence brutale de la mère s'apparente au choc éprouvé devant la figure de la mort.

Les explications qui lui sont fournies par la suite modifient le statut de l'absence. A la fois ces explications rassurent la fillette puisque l'absence ne signe pas la mort, et à la fois elles font émerger d'autres questions qui la mettent directement en cause : qu'a donc fait la petite fille pour que sa mère parte, ou encore que n'a-t-elle pas fait qui ait pu la retenir?

L'enfant se perçoit comme cause du désinvestissement du foyer parental par la mère et en éprouve de la culpabilité. Le sentiment de culpabilité est renforcé par le désarroi du père. L'enfant prend à son compte les causes qui ont provoqué le départ de la mère et la tristesse du père. Il s'ensuit un sentiment de dévalorisation pour l'enfant qui se considère comme responsable de l'éclatement du couple parental, du départ de sa mère et de l'état dépressif de son père.

À ces affects se substitue un sentiment d'abandon qui est d'autant plus fort dans le cas de Céline que sa mère ne s'est pas manifestée auprès d'elle pendant une période assez longue. Le deuil du couple parental uni ne peut intervenir tant que les deux parents ne sont pas repérés par l'enfant dans la nouvelle vie que chacun d'eux tente de reconstruire. Lorsque l'enfant peut à nouveau vérifier qu'elle est l'objet d'amour de chacun de ses deux parents, même séparés, le travail de deuil du couple parental uni peut commencer.

Les retrouvailles avec la mère, quelques mois après son départ, auraient pu inaugurer le début du travail de deuil du couple parental uni. Le fait que cette première rencontre soit marquée par l'acte de la mère de couper les cheveux de sa fille réactive l'angoisse de celle-ci.

Le retour de la mère est vécu comme porteur de danger pour l'enfant car il est accompagné d'une blessure réelle dans son corps et d'une blessure symbolique car la mère manifeste une aversion pour une partie du corps de l'enfant. Céline attend de sa mère une marque d'amour et, à l'inverse, elle reçoit un acte d'agressivité qui réactualise la question qu'elle s'est antérieurement posée sur sa fonction de bon ou de mauvais objet pour sa mère.

Un père célibataire

Le père de Céline a fait le choix de ne pas s'engager dans une relation de couple pendant les années qui ont précédé son mariage. Ce mode de vie indépendant apparaît comme le prolongement de l'adolescence à l'âge adulte. Il lui a permis de vivre à son gré et d'attendre la maturité pour fonder une famille.

Le choix d'une partenaire est motivé par le souhait de se stabiliser et de s'investir dans une relation affective durable. Son projet de vie est centré sur la création d'une famille qui englobe le désir d'être père. Ce désir se manifeste très tôt auprès de Céline. Le fait que la mère soit peu disponible pour l'enfant favorise le désir du père d'assumer son rôle paternel.

Le départ de la mère génère un vide affectif chez l'homme, mais celui-ci est partiellement comblé par la présence de l'enfant. Son désir de paternité et son projet éducatif conduisent le père à utiliser les maladresses de la mère pour se battre et obtenir la garde de sa fille quoique la justice soit habituellement peu favorable au fait de confier les jeunes enfants aux pères.

Le fait d'obtenir le droit de garde constitue à la fois une revalorisation narcissique par rapport au sentiment d'abandon lié au départ de la mère, une manière de lutter contre le sentiment d'échec du couple et un moyen de préserver un choix de vie centré sur la famille, décidé par le père quelques années plus tôt.

Les expériences d'indépendance et d'autonomie antérieurement acquises, à la fois par le père au cours de sa vie de célibataire et par Céline dans les premières années de son enfance, sont mises à profit dans la gestion du quotidien. Le père réorganise ses horaires de travail de manière à avoir une grande disponibilité pour la fillette et à éviter de recourir à un mode de garde tiers, tels qu'une nourrice, les oncles et les tantes ou les grands-parents par exemple, au moins dans un premier temps, car le père veut assumer seul l'éducation de son enfant.

Au cours de la période qui suit le départ de la mère, le père se retranche dans une position d'isolement par rapport à son environnement relationnel et familial. Cette position est générée par la blessure narcissique provoquée par le départ de la mère et par le souhait de se restaurer auprès de la fillette. En s'occupant d'elle avec sollicitude, il justifie sa fonction de *bon* père. Cette position le revalorise tant par rapport à l'image qu'il a de lui que par rapport à celle qu'il veut donner aux autres.

L'idéal du père est fondé sur la réussite d'une vie de famille dans laquelle le rôle de l'enfant est prédominant. L'échec du couple conjugal renforce cet idéal et promeut son accomplissement dans le cadre de la famille monoparentale.

Au cours des premières années de la situation monoparentale, le mode de vie instauré par le père isolé exclut le maintien et la mise en place de conduites d'ouverture sur le monde extérieur, qu'il s'agisse de relations amicales ou d'activités incluant la présence d'autres adultes. La famille monoparentale vit repliée sur elle-même. La position de repli a pour fonction de permettre au père de terminer le travail de deuil lié au divorce et d'amener chacun des deux partenaires du couple intergénérationnel à se restaurer narcissiquement. Elle permet aussi au père et à la fille d'évaluer les réactions et les limites de l'autre dans la situation duelle.

Ce mode de vie exclut les relations aux autres. Il renforce les relations affectives entre le père et la fille et les isole par rapport au monde extérieur. L'état dépressif du père se prolonge. L'enfant, qui vit seule avec lui, s'identifie à son symptôme et n'a aucun investissement.

Ce symptôme amène le père à prendre conscience de la forme d'enfermement dans laquelle il vit avec sa fille. Il réagit en mettant en place des investissements pour lui et pour sa fille. L'état dépressif de la fillette fonctionne comme un signal d'alarme. Pour avoir été entendu par le père, il préside à la réorganisation du mode de vie de la famille monoparentale.

A partir de cette période, le père favorise les échanges avec l'environnement social, ensemble ou séparément. Le recours à une baby-sitter un soir par semaine, lorsqu'il fréquente un club d'activités, constitue une première prise de distance par rapport à l'enfant.

Simultanément, la fillette apprend à nager et commence à nouer des relations amicales avec les enfants de son groupe. Peu à peu, elle apprécie les moments où elle est seule à la maison, profitant de l'absence de son père pour se livrer à des activités auxquelles elle ne peut avoir accès en sa présence, tel que regarder certains programmes télévisés destinés aux jeunes par exemple. Plus tard, Céline prend un grand plaisir à réaliser des recettes de cuisine et même à s'occuper de la maison.

Les relations du couple intergénérationnel continuent d'être denses mais évoluent de manière que chacun des partenaires soit plus autonome. L'ouverture de la famille monoparentale vers l'extérieur répond au besoin de communiquer avec d'autres personnes et questionne chaque membre du couple intergénérationnel sur sa position de repli et sur sa capacité à investir d'autres relations. Ainsi Céline présente à son père la mère célibataire d'une de ses camarades afin de tester sa réaction face à une femme.

Pour Céline, la rivalité œdipienne, à peine ébauchée avant le départ de sa mère, est restée sans objet. La place laissée vide par la mère permet au fantasme œdipien de la fillette de s'y engouffrer : la mère a-t-elle préféré partir plutôt que d'entrer en conflit avec sa fille pour garder l'amour du père ?

La réalisation du fantasme œdipien de Céline est source d'angoisse pendant plusieurs années. Elle génère la culpabilité et conduit la fillette à s'isoler par rapport aux autres et à vivre dans une relation d'interdépendance avec son père.

Au début de l'adolescence de Céline, les deux partenaires de la famille monoparentale continuent d'être très proches l'un de l'autre. Ils ont aussi tissé autour d'eux de nombreuses relations qui leur permettent de faire de nouvelles expériences de manière autonome l'un par rapport à l'autre. Céline a pris en charge la gestion de la maison au quotidien. Elle s'est approprié le rôle de la maîtresse de maison. Face à l'investissement de sa fille dans ce rôle, le père entrevoit mal comment une autre femme pourrait trouver une place au foyer sans qu'un conflit lié à la rivalité féminine s'installe.

Au début de l'existence du foyer monoparental, le père de Céline souhaite poursuivre seul l'éducation de l'enfant. A une période où il peut envisager de reconstruire un foyer, le père rejette cette idée par crainte de susciter des conflits et de perdre l'affection de sa fille.

En fait, le père de Céline a vécu la plus grande partie de sa vie privée à l'écart de la confrontation avec un autre adulte. L'idée de partager à nouveau la vie quotidienne avec une femme lui apparaît comme une privation de liberté. En revanche, il apprécie les rencontres féminines ponctuelles, qui ne l'engagent pas. Elles le laissent libre de mener sa vie comme il le souhaite.

Céline représente pour son père la stabilité qu'il avait souhaité trouver auprès d'une compagne, sans toutefois en avoir les exigences. Le père de l'adolescente est conscient de l'équilibre que lui apporte ce mode de vie sans méconnaître que sa fille partira dans quelques années. Il ne rejette pas l'idée de vivre avec une compagne mais elle lui paraît peu probable car il est très attaché à sa liberté.

D'une certaine manière, le père de Céline semble prolonger indéfiniment son adolescence et le choix de la solitude paraît en être le corollaire. Ce choix semble être sous-tendu par l'incapacité de l'adulte à se dégager de sa relation affective à ses parents qui représentent un couple parental idéalisé auquel il continue de se référer.

Père et fille : l'évitement du toucher

Le désir de paternité est prédominant dans la création du foyer bi-parental. Il s'est concrétisé dans la manière dont le père a noué des relations affectives avec sa fille dès la petite enfance. Les premières relations affectives entre le père et l'enfant se fondent sur des échanges ludiques par le biais de jeux éducatifs et, un peu plus tard, par rapport à la scolarité.

Les soins que la mère a donnés à l'enfant permettent au père de mener ultérieurement sa tâche éducative. Cependant, lorsque le père doit assumer seul les soins corporels de la fillette, il est confronté à l'obstacle de la sexualité que lui renvoie la féminité du corps de l'enfant. La question de la toilette est résolue, l'enfant étant supposée savoir se laver seule.

Par contre le besoin de contacts corporels et de caresses provoque un malaise chez le père. Il lui paraît inconvenant de toucher le corps de sa fille. Le trouble est suscité par le fantasme de l'inceste qu'induit le contact de son corps. L'évitement du toucher est un moyen de refouler le fantasme. Le père est sensible au contact physique de l'enfant et respecte sa féminité.

Il est mobilisé à la fois par sa fonction paternelle et par la pulsion sexuelle. Ces deux facteurs interagissent dans ses conduites quotidiennes, l'une pouvant inhiber l'autre, notamment dans certaines situations où la proximité corporelle est perçue comme dangereuse pour lui.

L'évitement du toucher conduit le père à avoir avec sa fille des échanges affectifs basés sur la parole. La parole est le principal vecteur de la communication dans le foyer monoparental, dont les jeux éducatifs et la scolarité sont les supports. Ce mode de communication implique que l'enfant, dès 6 ans, possède un vocabulaire riche et maîtrise bien la syntaxe.

L'évocation des souvenirs du temps de la famille bi-parentale

Pendant les deux années qui succèdent au départ de la mère, le père de Céline parle rarement des événements qui se sont produits pendant la durée de vie de la famille conjugale. Les démarches et les stratégies à mettre en place pour obtenir le droit de garde de l'enfant accaparent tout son temps, en dehors de celui réservé à Céline et à son activité professionnelle.

Lorsque les droits parentaux sont établis et que Céline rencontre régulièrement sa mère, le père peut donner libre cours à la réminiscence de ses souvenirs. L'obtention du droit de garde et l'affection qu'il éprouve encore pour son ex-femme, qui se perçoit dans la spontanéité de son discours, sont deux facteurs qui permettent au père de restituer une place à la mère dans la famille monoparentale.

Ainsi lorsqu'un dialogue met en scène une situation qui a été vécue avec la mère, le père l'évoque avec sa fille. Le cas se présente souvent à l'occasion d'événements que Céline relate à propos des vacances qu'elle passe avec sa mère ou chez ses grands-parents maternels ou encore de mimiques qu'elle prend par identification à celle-ci.

Il s'ensuit que Céline se rappelle, ou reprend à son compte, de nombreux souvenirs concernant sa petite enfance. Elle connaît également les conditions dans lesquelles ses parents se sont rencontrés, se sont mariés et ont décidé de procréer. Ces éléments constituent des repères rassurants sur son histoire car elle sait pourquoi et comment elle est née.

Le père conduit lui-même Céline chez sa mère lors des droits de visite. A cette occasion le couple parental a un échange d'informations à propos de l'adolescente. Ces échanges suscitent chez la fillette l'envie de savoir comment s'est déroulée la vie du couple conjugal et l'encouragent à questionner son père.

Dans la réalité, la mère de Céline paraît trop préoccupée par ses problèmes matériels pour se rendre disponible pour sa fille. Cependant, la conduite de la mère apparaît dans la continuité de certaines attitudes peu valorisantes et des relations distantes qu'elle a eues avec sa fille pendant sa petite enfance. La présence et l'attention de la mère pour l'enfant sont réintroduites par les dialogues que son père a avec Céline sur sa vie passée dans la famille unie.

La présence symbolique de la mère est assurée par le discours du père. Cette présence médiatise les relations entre le père et la fille et constitue une réassurance pour l'enfant. La médiatisation symbolique est introduite par le discours du père sur le couple conjugal et parental antérieur à la séparation.

Le discours du père sur la mère permet à la fillette d'aborder le conflit œdipien. Elle peut se situer comme l'enfant du couple parental et non comme la partenaire exclusive du père, lorsque la période de deuil est terminée pour les deux partenaires du couple intergénérationnel.

La médiatisation symbolique constitue un mode de réassurance. Elle permet à l'enfant de se dégager de la culpabilité éprouvée lors de la désunion du couple conjugal. Elle l'engage à vérifier la capacité du père à pouvoir s'investir dans une relation amoureuse.

Mère et grands-mères comme supports des identifications féminines

La mère de Céline offre à l'enfant une image identificatoire peu valorisante compte-tenu de la manière dont elle a quitté le foyer familial et par rapport à la situation d'échec dans laquelle elle vit depuis plusieurs années. Céline ne refuse pas d'aller chez sa mère car ces visites constituent une continuité par rapport à son passé et par rapport à la permanence du couple parental. L'adolescente est sensible aux préoccupations de sa mère en ce qui concerne son évolution et de son côté elle cherche à l'aider.

Cependant la relation entre la mère et la fille demeure difficile car l'enfant ne comprend pas les choix de sa mère. Celle-ci n'a pas pu lui expliquer la cause de son départ du foyer parental. Par ailleurs, elle semble malheureuse dans ses nouvelles relations affectives.

Les choix de la mère paraissent peu valorisants à Céline. L'adolescente exprime auprès de son père son inquiétude pour sa mère, notamment par sa crainte de la maladie liée à la consommation de tabac. L'angoisse de la mère, dans sa vie actuelle, réactive la souffrance de la fille face à l'échec du couple conjugal et à l'impossibilité de la mère de s'investir dans sa relation avec elle.

Les souvenirs évoqués avec le père sont un moyen de faire revivre le couple conjugal et de reconstruire le couple parental. Ils ont une fonction de réassurance dans la mesure où ils rendent compte d'un passé heureux, et simultanément génèrent la question sans cesse reposée du choix de la mère d'un mode de vie qui paraît de mauvaise qualité à l'adolescente.

Céline rejette le modèle identificatoire de sa mère. Par contre, les relations denses qui la lient à ses grands-mères, et notamment à sa grand-mère maternelle lui offrent le moyen de créer une continuité dans sa filiation par rapport à la lignée maternelle. Elles lui permettent de puiser des identifications féminines différentes de celles proposées par sa mère.

La grand-mère maternelle représente un modèle féminin qui sollicite le narcissisme de l'adolescente. De nombreux facteurs entrent en ligne de compte dans le processus identificatoire de la petite fille à la grand-mère. La bienveillance et l'attention dont celle-ci entoure Céline et le couple intergénérationnel jouent un rôle important dans l'intériorisation des identifications. La stabilité et la permanence des relations affectives du couple grand-parental constituent également le support des identifications féminines de l'adolescente.

Celles-ci s'ordonnent à partir de conduites telles que la préparation d'un repas et la culture des fleurs, qui mettent en scène des valeurs traditionnellement féminines. Les identifications ainsi constituées aident l'adolescente à mettre en place un processus de réparation face à la faille identificatoire induite par la relation peu chaleureuse avec sa mère.

La mère de Céline a rejeté une partie de ses identifications à sa propre mère. Ce rejet ne constitue pas un obstacle au fait que l'enfant s'identifie à sa grand-mère. Pour l'adolescente, ces identifications pallient le contre-investissement des identifications maternelles. Elles recréent un lien entre les générations, permettant ainsi que des expériences se transmettent de la grand-mère à la petite fille.

Les identifications à la grand-mère paternelle suppléent également les manques ressentis chez la mère. Elles renforcent et complètent les identifications puisées chez la grand-mère maternelle et perpétuent certaines traditions familiales dont les grands-parents sont le support.

Les grands-parents comme agents de la transmission des traditions

Les grands-mères enrichissent les identifications de l'adolescente. L'intériorisation de celles-ci est indépendante des relations que les grands-parents entretiennent avec leurs enfants. Les grands-parents constituent des repères dans sa filiation et un modèle de famille bi-parentale traditionnel par rapport à l'échec du couple conjugal. Ils représentent un facteur de réassurance et de revalorisation narcissique pour la fille.

Ses grands-parents permettent à Céline de se projeter dans l'avenir en s'appropriant un idéal familial stable. L'idéal familial est renforcé par l'image des modes de vie traditionnels que véhiculent les couples des oncles et des tantes qu'elle rencontre chez les grands-parents paternels.

Les grands-parents de Céline apparaissent comme porteurs de valeurs traditionnelles. Elles ne s'opposent pas à celles du couple parental et à celles de la famille monoparentale. Elles montrent à l'adolescente qu'un autre choix de vie est envisageable.

Pour le père, ses parents continuent, dans sa vie actuelle, de fonctionner comme un couple parental auquel il se réfère. Il n'a pas pu totalement s'en dégager et il retourne fréquemment vers eux. Ceux-ci ont tissé des liens solides avec tous leurs enfants en les impliquant dans la réhabilitation de la maison familiale. Auparavant, la création d'emplois dans l'entreprise familiale a fonctionné comme moyen de préserver l'unité de la famille et de renforcer le sentiment d'appartenance au groupe, mais dont le père de Céline a été exclu.

Son père et Céline sont dépendants du couple grand-parental qui leur tient lieu de référent. Ce référent est toutefois modulé pour l'adolescente par ses relations avec les autres membres de la famille. L'attachement du père à ses parents se fonde sur l'ambivalence de leurs conduites qui consistent à la fois à l'exclure de l'entreprise familiale et à la fois à développer des conduites de séduction visant à lui restituer une place dans le cadre familial. Cette attitude peut être envisagée comme une réparation par rapport à leur rejet antérieur.

L'exclusion et le rejet du père du groupe familial par rapport à son activité professionnelle, au moment de son entrée dans l'âge adulte, constituent une expérience traumatisante qu'il revit dans sa relation conjugale. Sa fille représente un personnage féminin qui ne l'a pas, à un moment de sa vie, rejeté.

L'environnement social comme facilitation du dégagement

Les relations avec les différents membres de la famille s'élargissent à d'autres personnes qui constituent l'environnement social de la famille monoparentale. La mise en place des relations avec cet environnement procède d'une élaboration de la part du père.

Dans les premiers temps de la constitution de la famille monoparentale, l'isolement du père conduit le couple intergénérationnel à vivre en retrait par rapport au champ social. Il investit massivement sa relation à sa fille. Plus tard, face aux symptômes de celle-ci et face à un sentiment personnel de solitude, il éprouve le besoin de s'ouvrir à des relations sociales et amicales. L'extension du champ relationnel de la famille monoparentale donne l'occasion à l'adolescente de connaître des modes de vie différents de celui de la famille monoparentale et de compléter les expériences vécues avec les autres membres de la famille élargie.

Ce nouveau mode de vie, en extension, permet à Céline de diversifier ses expériences et de mobiliser ses capacités d'observation et d'ajustement aux conduites des autres. Elle se confronte à des modes de vie et à des systèmes de pensée variés.

Elle constate également, par le biais des relations du couple intergénérationnel avec d'autres familles monoparentales, que sa situation n'est pas exceptionnelle et que d'autres jeunes vivent dans des conditions analogues. Ces différentes expériences l'amènent à forger son propre jugement et à prendre une distance par rapport à son père et à ses grands-parents. Elle n'éprouve plus de sentiment de culpabilité et elle a moins besoin d'être rassurée.

Evolution de la position d'un enfant vis-à-vis de la solitude

Céline vit de manière solitaire dès sa petite enfance, même lorsque sa mère vivait au foyer. Le traumatisme créé par le départ de la mère renforce sa position de retrait. Le père et la fille, tout en partageant un certain nombre d'activités ludiques, vivent de manière isolée, ensemble, pendant plusieurs années.

Sur l'initiative du père, la famille monoparentale investit le monde extérieur. Cet investissement conduit l'enfant à se dégager de sa position de retrait. Céline s'engage dans des activités que son père lui propose à l'extérieur de la famille monoparentale.

La présence du père et la manière dont il sollicite sa fille au cours de cette période sont déterminantes dans son épanouissement. Elles lui permettent de nouer des relations avec les autres, enfants et adultes, et d'en faire bénéficier son père. Cette nouvelle situation ne génère pas de culpabilité car la fillette implique son père dans ses nouveaux investissements.

La solitude de l'enfant paraît moins liée à la situation de monoparentalité qu'à une absence de sollicitations précoces qui auraient pu lui permettre d'investir plus tôt le monde extérieur. Le traumatisme causé par le départ de la mère est d'autant plus important que l'enfant n'a pas mis en place des identifications latérales. Celles-ci l'auraient aidée à lutter contre l'angoisse de l'abandon et auraient étayé le développement de sa personnalité.

Le père, après qu'il se soit dégagé du sentiment d'échec que la séparation a provoqué, perçoit que sa solitude a engendré des conduites de repli chez la fillette, même en sa présence. Il a alors le souci que sa fille noue des relations avec les autres et élargisse son champ d'expérience. Ce souci s'apparente à une préoccupation maternelle.

La préoccupation du père et ses sollicitations lui permettent ainsi qu'à Céline de se dégager de l'emprise mutuelle que leur mode de vie, à l'écart des autres, a généré pendant plusieurs années. Par ses interventions et son implication dans l'évolution du couple intergénérationnel, le père favorise chez l'adolescente la mise en place de processus de dégagement.

Les relations entre les familles monoparentales et les familles bi-parentales

L'environnement social de la famille monoparentale est essentiellement constitué de familles vivant dans des situations identiques. Quoique les familles monoparentales soient de plus en plus nombreuses, leur mode de vie est encore perçu de manière suspecte, voire dangereuse à la fois par rapport au parent isolé et par rapport à l'enfant.

Le parent isolé inspire de la méfiance aux familles bi-parentales qui vivent de manière traditionnelle. Il est notamment soupçonné de vivre comme bon lui semble, de jouir d'une totale liberté et ne pas connaître de limites à son désir. La liberté qu'on lui attribue à la fois fascine et inquiète les familles traditionnelles. Celles-ci lui viennent en aide en cas de nécessité mais évitent d'entretenir avec lui des relations amicales.

Le rejet, ou la mise à distance, de certaines familles traditionnelles est aussi lié à un mode de vie rythmé de manière différente de la leur : un week-end sur deux le père organise ses loisirs *en célibataire* tandis qu'il passe l'autre avec sa fille. La rupture bimensuelle du mode de vie du parent isolé génère des représentations paradoxales qui font coexister des sentiments de pitié et de réprobation.

Le père de Céline construit son réseau relationnel, parfois avec l'aide de sa fille, avec des familles ayant en commun avec lui la monoparentalité. Le regroupement des familles monoparentales entre elles évoque une forme d'enfermement par rapport à l'ensemble des foyers bi-parentaux. Ces regroupements sont l'occasion d'échanges à propos des difficultés vécues dans cette situation. Ces échanges sont également le moyen de trouver en commun des modes de résolution aux conflits rencontrés à l'intérieur des couples intergénérationnels et avec le parent qui ne vit pas au foyer, à la lumière de l'expérience de ceux qui témoignent d'un vécu semblable.

Liberté ou aliénation : avec un enfant ou seul ?

L'ouverture de la famille monoparentale sur le champ social conduit Céline et son père à entrer en relation, soit ensemble, soit séparément, avec des enfants et des adultes qui partagent les mêmes loisirs et les mêmes préoccupations qu'eux. L'ensemble de ces familles monoparentales constitue une micro-société qui vit au rythme des droits de visite et des droits de garde. Les parents sont préoccupés à la fois par le devenir de leurs enfants et par le moyen de lutter contre la solitude lorsque ceux-ci sont absents.

Au cours des absences de Céline, son père se ménage des rencontres avec d'autres adultes, en dehors du foyer monoparental. Cette situation le déculpabilise par rapport à sa fille qui, de ce fait, ne connaît pas ses partenaires sexuelles. Il apprécie ces moments qui lui permettent de revivre des aventures proches de celles qu'il a connues avant son mariage. Il se pose parfois la question de savoir s'il continuera à vivre seul avec sa fille ou s'il reconstruira un autre foyer avec une nouvelle compagne.

Sans méconnaître le fait que Céline partira du foyer monoparental dans quelques années, le père a refusé jusqu'à maintenant de faire des projets concernant une future vie de couple. La présence de sa fille au foyer satisfait ses aspirations de *célibataire*. Les contraintes de la vie partagée avec l'adolescente entravent moins sa liberté que celles que lui imposerait une compagne.

Le père de Céline respecte le mode de vie de sa fille. Il ne veut pas prendre le risque de faire naître un conflit lié à la rivalité en introduisant une autre femme dans le foyer. En protégeant sa fille de la cohabitation avec une de ses compagnes, il défend aussi son indépendance. La présence de l'adolescente au foyer, sept ans après son divorce, ne remet pas profondément en question ses choix de vie.

L'enfant mobilise son père et l'amène à désinvestir la position de retrait où le sentiment d'abandon lié à son échec conjugal l'a conduit. La faille narcissique s'origine bien avant son mariage. Dès l'adolescence, il est l'objet d'un rejet de la part de sa famille. Il se situe en marge par rapport à sa fratrie qui est regroupée autour de ses parents. La blessure narcissique rend difficile sa relation avec d'autres adultes de sa génération. Elle génère chez lui un besoin de retourner chez ses parents pour vérifier qu'il a toujours une place dans sa famille.

La situation monoparentale donne au père de Céline un moyen de s'intégrer dans le champ social par l'intermédiaire de sa fille. Simultanément il se défend contre de nouveaux choix amoureux stables en prenant comme prétexte la sérénité dont sa fille a besoin pour s'épanouir. L'idéal-du-moi du père prend pour objet la fonction paternelle et la réussite de l'éducation de l'adolescente. Cet objectif protège le moi contre l'envahissement de l'angoisse et mobilise les pulsions dans des conduites sublimatoires qui concernent principalement le devenir de l'enfant.

La capacité du père à vivre seul, sans sa fille, est un facteur qui permettra à l'adolescente de vivre de manière indépendante, le moment venu. Cette capacité est renforcée par les nouvelles relations que le père entretient avec sa famille. Il a aussi acquis la possibilité d'investir des activités et de nouer des relations avec les autres.

L'emprise, dans le cas de ce couple intergénérationnel, paraît se situer surtout au niveau des relations entre les grands-parents et leur fils, plutôt qu'entre le père et la fille. Pour le père de Céline, il semble que la difficulté à vivre avec une compagne et à élever un enfant dans une famille bi-parentale découle de la manière dont celui-ci n'a pu se dégager que de manière ambivalente du couple formé par ses parents.

Céline aide son père à rompre avec ses conduites d'isolement. La vie du couple intergénérationnel ne permet pas au père, pour l'instant, de se réinvestir dans une relation de couple de type conjugal car il reste dépendant de sa relation à ses parents. L'emprise constitue une aliénation du père par rapport à ses parents. Le sentiment de liberté qu'il éprouve en compagnie de sa fille masque une incapacité à mettre en œuvre des conduites qui lui permettraient de se sentir moins menacé par le monde extérieur.

La relation ambivalente entre le père et sa famille ne se répète pas entre le père et la fille, du fait de la désunion du couple parental. La rupture entre les parents a pour effet de rompre la répétition de l'ambivalence car le couple intergénérationnel a un mode de vie différent de celui de la famille bi-parentale.

La diversité des investissements relationnels mis en place par le père permet à la fille d'avoir des modèles identificatoires diversifiés. Elle lui permet aussi de réajuster ses conduites en fonction de ce qu'elle observe dans son environnement, tant au niveau de la famille élargie que des relations amicales.

Jérôme ou l'enfant de la solitude

Jérôme a 8 ans. Sa mère l'a inscrit à de nombreuses activités qu'il pratique avec plus ou moins d'enthousiasme. Il a de bons résultats scolaires. Il se présente, en compagnie de sa mère, comme un petit garçon actif et participant. En revanche, ses professeurs le décrivent comme un enfant inhibé qui adopte fréquemment une position de retrait par rapport à ses camarades.

La mère de Jérôme a rencontré son père lorsqu'elle était hôtesse de l'air. Lui-même est pilote de ligne sur les avions de longs courriers. Ils étaient tous les deux célibataires et cohabitaient presque uniquement au cours de leurs escales. Ils reprenaient un mode de vie indépendant lorsqu'ils revenaient en France. La mère de Jérôme avait 23 ans lorsque son fils est né. Elle aspirait à une vie de couple. Le père de Jérôme, de 15 ans son aîné, avait toujours refusé de s'engager plus avant dans leur relation amoureuse et voulait garder sa liberté.

Lorsque la jeune femme fut enceinte, le père continua de refuser de s'engager dans la vie commune. Elle demanda alors et obtint un emploi d'hôtesse au sol. Sa liaison avec le père de l'enfant s'espaça, faute d'avoir des points de rencontre dans le champ professionnel. Celui-ci ne se manifesta plus auprès d'elle, alors qu'elle commençait son 6ᵉ mois de grossesse.

Elle décida de faire une reconnaissance anticipée de l'enfant afin que le père ne puisse pas avoir de droits sur lui. La mère de Jérôme accoucha dans une profonde solitude, dans une maternité proche de son domicile. Peu de temps après, ses parents vinrent, à sa demande, l'aider à s'occuper du bébé. Le père de l'enfant, que la mère avait fait prévenir de sa naissance depuis la maternité, ne se manifesta pas. Il n'a pas reconnu son fils.

Jérôme est allé à la crèche à l'âge de trois mois lorsque sa mère a repris son travail. Compte tenu de sa situation familiale, elle obtint un poste d'adjointe de formation d'hôtesses. Elle avait demandé cette mutation dans le but de changer de cadre de travail et de manière à avoir des horaires compatibles avec ses responsabilités familiales. Elle voulait aussi éviter de rencontrer le père de l'enfant.

Tout au long de sa grossesse et quoiqu'elle ait fait une reconnaissance anticipée, la mère avait espéré que le père finirait par venir habiter avec elle. Elle l'avait prévenu de son accouchement prochain lors d'un de ses passages dans la région et dans cette perspective, elle n'avait pas souhaité que ses parents fussent à ses côtés à la maternité. Elle pensait que, dès que le père serait informé de la naissance du bébé, il ne résisterait pas au désir de venir le voir et peut-être de rester avec eux.

La mère de Jérôme fut très peinée de l'absence de manifestation du père lors de la naissance de l'enfant. Lorsqu'il vint leur rendre visite au foyer monoparental, un mois plus tard, la mère fut affectée de constater qu'il n'ait rien apporté ni pour leur fils, ni pour elle et qu'il restât si peu de temps avec eux. Au cours de la semaine qui précéda sa visite, elle avait échafaudé plusieurs plans pour le convaincre d'habiter avec la famille. Elle fut à nouveau déçue devant son refus d'accéder à son souhait. Elle se souvient d'avoir pleuré pendant tout le temps où le père était là, et encore bien après.

Elle resta plusieurs mois sans nouvelles de lui. Elle l'invita pour le premier anniversaire de l'enfant. Au cours du repas, elle ne cessait de guetter les signes qui lui permettraient de penser que l'attitude du père avait changé. Celui-ci ne lui donna pas le moindre espoir, s'intéressa peu à Jérôme, mais fut d'accord pour revenir la voir quand elle le souhaiterait à condition que l'enfant ne fût pas un obstacle aux moments d'intimité qu'il était prêt à partager avec elle, comme avant la naissance de leur fils. La mère de Jérôme accepta cette proposition, considérant que ces rencontres étaient un moyen de garder une relation avec le père de l'enfant.

Jusqu'à ce que Jérôme ait 4 ans, le couple parental se retrouva de manière régulière, parfois en compagnie de leur fils lorsque sa mère insistait pour fêter un événement important de sa vie (fêtes, anniversaires), mais le plus souvent seul pour une nuit ou pour un week-end. Jérôme était alors confié à une voisine après qu'il eut partagé quelques demi-heures avec son père.

A cette époque, la mère de Jérôme rencontra son nouveau compagnon. Ce dernier venait de se séparer de sa femme dans des conditions douloureuses. Leur fils de 8 ans, qui était atteint d'une encéphalite post-variolique depuis l'âge de 4 ans, avait été admis quelques semaines plus tôt dans un établissement spécialisé du Pas-de Calais. La mère, dont la famille habitait dans cette région, avait préféré retourner y vivre, afin de pouvoir s'occuper de leur fils le plus souvent possible. Le père, qui avait un cabinet d'architecte, n'avait pas voulu les suivre car son travail le retenait en ville.

La mère de Jérôme perdait peu à peu l'espoir que le père de l'enfant vienne un jour vivre avec eux et qu'il noue avec leur fils des relations d'ordre paternel. Sa rencontre avec un nouveau compagnon l'amena à penser que le moment était venu de constituer une famille bi-parentale qui serait fondée sur des bases différentes, notamment en ce qui concernait ses relations sexuelles, qui lui paraissaient être l'unique but des retrouvailles avec le père de son fils.

Jérôme était entré à l'école maternelle depuis un an lorsque sa mère lui présenta son nouveau compagnon. Il vint peu de temps après habiter avec la famille monoparentale. Alors que sa scolarité s'était déroulée jusque là sans difficultés, l'enfant manifesta, dès les premières semaines de la cohabitation, des troubles du comportement.

L'institutrice demanda à voir sa mère afin de comprendre les causes qui avaient déclenché ce changement d'attitude. Jérôme faisait maintenant des colères violentes, mordait ses camarades et déchirait leurs vêtements. L'institutrice conseilla à la mère de consulter le psychologue scolaire de l'établissement afin de faire pratiquer un bilan clinique et d'avoir un avis sur la nécessité d'un éventuel suivi psychothérapique.

A la maison aussi, Jérôme était devenu coléreux. Il ne supportait pas que le compagnon de sa mère lui fasse la moindre réflexion et lui rappelait fréquemment qu'il n'était pas son père. Tandis qu'il était capable de jouer seul et de rester dans sa chambre à faire des jeux de construction lorsque son père venait au foyer monoparental, Jérôme ne cessait de s'interposer entre sa mère et son compagnon. La nuit, alors qu'il dormait seul dans sa chambre depuis sa naissance, il rejoignait le couple et pleurait. Il ne s'endormait que lorsque sa mère venait auprès de lui dans sa chambre.

Le compagnon de la mère avait, à maintes reprises, essayé de nouer des relations non conflictuelles avec l'enfant, mais sans succès. Jérôme refusait de jouer avec les voitures qu'il lui offrait et cassa le jour-même la bicyclette qu'il lui apporta pour son cinquième anniversaire. La plupart du temps, l'enfant ne lui adressait la parole que pour le contredire et mobilisait toute l'énergie de sa mère.

Celle-ci décida de l'envoyer en vacances chez ses grands-parents maternels pour détendre l'atmosphère qui régnait dans la famille nouvellement constituée. Les grands-parents étaient heureux de recevoir leur petit-fils qu'ils ne voyaient que rarement. Comme ils habitaient la Savoie, son grand-père profita des vacances de février pour l'initier aux sports de neige. Jérôme apprit à faire de la luge, puis du ski. Sa mère lui téléphonait deux ou trois fois par semaine et il supporta bien cette séparation. Il fut convenu que Jérôme irait chez ses grands-parents à chaque période de congés scolaires.

Ces moments étaient l'occasion pour la mère de vivre de manière plus harmonieuse sa relation avec son compagnon. Cependant, dès son retour de vacances, Jérôme entrait à nouveau en conflit avec lui. Il entravait les relations du couple, que sa mère s'efforçait de reconstruire pendant son absence.

Les relations de la famille reconstituée devinrent de plus en plus difficiles à vivre. Son compagnon reprochait à la mère de Jérôme de ne pas intervenir pour lui imposer sa présence et pour obtenir de l'enfant qu'il accepte ses conseils et parfois ses interdits. Il finit par douter de l'authenticité de leur relation car il estimait ne pas avoir de place dans la famille et être contraint de se taire devant les exigences de l'enfant.

Au bout de 2 ans de vie commune, le compagnon de la mère lui adressa une lettre qu'il accompagna d'un collier de perles, et dans laquelle il lui écrivait : *«je t'aime et je pars»*. Elle apprit quelques mois plus tard qu'il était allé rejoindre sa femme et son fils dans le Pas-de calais où il avait ouvert un cabinet d'architecte.

La mère de Jérôme reprit contact quelque temps après avec le père de l'enfant pour l'inviter à fêter son septième anniversaire. Le père, qui n'avait pas revu la famille monoparentale depuis plus de deux ans, répondit à son appel, comme par le passé, mais ne modifia pas son attitude à l'égard de la mère et de leur fils. Le couple parental se retrouve ainsi régulièrement depuis un an, le plus souvent le week-end qu'ils passent soit au foyer monoparental, soit à l'extérieur, avec ou sans l'enfant, sans qu'un projet d'avenir puisse être abordé.

Depuis le départ de son compagnon, la mère a décidé de faire suivre Jérôme par une psychologue du CMPP, ainsi que le psychologue scolaire le lui avait conseillé quelques années plus tôt. L'enfant est beaucoup plus calme à la maison. En classe, les troubles du comportement ont disparu. Des conduites d'isolement leur ont succédé. Il joue rarement avec ses camarades et ne participe pas à la vie du groupe.

Jérôme se confie peu à sa mère. Il ne lui pose pas de questions, mais il les verbalise auprès de la psychologue, ce qui déplaît profondément à la mère. Elle ne comprend pas la raison pour laquelle son fils n'a pas confiance en elle. Il est au courant de certains de ses projets, notamment professionnels, sur lesquels il ne fait pas de commentaires. Il évoque sa vie passée avec beaucoup de lucidité et se rappelle des détails qu'elle-même a oubliés. Lorsqu'il les lui souligne, elle fait mine de ne pas entendre et maintient sa position.

Jérôme note dans son agenda les dates des visites de son père, depuis qu'il le voit à nouveau, mais ne demande pas quel jour il reviendra ou encore ce que le couple parental a prévu de faire à cette occasion. Avec son père, ses relations sont distantes, mais pas hostiles. Jérôme lui parle peu et reste la plupart du temps dans sa chambre lorsqu'il est présent au foyer. Il ne cherche pas à l'intéresser à ses nouveaux apprentissages, qu'ils soient scolaires ou de l'ordre de ses loisirs, ni aux jeux qu'il reçoit ou qu'il s'achète, comme ses jeux vidéos. D'ailleurs son père ne lui pose pas de questions et, comme par le passé, s'intéresse rarement à ce qu'il fait.

Il y a six mois, Jérôme a commencé à apprendre à jouer du piano à l'initiative de sa mère. Celle-ci est attentive aux progrès de son fils et attend impatiemment qu'il joue de nouvelles partitions *«rien que pour moi»*, dit-elle. Lorsque son père est venu dernièrement leur rendre visite, l'enfant voulait lui jouer une pièce qu'il venait d'étudier. Sa proposition a donné lieu à un conflit entre lui et sa mère car celle-ci estime que le père, ne participant pas financièrement à l'éducation de l'enfant, n'a pas à bénéficier d'un plaisir dont elle pense qu'elle doit être la seule à profiter.

Elle a finalement laissé Jérôme jouer un *rondo* car elle tire une grande satisfaction de le voir progresser dans ses apprentissages. Si l'enfant parle peu de ce qu'il fait à son père, sa mère, par contre, s'empresse à chaque visite de celui-ci de dresser la liste de tout ce que Jérôme a appris récemment.

Alors que l'enfant avait demandé à sa mère de prendre des cours de natation, elle l'a inscrit dans un club de football parce que, dit-elle, *«c'est un sport viril»*. Jérôme s'y rend chaque mercredi mais n'a fait qu'un seul match depuis le début de l'année car il a peur d'être bousculé et de tomber, et aussi de se salir.

La mère ne comprend pas la raison pour laquelle l'enfant refuse de jouer. Elle pense que ce sport devrait lui permettre de s'affirmer dans une identité masculine. Elle est consciente de l'importance du rôle que peuvent avoir les hommes sur l'évolution de son fils et lui propose de faire des activités qu'elle juge viriles, sans pour autant parvenir à le mobiliser. L'enfant préfère en effet des activités calmes et solitaires. La plupart du temps, il reste seul dans sa chambre où il lit, fait des dessins et des maquettes. Il se passionne aussi pour les jeux-vidéo.

Lorsqu'il séjourne chez ses grands-parents maternels, Jérôme aime faire des parcours, à skis ou à pied, avec son grand-père. Il a refusé jusqu'à maintenant de prendre des cours de ski avec un groupe d'enfants. Ses grands-parents sont partis en retraite en Savoie parce qu'ils y possédaient un chalet, hérité d'un lointain cousin, mais n'y ont ni famille, ni amis. Eux-même vivent de manière isolée et ne perçoivent pas la nécessité de nouer des relations dans leur nouveau lieu de résidence. Le grand-père de Jérôme est un ancien gendarme. La famille a vécu en région parisienne, dans un quartier où il considérait que sa profession l'astreignait à une grande discrétion.

La mère de Jérôme est elle-même enfant unique. De l'époque où elle vivait avec ses parents, elle se souvient que son éducation était stricte. Elle n'avait pas la permission d'amener des camarades chez elle et ses parents vivaient de manière isolée. Ils sortaient peu en dehors de leur travail et ne recevaient pas d'amis. Les rares visites qu'ils avaient étaient celles de leurs parents, une fois par an, et dont elle garde peu de souvenirs.

Actuellement, la mère de Jérôme pense qu'il serait bénéfique pour lui d'inviter des camarades à venir jouer à la maison. Elle craint cependant que les enfants mettent du désordre, que le bruit la fatigue ou qu'elle ne sache pas les occuper. Aux propositions discrètes et peu motivées de sa mère, Jérôme répond qu'il préfère jouer seul et il ajoute à voix basse : «*et puis ça ferait encore des histoires*».

A 8 ans, Jérôme vit seul avec sa mère et a peu d'occasions de rencontrer d'autres adultes et d'autres enfants en dehors de l'école et des clubs de loisirs. La famille monoparentale est isolée. Pour la mère, l'évolution de son fils représente son seul investissement, surtout depuis sa rupture avec son compagnon. Sa tentative de maintenir une relation avec le père de l'enfant lui paraît maintenant artificielle. Elle n'est pas dynamisante pour la famille monoparentale et elle ne lui donne pas d'ouverture sur le monde extérieur. Quant aux grands-parents, ils sont surtout sollicités pour s'occuper de Jérôme pendant les vacances scolaires. La mère ne favorise pas une plus ample relation enfant/grands-parents en dehors de ces périodes. Elle-même entretient des rapports ténus avec sa famille.

Analyse clinique

Vie de femme et préoccupation maternelle : un paradoxe ?

La mère de Jérôme vit une relation amoureuse intense avec le père de l'enfant avant que celui-ci naisse. Cette relation, du point de vue de la mère par rapport au père, se fonde essentiellement sur la sexualité. Le père de l'enfant ne souhaite pas s'engager dans une vie de couple et n'a jamais accédé au désir de sa compagne de vivre avec elle et leur fils. Il est attaché à sa vie de célibataire et n'envisage pas de fonder une famille.

A l'inverse la mère de Jérôme aspire à vivre en couple et à créer une famille bi-parentale. En décidant d'avoir un enfant, elle pense convaincre son compagnon de vivre avec elle et de fonder une famille.

Son choix de vivre avec un pilote d'avion est déterminé par l'âge de ce dernier et par le prestige de son uniforme. Ceux-ci représentent pour elle les attributs de son père. Le choix amoureux correspond à un compromis névrotique dont le but est de se dégager d'une problématique œdipienne non résolue. Il découle de cette problématique une immaturité affective qui place la mère dans une position d'adolescente. Cette problématique génère des conduites de séduction face au père de l'enfant qui tendent à le faire céder à son désir.

L'enfant est utilisé par la mère comme un moyen de convaincre le père de s'engager dans une vie de famille. Le désir de maternité de la femme s'accompagne du désir de fonder une famille bi-parentale. Il n'est pas symétrique à celui de l'homme. Chacun des partenaires continue d'évoluer pour son propre compte sans se préoccuper du désir de l'autre. La femme assume son désir sans s'assurer auprès du père que celui-ci peut investir sa paternité. Elle envisage de le contraindre à partager sa décision dès le début de sa grossesse.

La disjonction des désirs conduit la mère, en un premier temps, à se séparer du père de l'enfant. Elle refuse de prévoir et, plus tard, d'accepter les réactions de son compagnon si elles ne sont pas conformes à son désir. Elle est persuadée que la naissance de leur fils fera changer le père. Or, le père ne souhaite pas renoncer à un mode de vie auquel il est très attaché. La négation du désir d'un parent par l'autre implique que les deux membres du couple parental ne peuvent pas faire de compromis et poursuivent leur existence selon des modalités différentes.

Dès le début des relations du couple, la sexualité est privilégiée à l'exclusion du dialogue et du partage des idées et des goûts. Celle-ci est exclusive. Elle ne débouche ni sur un projet de couple de type conjugal, ni sur un projet parental. L'absence d'évolution des relations du couple, avant sa grossesse, permet à la mère d'anticiper la réaction du père face à une maternité qui n'a pas été décidée ensemble.

La femme est investie par l'homme dans la mesure où elle satisfait sa sexualité. De son côté, elle accepte ce type de relation car elle est persuadée qu'elle peut la faire évoluer vers la constitution d'une famille bi-parentale. Elle méconnaît le choix qu'a fait l'homme de vivre de manière indépendante.

Simultanément à la pulsion sexuelle, la femme éprouve le désir de procréer alors que le désir de son compagnon reste dans le registre de la sexualité. Après la naissance de Jérôme, la mère tente à nouveau de persuader, par le biais de l'enfant, le père de venir vivre avec eux. Il accepte les invitations par rapport à ce qu'elles peuvent lui apporter au niveau de sa sexualité et maintient sa position d'indépendance face au foyer monoparental. Il s'intéresse peu à son fils et préfère rencontrer la mère en dehors du foyer monoparental. Quoique insatisfaite de cette relation, la mère l'accepte afin qu'une relation persiste entre le père et l'enfant, et amène son partenaire à venir vivre au foyer monoparental.

Lorsque la mère de Jérôme rencontre un nouveau compagnon, elle décide de rompre avec le père de l'enfant. Le nouveau compagnon représente pour elle un moyen de construire un foyer bi-parental et de s'épanouir dans sa vie de femme et de mère. Elle perçoit cette situation comme incompatible avec la position du père de l'enfant. Cependant le nouveau foyer a une durée de vie assez brève, à la suite de laquelle la mère fait à nouveau appel au père de Jérôme. Celui-ci accepte son invitation sans pour autant envisager de s'engager dans une vie de couple, ni manifester un intérêt particulier pour son fils.

Le couple parental ne peut se constituer que par rapport à la sexualité. Ce mode de relation perdure bien après la naissance de l'enfant. La mère tente de faire coïncider sa vie sexuelle avec son désir de fonder une famille, sans prendre en compte les aspirations divergentes du père.

Son désir d'enfant prévaut sur la reconnaissance du désir du père, et son refus d'assumer une paternité, ainsi que sur son absence d'intérêt pour un mode de vie traditionnel. La future mère, en faisant une reconnaissance anticipée de l'enfant, montre au père sa détermination à prendre en charge ses responsabilités.

Le père ne peut assumer sa paternité. Cette décision confronte la mère à une situation paradoxale qui la conduit, par-delà ses aspirations à créer une famille traditionnelle, à s'engager dans la constitution d'une famille monoparentale. La situation de monoparentalité s'origine dans le désir maternel qui ne reconnaît pas à son partenaire le fait d'avoir un désir différent du sien.

Deux mères en miroir : être seule avec un enfant

La rencontre de la mère avec son nouveau partenaire coïncide avec un sentiment d'épuisement face au refus du père de l'enfant de créer une famille bi-parentale. Elle intervient à un moment de la vie de son partenaire où il est en situation de rupture par rapport à son foyer. Sa séparation est liée au départ de sa femme du foyer conjugal pour s'occuper de leur fils sur son lieu de soins.

La maladie de l'enfant constitue une blessure narcissique pour le père. La blessure est renforcée par un sentiment d'abandon car sa femme le quitte pour rejoindre leur enfant. Le père a à faire face à une double blessure. L'une concerne une blessure réelle dans le corps de l'enfant, l'autre affecte le rejet dont il est l'objet de la part de sa compagne.

La mère de Jérôme et la femme de son compagnon se trouvent dans une situation analogue. Elles assument leur rôle maternel et renoncent, au moins en partie, à leur vie de femme. Dans les deux cas, la fonction maternelle prévaut sur la vie de couple. Il leur paraît plus important de s'investir en tant que mère qu'en tant que femme. Leur choix de vivre avec leur enfant ne prend pas en compte l'avis du père. La non-adhésion du père au projet maternel les conduit à vivre sans leurs compagnes.

Pour le père de Jérôme, son choix se fonde sur le refus d'aliéner sa liberté. Pour le nouveau compagnon de la mère, c'est le refus de quitter un travail valorisant qui motive sa décision de ne pas suivre sa famille. L'épanouissement de l'homme dans le travail est un moyen de lutter contre l'état dépressif qu'engendre la blessure narcissique.

Dans les deux cas, les mères font le choix de s'investir par rapport à leur enfant, quelle que soit la position du père. Dans le cas de Jérôme, son père ne change pas de position, par contre dans le cas du nouveau compagnon de la mère un réaménagement de ses investissements l'amène à rejoindre sa famille. Ce changement de position confirme son choix antérieur par rapport à sa famille et à sa paternité.

La séparation du couple conjugal résulte de la décision de la mère de partir pour s'occuper de leur fils. Durant les deux ans de vie commune avec la mère de Jérôme, son compagnon élabore une stratégie qui lui permet de rejoindre sa famille. Elle montre son attachement affectif à sa femme et à son fils. Sa décision de les suivre est décalée dans le temps et fait l'objet d'une réévaluation par rapport à ses choix. Elle constitue un mode de réparation par rapport à la rupture qui a eu lieu dans sa vie affective.

Au cours de la cohabitation avec Jérôme et sa mère, le rejet de l'enfant et l'impossibilité de sa mère à lui faire accepter son compagnon, constituent des facteurs importants dans son choix. La période pendant laquelle il vit avec la mère de Jérôme lui permet de se restaurer narcissiquement et de faire des choix en continuité avec son passé. Ce faisant, il accepte la décision de la mère de leur fils en s'organisant de manière à s'y soumettre.

La reconstruction d'une famille comme source de conflit

La famille reconstituée composée par Jérôme, sa mère et son nouveau compagnon, est mal acceptée à la fois par l'enfant et par le partenaire de la mère. Jérôme manifeste rapidement des troubles du comportement aussi bien à l'école qu'à la maison. Il se montre agressif avec le compagnon de sa mère et le rejette. Contrairement à ce qui passe lorsque son père vient au domicile monoparental, où l'enfant adopte une attitude calme et réservée, Jérôme capte l'attention de sa mère lorsque son compagnon partage leur vie.

L'arrivée du compagnon de la mère au foyer monoparental est vécue par l'enfant comme un obstacle par rapport à la relation qu'il entretient avec elle. L'enfant ne l'investit pas comme un substitut paternel, mais comme un rival. Il refuse son autorité et n'accepte pas que sa mère ait des attentions pour lui. Il craint d'être privé de la totale disponibilité qu'elle avait auparavant à son égard.

La famille monoparentale a acquis un mode de fonctionnement que l'enfant refuse de voir modifié. Il accepte les visites de son père parce qu'elles ne remettent pas en cause, de manière profonde, le fonctionnement du couple monoparental.

Le père passe de brefs moments auprès de sa mère, souvent en dehors de sa présence. L'absence presque totale du père au foyer monoparental permet que la relation fusionnelle, qui s'est établie entre Jérôme et sa mère, perdure. Le fait que le père n'intervienne pas auprès de son fils et que l'enfant ait avec lui une relation distante mais qui se maintient dans le temps, l'amène à accepter et même à favoriser les moments que son père passe à la maison.

L'enfant tire de la relation épisodique entre sa mère et son père certains bénéfices tels que l'identification à un référent masculin et l'absence de confrontation quotidienne avec des interdits paternels. Cette situation présente pour lui l'avantage d'être occasionnelle et de ne le priver que rarement de la disponibilité maternelle.

L'arrivée du nouveau partenaire de sa mère se situe au moment où Jérôme entre dans la période œdipienne. La problématique œdipienne est complexifiée par un sentiment de rivalité qui met en jeu à la fois le père et un autre homme. Cette situation l'amène à rejeter la présence permanente du compagnon de sa mère. Elle modifie la relation fusionnelle dans laquelle il vit avec elle. L'enfant crée une relation d'emprise à l'égard de sa mère et il l'empêche de nouer une relation affective stable avec un partenaire différent de son père. Il l'aliène à un mode de vie qu'elle rejette.

La mère, de son côté, ne facilite pas la mise en place d'une médiatisation par son compagnon entre elle et son fils. Quoiqu'elle souhaite qu'il vive avec eux, elle ne lui permet pas de s'imposer auprès de l'enfant. Elle rejette l'autorité qu'il tente de mettre en place avec lui. Elle le maintient à distance par rapport à la dyade qu'elle et son enfant continuent de former en sa présence.

La mère s'oppose aux interventions de son compagnon envers son enfant. Elle lui fait jouer le rôle d'un spectateur passif face à ses relations avec son fils. Elle lui permet d'intervenir seulement quand elle le souhaite. Cette conduite est similaire à celle qu'elle a avec le père de l'enfant, le sollicitant lorsqu'elle le juge utile, sans lui permettre de se sentir responsable de leur fils.

Pour le compagnon de sa mère, Jérôme représente l'enfant qu'il aurait pu avoir : à la vivacité et à l'intelligence que manifeste Jérôme, s'oppose l'image de l'enfant handicapé. La présence de Jérôme au foyer réactive sa blessure narcissique. Cette blessure est d'autant plus grande qu'il ne peut assumer aucune fonction paternelle auprès de lui car ses interventions provoquent la violence et le rejet de la part de l'enfant. De son côté, la mère de Jérôme perçoit que la préoccupation de son compagnon vis-à-vis de son fils s'adresse à un autre enfant que lui.

Le compagnon de la mère, en venant vivre avec elle, adhère à l'idée qu'il peut avoir un rôle à jouer auprès de l'enfant. Le refus de ce dernier de lui reconnaître un rôle de substitut paternel réactive la blessure provoquée par le handicap de son fils. C'est comme s'il ne pouvait pas, à cette période de sa vie, être *un père* pour un enfant. Ainsi par deux fois, l'homme est rejeté par les femmes. Il est contraint, dans deux situations très différentes, de se soumettre au désir de la mère et de renoncer à exercer une fonction paternelle.

La famille est reconstituée de manière fictive car la mère et le fils ne donnent pas à l'homme la place qu'il veut prendre. Le départ de celui-ci vers sa famille d'origine est motivé, entre autres, par l'échec subi dans la famille monoparentale dans laquelle il est peu investi.

L'impossible place d'un père

La mère de Jérôme a besoin de la présence d'un homme à ses côtés. Elle sollicite le père de l'enfant pour que la fonction sexuelle, à partir de laquelle le couple se forme, crée chez son partenaire le besoin de fonder une famille. Le refus du père de s'investir dans ce rôle amène la mère à se conformer au choix qu'il fait.

Leur relation est fondée sur la sexualité et non sur une relation de couple de type conjugal. Ce mode de relation ne convient pas à la mère. Elle constitue cependant le seul moyen à la fois de maintenir une relation avec le père de l'enfant et de vivre de manière moins isolée. Par rapport à son nouveau partenaire, son projet d'élever son fils et de vivre dans le cadre d'une famille reconstituée pourrait se réaliser. Cependant une nouvelle fois, le personnage masculin, et ce qu'il représente pour elle, est mis en échec. Il ne peut assumer aucune responsabilité dans la famille.

Pendant la période où elle cohabite avec son nouveau partenaire, elle ne se manifeste pas auprès du père de l'enfant. Les relations qu'elle entretient avec lui sont moins liées à sa préoccupation de maintenir un lien entre le père et l'enfant qu'à sa crainte de la solitude dans la famille monoparentale.

La mère de Jérôme ne peut se résigner à vivre seule avec son fils. Elle cherche à combler le vide créé par l'absence du père. Son nouveau partenaire est présent au foyer. Il se montre disponible à son égard. Il répond à son souhait de vivre en famille bi-parentale. La constitution d'une famille bi-parentale correspond aussi à son aspiration à reproduire le modèle conjugal de ses parents.

Les parents de la mère de Jérôme vivent de manière isolée par rapport à leur environnement social. Ils sortent rarement du champ clos de la famille nucléaire. Le père justifie l'isolement de la famille, à l'époque où il travaille, par l'exercice de sa profession (gendarme), dont il pense qu'elle requiert une grande discrétion.

En fait, l'isolement des grands-parents maternels persiste alors que le grand-père est en retraite, dans un lieu où il n'est pas connu et où il peut jouir de sa liberté. La grand-mère maternelle, de son côté, ne cherche pas à se dégager du mode de vie que lui impose son mari et, avec lui, vit repliée dans l'espace du couple.

Les conduites d'isolement et de repli des grands-parents maternels ont suscité chez la mère de Jérôme le désir de mettre en place un mode de vie où la famille bi-parentale constitue un pôle de référence pour ses membres.

Les relations entre les membres du couple monoparental priment sur les relations extérieures à la famille. En dehors de ses relations avec le père de Jérôme ou avec son compagnon, la mère de l'enfant a peu d'ami(e)s et vit de manière isolée, comme si elle ne pouvait faire des investissements affectifs que dans le cadre clos de la famille. La mère de Jérôme reproduit les conduites de son père. Elle développe des attitudes de rejet par rapport aux autres. Le rejet, de la part de la mère de l'enfant, concerne également les hommes, en tant que père ou substitut paternel.

La mère de Jérôme s'identifie à son père. Elle gère sa vie personnelle en fonction de l'intériorisation des idéaux paternels. Elle rejette la fonction de toute-puissance que son père a fait peser sur sa famille et à son tour la met en place. Afin de ne pas être confrontée à la toute-puissance de l'homme, elle fait le choix d'être seule responsable par rapport à son fils.

Elle établit dans la relation duelle, qui reprend les modalités de la toute-puissance paternelle, un mode de fonctionnement qui s'apparente à la relation d'emprise. L'emprise se constitue par rapport à l'enfant et par rapport à ses deux partenaires, auxquels elle impose ses décisions.

La mère de l'enfant fait le projet de s'installer dans une vie de couple bi-parentale qu'elle considère comme un espace sécurisant à la fois pour son enfant et pour elle. Elle ne peut cependant laisser un homme jouer un rôle de référent et de tiers médiateur auprès de son fils.

Elle revendique le fait d'être la seule personne à avoir une autorité sur lui. Détenant légalement l'autorité parentale, elle n'envisage pas qu'un homme médiatise sa relation à son enfant. Elle évite de se confronter à la castration et tente de faire obstacle, pour son fils, à la mise en place de la triangulation œdipienne.

Le rôle de l'homme est mis en défaut. A la fois, la mère de Jérôme sollicite ses partenaires dans le but de constituer une famille bi-parentale et elle ne leur permet pas d'assumer une fonction paternelle. Elle souhaite conserver sur son enfant l'autorité qu'elle a acquise dès le début du fonctionnement de la famille monoparentale.

L'autorité que revendique la mère constitue une emprise sur son enfant. Par rapport au père de Jérôme, outre ses résistances personnelles à assumer une fonction paternelle, l'attitude autoritaire de la mère constitue un obstacle à la création d'une famille bi-parentale ou au moins à un investissement de l'enfant par le père. Cet obstacle apparaît encore plus nettement dans la rupture que décide son autre partenaire.

La revanche du fils : l'emprise sur sa mère

Le comportement de l'enfant est différent selon qu'il s'agit de son père ou du nouveau partenaire de sa mère. Dans le premier cas, il ne manifeste pas de rejet vis-à-vis de la place que tient le père auprès de sa mère, même si celui-ci lui manifeste peu d'attention. Dans le second, il s'oppose violemment à la présence de l'homme dans le foyer monoparental.

Le père, par son attitude distante à son égard et par son absence d'intervention, ne présente pas, pour lui, une menace par rapport aux relations qu'il a établies avec sa mère. Par contre, il vit l'arrivée du nouveau compagnon de sa mère comme dangereuse pour les relations du couple intergénérationnel car Jérôme a, au quotidien, le rôle de *l'homme* de sa mère.

L'agressivité de Jérôme vis-à-vis du compagnon de sa mère a pour objectif de l'exclure de la dyade qu'il forme avec elle, depuis sa naissance. Il veut retrouver la relation de proximité qu'il a toujours connue, et à laquelle elle adhère. La relation d'emprise de l'enfant sur sa mère répond au principe d'homéostasie. Elle constitue une résistance au changement. Elle empêche la mère et l'enfant d'opérer un dégagement l'un par rapport à l'autre.

La mère ne peut pas s'opposer à l'emprise de son fils car elle lui procure une forme de jouissance qu'elle donne en spectacle à son compagnon. Le plaisir partagé par la mère et par l'enfant les conduit à exclure une présence masculine permanente du foyer monoparental.

La mère est ambivalente par rapport au rôle qu'un homme peut avoir au foyer. Face au rejet que manifeste l'enfant à l'égard de son nouveau partenaire, la mère choisit de le laisser agir sa violence. Elle n'essaye pas de le contenir ou de lui signifier son désaccord. Implicitement, elle cautionne l'attitude de rejet de son fils.

La transaction mère/enfant ou la circularité de l'emprise

La transaction à l'œuvre entre la mère et l'enfant constitue une relation d'emprise mutuelle. La famille monoparentale fonctionne sans conflit majeur jusqu'à ce que la mère ait un nouveau compagnon. L'arrivée de celui-ci au foyer crée une situation de catastrophe[2] pour l'enfant et corrélativement pour la mère.

L'enfant éprouve un sentiment de frustration et se sent désinvesti par la mère. Il perd auprès d'elle son statut d'objet d'amour exclusif. L'attitude réservée qu'il a en présence de son père apparaît, à l'inverse, comme un souhait de maintenir et de préserver ses visites au foyer monoparental. Il empêche ainsi sa mère de s'investir dans une nouvelle relation amoureuse.

Le changement de conduite de la mère face au père, lors de la reconstitution de la famille avec son nouveau partenaire, amène l'enfant à douter de son attachement à son père. Il craint d'être rejeté, comme l'est son père.

L'emprise que l'enfant manifeste à l'égard de sa mère se fonde sur l'omnipotence infantile. Elle a pour fonction de le protéger du rejet maternel, comme ce fut le cas du père auquel Jérôme s'est en partie identifié. L'omnipotence de l'enfant est le mode de réponse à la toute-puissance maternelle. Elle le maintient dans une problématique pré-œdipienne.

Jérôme présente, peu après l'arrivée du compagnon de sa mère, des troubles du comportement. Ceux-ci gênent ses rapports sociaux et l'empêchent d'investir des activités qui lui permettraient de devenir autonome par rapport à sa mère et par rapport au nouveau couple. Ces troubles mobilisent l'attention de la mère et la détournent de son compagnon. La captation de la mère par l'enfant constitue une relation d'emprise qui perdure après la rupture de son compagnon.

En ce qui concerne les activités de Jérôme, sa mère prend peu en compte ses choix. Elle lui impose ceux qu'elle juge adaptés à son sexe et à son mode de vie. En ne lui faisant pas confiance, la mère maintient l'enfant sous son emprise. Les relations de la famille monoparentale s'installent dans l'emprise réciproque. Chacun des deux membres du couple intergénérationnel rejette l'avis de l'autre. Il en découle une emprise et un rejet mutuel qui rompent l'apparente harmonie dans laquelle vivait la famille monoparentale avant l'arrivée du compagnon de la mère.

Celui-ci n'a pas pu s'imposer dans la famille monoparentale. Sa présence a cependant permis à la dyade mère/enfant d'évoluer. La situation de crise, qui s'origine dans cette cohabitation, amène un réaménagement des relations entre les deux partenaires du couple intergénérationnel. Un des effets récents concerne notamment l'acceptation par la mère de faire suivre son fils en thérapie, ce qu'elle avait refusé jusque-là.

La permanence symbolique de la fonction paternelle

Malgré la toute-puissance maternelle, Jérôme construit une partie de ses identifications masculines par rapport à son père. Le père est le référent paternel permanent. Le nouveau partenaire de la mère ne peut pas se substituer à lui.

Au cours de la phase œdipienne, le couple parental, malgré ses avatars dans la réalité, constitue une cellule familiale fictive qui permet à Jérôme d'évoluer. Par rapport à la fois à la toute-puissance de la mère et à l'attitude distante du père, il trouve des conduites plus ou moins ajustées pour se faire une place auprès du couple parental.

L'investissement de la mère par rapport au père permet à l'enfant d'intérioriser qu'il n'est pas *tout* pour elle, mais qu'elle peut entretenir une relation amoureuse avec un homme. La fonction sexuelle du père auprès de la mère produit un effet rassurant sur Jérôme. Elle lui permet de se situer par rapport à un couple parental non uni mais bien repéré.

L'agressivité de l'enfant par rapport au nouveau partenaire de la mère est déclenchée parce qu'elle s'accompagne d'une totale exclusion du père. Elle résulte de la frustration que l'enfant ressent face à l'interruption brutale des relations avec son père. L'impossibilité de la mère de prendre en compte les besoins affectifs de son fils génère chez lui un sentiment de perte. L'absence du père provoque une angoisse liée à la perte des repères identificatoires paternels.

Le compagnon de la mère devient un rival qui, métaphoriquement, a tué le père. Le nouveau partenaire a un rôle mortifère par rapport au père. Ce rôle est renforcé par l'entrée dans la phase œdipienne qui génère le désir culpabilisant d'exclure le père. En excluant le père de la famille monoparentale, le compagnon de la mère apparaît comme un personnage dangereux. Il induit chez l'enfant un sentiment de culpabilité.

Au cours de la période œdipienne le garçon s'identifie au père pour séduire sa mère et se l'approprier. Jérôme vit de nombreuses fois cette situation lorsque son père quitte le foyer monoparental. Cette situation, pour angoissante qu'elle soit, est devenue habituelle pour l'enfant. Quoique son père s'occupe peu de lui, le discours de sa mère le maintient présent dans la famille monoparentale. L'arrivée du nouveau partenaire de la mère fait cesser le dialogue sur le père et le relègue à la place de l'absent, comme s'il était mort.

La dynamique familiale qui se met en place avec le compagnon de la mère exclut le père et annule son rôle auprès de l'enfant. Elle remet en question les identifications du garçon car les traits identificatoires qu'il a intériorisés à partir de la personnalité du père, qui est son unique référent masculin, peuvent le conduire à être, comme son père, rejeté par sa mère.

Le rôle du père, quoiqu'il soit peu présent au foyer monoparental et qu'il s'implique peu dans sa relation à l'enfant, s'étaye sur la valeur symbolique que constitue le discours de la mère sur le père. Le discours de la mère donne une consistance au père et le fait exister pour l'enfant. Tant que la mère pallie son absence sous forme discursive, le père est présent de manière symbolique auprès de l'enfant. A partir du moment où la mère ne parle plus de lui et le maintient dans le non-dit, celui-ci fait violemment retour sur la scène familiale par le biais des symptômes de l'enfant.

Les symptômes s'atténuent quand, au cours de la thérapie, l'enfant mobilise sa mère pour qu'elle reprenne contact avec lui. Elle remarque elle-même le rôle structurant du père dans la famille monoparentale quoiqu'elle soit ambivalente par rapport à lui. Ses sentiments contradictoires oscillent entre la toute-puissance qui vise à le retenir au foyer, sans toutefois lui donner l'occasion d'intervenir auprès de l'enfant, et le rejet.

Un défi de la mère célibataire : l'éducation de l'enfant

Les préoccupations éducatives et la réussite scolaire de l'enfant ne sont pas l'apanage des familles monoparentales, cependant elles représentent dans la plupart des cas un souci constant chez le parent isolé.

Jérôme est soutenu et valorisé par sa mère dans ses apprentissages, qu'ils soient scolaires ou péri-scolaires (musique, activités sportives). La mère, par le biais de ceux-ci, projette ses aspirations sur son fils. Au-delà de la préoccupation liée à la réussite scolaire, le succès de l'enfant a pour objectif de faire reconnaître les qualités éducatives de la mère.

Par ce biais, elle affirme son rôle éducatif dans la situation monoparentale à la fois par rapport à elle-même, par rapport au père de l'enfant et vis-à-vis de la société. La réussite de l'enfant objective le rôle de *bonne* mère qu'elle veut tenir seule auprès de lui.

La situation duelle, vécue au quotidien, est un facteur mobilisant pour l'enfant dans la mesure où il est l'interlocuteur privilégié de sa mère. La mère sollicite l'enfant à propos de nombreux sujets. Cette situation favorise l'acquisition précoce d'un vocabulaire riche et diversifié. Elle le confronte aussi à des questions que se posent habituellement les adultes.

La mère célibataire, quoiqu'occupée à de nombreuses tâches, reste disponible pour élever son fils. Elle maintient une vigilance attentive en ce qui concerne ses acquisitions. La préoccupation de la mère de Jérôme s'affirme également dans le choix de ses activités péri-scolaires.

Le refus de l'enfant de pratiquer certaines d'entre elles est lié à la non prise en compte par la mère de ses goûts et non à un refus systématique de sa part. L'apprentissage du piano, qui a fait l'objet d'un accord mutuel, est valorisé par la mère et fortement investi par l'enfant.

La mère trouve dans les cours de musique un moyen de se restaurer dans une activité qu'elle aurait aimé elle-même pratiquer lorsqu'elle était enfant. Dans une perspective identique, le choix de sports d'équipe lui apparaît comme un moyen qui permet au garçon de communiquer davantage avec des camarades de son âge, ce dont, de son enfance, elle garde le regret.

Le souci de la réussite scolaire de l'enfant et le choix de certaines de ses activités apparaissent pour la mère comme un moyen de réparer les failles éducatives et narcissiques dont elle a souffert dans son enfance.

Les tiers masculins, qui peuvent médiatiser la relation mère/fils et contrebalancer la toute-puissance maternelle par leurs expériences différentes, sont rejetés par la mère. Le rejet de la mère par rapport aux hommes crée une situation mortifère pour Jérôme. Son refus qu'un tiers puisse intervenir dans ses relations par rapport à son fils laisse à penser que l'homme peut entretenir avec elle une relation en tant que femme, et non en tant que mère.

LE PARADOXE DU COUPLE INTERGÉNÉRATIONNEL

Dans les deux cas étudiés, les interactions entre les deux partenaires du couple intergénérationnel se situent de manière interactive entre l'emprise et le dégagement, à la fois pour le parent gardien et pour le jeune.

Jérôme et Céline vivent dans des situations monoparentales très différentes. Le premier vit avec une mère célibataire et la seconde avec un père divorcé. La caractéristique commune à ces deux situations monoparentales réside dans le fait que les jeunes vivent avec un parent dont le sexe est différent du leur.

Chacun d'eux assume la charge d'être le partenaire du parent avec lequel il vit. A un moment de son existence, l'enfant est amené à s'ajuster au changement du parent gardien, lorsque celui-ci décide de nouveaux choix existentiels, dans le cadre de sa vie amoureuse par exemple ou pour tout autre cause.

Dans le cas de Céline, le père fait le choix de vivre seul avec sa fille après son divorce. En ce qui concerne Jérôme, la solitude de la mère apparaît comme une contrainte, faute de pouvoir partager sa vie avec un homme.

Dans ces deux cas, le fait de vivre seul avec un enfant implique un investissement complet de la part du parent isolé. Il masque son malaise vis-à-vis des adultes de son environnement. Céline permet à son père d'évoluer et d'entrer en relation avec les autres tandis que, dans le cas de Jérôme, la mère et le garçon ont tendance à se refermer à l'intérieur de la famille monoparentale dans une relation fusionnelle.

Lorsque la situation monoparentale perdure, mais surtout lorsque le parent qui vit seul avec l'enfant ne peut pas faire d'autres investissements affectifs et sociaux, en dehors de ceux qui consistent à s'occuper de l'enfant, elle révèle sa faille narcissique. Celle-ci est le plus souvent liée à son immaturité affective. Elle l'empêche de s'engager dans des relations affectives avec d'autres adultes.

Le parent isolé n'accepte pas de faire des compromis avec un autre partenaire en ce qui concerne l'éducation de l'enfant. Il ne trouve pas les aménagements qui lui permettraient de vivre avec le jeune dans un couple de type conjugal.

L'enfant est perçu par le parent avec lequel il vit comme un partenaire qui est dépendant de lui. Il ne constitue pas un obstacle par rapport aux décisions qu'il prend. La dépendance de l'enfant vis-à-vis de l'adulte engendre la soumission puis l'emprise. La relation du parent à l'enfant peut alors prendre des aspects sadomasochistes contre lesquels l'enfant lutte en développant différents symptômes tels que l'agressivité, le retrait face à la vie sociale ou l'isolement par rapport au parent.

La dépendance n'engendre pas une relation de soumission *a priori*, comme dans le cas de Céline. Cependant l'enfant a le sentiment d'avoir une fonction de protection par rapport au parent isolé. Ce sentiment provoque une maturation précoce et amène l'enfant à se sentir responsable de l'adulte.

Les rôles du parent et de l'enfant s'inversent. Le parent isolé protège et aide l'enfant à se développer, et se situe également dans la position d'être assisté et soutenu par le jeune. L'enfant a le rôle de partenaire et de protecteur du parent. Il acquiert, avant l'heure, une fonction de parent par rapport au parent gardien et parfois par rapport au parent qui ne vit pas au foyer, comme dans le cas de Céline.

La relation intergénérationnelle favorise cette conduite surtout dans les cas où elle n'est pas médiatisée par un tiers. La situation monoparentale est contraignante pour l'enfant lorsque le parent gardien ne peut pas faire d'autre choix que de tenter de le modeler en fonction du rôle qu'il lui attribue. Il méconnaît parfois ses goûts et ses aspirations.

Lorsque l'enfant doit se conformer au désir du parent isolé, il désinvestit son mode de pensée personnel pour adhérer et se fondre dans celui du parent avec lequel il vit. Dans ce cas la relation d'emprise du parent sur l'enfant s'accroît. Le mode de fonctionnement psychique du parent isolé est intériorisé par l'enfant par le jeu des identifications et des projections. Il aboutit à la création d'une situation en miroir, dans laquelle domine la relation d'emprise mutuelle.

L'investissement exclusif du parent par rapport à l'enfant crée chez ce dernier des symptômes. L'enfant est angoissé de constater que le parent ne peut pas faire d'investissements affectifs dans le champ social. Par identification au parent, l'enfant se retranche dans des positions d'isolement et de retrait analogues à celles qu'il perçoit chez le parent avec lequel il vit.

L'emprise empêche l'enfant de se forger un jugement personnel. Elle contraint le jeune à investir exclusivement sa relation à son parent. Elle ne lui permet pas de mettre en place des relations avec d'autres personnes. Le couple intergénérationnel se referme sur lui-même lorsque chacun des deux membres ne peut vivre qu'avec l'autre, et simultanément le rejette.

Les deux membres du couple intergénérationnel acquièrent des habitudes qu'ils abandonnent d'autant plus difficilement qu'elles sont en place de longue date. L'absence apparente de conflit ne signifie pas qu'ils n'existent pas. Elle rend compte d'une situation de malaise dans laquelle l'agressivité mutuelle est latente.

Les deux partenaires du couple monoparental tentent de soumettre l'autre à son désir. Le parent isolé attend de l'enfant qu'il lui renvoie une image valorisée de lui-même. Il rejette les traits de personnalité qu'il perçoit comme différents des siens, notamment lorsqu'il a une représentation dévalorisée du parent qui ne vit pas au foyer.

L'enfant a une fonction de miroir pour le parent isolé. Il doit répondre à sa quête narcissique. Le parent isolé investit parfois moins l'enfant pour ce qu'il est que pour ce qu'il représente, comme dans le cas de la mère de Jérôme. Elle attend de son fils qu'il accepte ses décisions alors qu'elle ne prend pas en compte son avis. L'enfant doit se conformer au désir de la mère, faute de quoi il peut perdre sa place d'objet d'amour, du même coup, se retrouver dans une situation de solitude extrême qui s'apparente à une mort psychique par désubjectivation.

Il existe des situations où le parent isolé prend conscience du mécanisme de l'emprise et opère un changement : c'est le cas du père de Céline. La tristesse de la fillette l'alerte, après des années de vie solitaire passées seul avec elle. Il cherche un moyen de l'aider à s'ouvrir sur le monde extérieur et lui-même investit des activités dans le champ social.

Le changement décidé par le père conduit les deux partenaires à se dégager de l'état figé dans lequel ils ont vécu et à devenir plus autonomes l'un par rapport à l'autre. Cet état avait créé une dépendance mutuelle qui a généré un climat dépressif dans lequel le père et la fille étaient enfermés.

La décision que prend le père de Céline de changer ses conduites s'origine dans les symptômes qu'il a observés chez l'enfant. Le regard de la mère fonctionne également comme une instance tierce et a un rôle de contrôle par rapport au fonctionnement du foyer monoparental, quelle que soit par ailleurs sa position vis-à-vis de la fille.

En ce qui concerne Jérôme, l'ambivalence de la mère par rapport aux hommes montre que sa toute-puissance exercée sur l'enfant se situe dans la continuité de sa problématique œdipienne. Celle-ci ne lui permet pas de vivre de manière stable avec un compagnon. Il en résulte que son seul partenaire permanent ne peut être que son fils. Il rompt sa solitude et simultanément l'interroge sur son impossibilité de prendre en compte le désir des autres.

Les relations mère/fils sont tendues et ambiguës car en ne pouvant vivre que seule avec son enfant, la mère de Jérôme fait fonctionner une toute-puissance que le garçon remet en question par ses symptômes. L'adhésion tardive de la mère à la thérapie de son fils peut être considérée comme l'amorce d'un possible changement, ne serait-ce que parce que l'enfant peut s'engager, par ce biais, dans un processus de dégagement.

NOTES

[1] Les origines que l'enfant cherche à percer sont tout autant de l'ordre de la réalité (rapport sexuel des parents qui l'ont conçu) que de l'ordre du fantasme (désir des parents de donner la vie).

[2] Voir à ce sujet la «théorie des catastrophes» introduite dans la thérapie familiale systémique d'après la théorie de René THOM, Analogies. Psychanalyse et thérapie familiale systémique, *Revue du Centre d'Etude de la famille*, Paris, 1985, p. 37-48.

Troisième partie
Relations d'emprise et processus de dégagement dans la famille monoparentale

L'étude clinique des relations entre le parent isolé et l'enfant, qui constituent la famille monoparentale, permet de remarquer l'extrême diversité des situations de ces familles. Chaque situation est singulière. Elle résulte de l'interaction de multiples facteurs issus à la fois de la problématique psychique individuelle de chacun des deux partenaires et de l'étayage que le champ social apporte sous différentes formes, ainsi que du cas qu'en fait ou non le parent isolé.

Chacun des partenaires du couple intergénérationnel réagit à cette situation en fonction de ces facteurs. Selon le type de monoparentalité et la manière dont il est vécu par le parent gardien, chaque membre du couple intergénérationnel trouve ou non des modes de réajustement par rapport aux conduites de l'autre. Le parent confronté à cette situation puise dans son histoire personnelle, ses identifications et ses expériences pour créer de nouveaux aménagements. Ces facteurs lui permettent ou non de trouver les moyens d'assumer avec plus ou moins de succès, pour lui et pour son enfant, cette période de sa vie.

La situation de monoparentalité intervient à des périodes qui coïncident avec la mise en place de la structuration et de la maturation psychique de l'enfant et les réaménagements identificatoires de l'adolescent. Elle joue un rôle déterminant dans la manière dont le jeune construira tout au long de sa vie ses relations affectives avec autrui.

Cependant les situations monoparentales ne peuvent être envisagées que comme une phase ponctuelle dans la vie du couple intergénérationnel. Les situations étudiées à un moment donné sont susceptibles de se modifier dans un délai plus ou moins bref, comme nous l'avons remarqué dans certains cas, alors que d'autres se pérennisent tout au long de la vie du jeune, notamment lorsqu'il s'agit d'adolescents qui vivent depuis plusieurs années avec un parent isolé.

Les changements d'investissements affectifs du parent qui exerce le droit de garde, mais aussi ceux du parent qui ne vit pas au foyer, sollicitent les capacités d'ajustement du jeune à des nouveaux modes de vie, avec des partenaires différents. Ils sont parfois amenés à cohabiter avec eux et à partager l'affection du parent gardien.

Certains traits identificatoires intériorisés dans la petite enfance, avant la constitution de la famille monoparentale, persistent à l'adolescence. Ils ne subissent pas de remaniements lorsque les modèles parentaux demeurent figés dans le psychisme du jeune. Ils empêchent l'évolution des processus psychiques et des mécanismes de défense. Ceux-ci ne peuvent se réorganiser en fonction de modes de fonctionnement différents de ceux qui ont été mis en place dans la petite enfance.

LES DIFFÉRENTS MODES DE MONOPARENTALITÉ

Les familles monoparentales sont issues de situations constituées par la maternité célibataire, la séparation ou le divorce, ou la mort d'un des deux parents. Nous avons choisi, rappelons-le, de ne pas travailler sur des situations de monoparentalité qui résultaient d'une séparation non légalisée par le divorce, celles-ci pouvant être liées à un moment de crise passager. Par contre, nous avons pris en compte les séparations aboutissant à la maternité célibataire dans la mesure où ces situations étaient stables.

LES MÈRES CÉLIBATAIRES VOLONTAIRES ET LES MÈRES CÉLIBATAIRES PAR CONTRAINTE

Les cas étudiés montrent la diversité des modes de fonctionnement des familles monoparentales constituées par une mère célibataire et un enfant. Les mères célibataires accèdent à ce statut par choix volontaire ou parce qu'elles y sont contraintes, du fait du refus du père d'assumer la fonction paternelle. Il peut soit ne pas accepter de s'engager dans une vie de couple soit, lorsqu'il vit en couple, quitter le foyer lorsque sa compagne lui annonce sa grossesse.

La maternité célibataire volontaire

Dans le cas de la maternité célibataire volontaire comme dans le cas de la maternité célibataire par contrainte, la question se pose du désir de la mère face à la maternité. Dans le premier cas, le désir de maternité est associé au refus de cohabiter avec un partenaire et de partager avec lui la responsabilité de l'éducation de l'enfant. Ce choix est sans ambiguïté : la mère choisit un partenaire dans le but de procréer et décide préalablement de vivre seule avec son enfant et de l'élever.

Souvent les mères célibataires volontaires ne méconnaissent pas les difficultés ultérieures que ce choix implique. Par contre, le manque de repères de l'enfant par rapport au père est sous-évalué et se révèle dès les premiers mois de sa vie, notamment lorsqu'il est confronté à un environnement socio-culturel où les enfants vivent en famille bi-parentale.

La maternité célibataire choisie par la mère n'exclut pas qu'à un autre moment de sa vie, elle envisage de vivre une expérience différente avec un nouveau compagnon, souvent dans le but de fonder une famille bi-parentale et d'avoir d'autres enfants.

La future mère célibataire volontaire pense qu'elle peut assumer les deux rôles parentaux, du père et de la mère. Elle se considère suffisamment forte pour ne pas avoir besoin d'être aidée et soutenue par un homme dans ses rôles affectifs et éducatifs.

C'est souvent en réaction par rapport à sa famille que la femme fait ce choix, notamment lorsque son père a manifesté des conduites d'autorité vis-à-vis des femmes de son entourage (épouse et filles) et qu'il a privilégié l'autonomie et l'indépendance des garçons. La fille éprouve alors un sentiment de rivalité, voire de haine par rapport aux hommes.

Dans ce cas, la mère attribue à l'homme un rôle qui se limite à celui d'un géniteur. La maternité célibataire volontaire constitue pour la femme un acte de revalorisation narcissique.

La maternité célibataire volontaire peut également être sous-tendue par un désir œdipien refoulé. Le géniteur assume la fonction de procréation dans le but de permettre à la mère de nouer avec son père une relation privilégiée par rapport à l'éducation de l'enfant.

Cette relation est parfois sous-tendue par des fantasmes incestueux dans la mesure où le père et la fille semblent fonctionner comme une famille bi-parentale par rapport à l'enfant. La maternité célibataire constitue un moyen de lutter contre la dévalorisation narcissique et comme un moyen de retrouver un fonctionnement œdipien infantile.

Le choix de ce type de maternité constitue un moyen pour la femme de prouver aux autres qu'elle peut assumer sa vie et celle de son enfant, seule, de manière responsable et autonome. C'est souvent en réaction à des traumatismes infantiles qui l'ont dévalorisée que la mère fait ce choix.

La maternité célibataire par contrainte

La maternité célibataire n'est pas toujours un choix volontaire. Elle découle parfois d'une rupture de la part du père lorsqu'il apprend la grossesse de sa compagne. La maternité est envisagée par la mère comme le moyen d'entériner la stabilité du couple, de responsabiliser le père par rapport à son choix amoureux et de l'amener à constituer une famille.

La séparation génère l'angoisse chez la mère, car elle n'a pas envisagé d'élever seule un enfant. Cette situation, qu'elle se représente difficilement, l'amène à se questionner sur le rôle de l'homme, et le sien, dans le couple et sur la cause de son refus d'assumer sa paternité.

Dans le cas des mères célibataires non volontaires, le choix de la maternité[1] est souvent lié au fait qu'elles prennent seules la décision de leur grossesse, sans s'assurer de la décision de leur partenaire. Après avoir essayé de les convaincre de vivre en couple et de fonder une famille, face à leur refus ou à leur silence, elles s'engagent dans une maternité sans avoir la certitude qu'ils l'accepteront. Le désir de faire un enfant peut également être lié à l'avancée en âge, chaque femme évaluant de manière subjective l'âge auquel elle doit procréer.

Dans le cas de certaines mères célibataires non volontaires, le désir d'enfant s'apparente à celui de la mère célibataire volontaire. Il prévaut sur la constitution d'une famille bi-parentale stable, ou fonctionne à défaut de pouvoir construire un couple durable.

Certains hommes pensent qu'ils pourront assumer leur rôle de père et semblent adhérer au projet de maternité de leurs compagnes, mais ne peuvent pas maintenir leur position. D'autres désapprouvent le projet de la mère et rompent peu de temps après avoir appris la grossesse de leurs compagnes.

Certains couples se constituent par rapport à l'immaturité affective d'un des deux partenaires ou des deux, et vivent selon des modalités proches de celles de l'adolescence. Lorsque la femme atteint une certaine maturité, elle peut désirer avoir un enfant sans que pour autant son compagnon ait accompli la même démarche. Cette situation se retrouve à la fois dans certains cas de maternité célibataire contrainte, comme chez la mère d'Ahmed et dans certains cas de mères divorcées, comme chez la mère de Sébastien.

Pour la mère qui s'engage par contrainte dans la maternité célibataire, le départ du père est vécu comme un traumatisme. La future mère éprouve un sentiment de rejet pour elle-même et pour son enfant. Elle souffre du refus de son partenaire de lui reconnaître son désir de maternité et à la fois elle est culpabilisée d'avoir ce désir. Le rôle complémentaire de femme et de mère, nié par l'homme, génère une blessure narcissique chez la mère. Pour elle, la procréation est un acte qui se situe dans la continuité de la vie du couple.

Dans certains cas, l'homme investit la fonction maternelle de la femme exclusivement par rapport à lui. Il ne peut pas envisager de partager l'affection de sa compagne avec un enfant ou de lui faire une place dans le couple. Dans d'autres cas, c'est la sexualité qui est privilégiée. Elle ne nécessite pas, du point de vue de l'homme, la constitution d'une famille.

Lorsque la femme se trouve dans la position d'assumer une maternité célibataire contrainte, à l'angoisse que génère la rupture, s'ajoute un sentiment de culpabilité par rapport à une situation qui n'est pas encore reconnue socialement. Elle s'inquiète également du rejet que cette situation peut générer de la part de sa famille.

Les femmes, dans la plupart des cas étudiés, refusent de prendre en compte que leurs compagnons n'ont pas le même désir d'enfant qu'elles. Elles méconnaissent que dans les relations du couple, l'enfant, pour le futur père, n'a pas sa place.

Certains hommes, dont le conflit infantile est encore vivace et non dépassé, recherchent chez la femme une protection maternelle. L'arrivée d'un enfant génère chez eux l'angoisse d'être exclus et désinvestis par la mère au profit de l'enfant. Cette angoisse peut s'accompagner de l'inquiétude ressentie face à la responsabilité qu'engendre la venue d'un enfant. Elle déclenche alors une conduite de fuite.

Absence de désir de paternité et relation de couple

Dans certains cas de maternité célibataire contrainte, l'homme se représente l'arrivée du nouveau-né comme une source de conflits entre lui et sa compagne. Il perçoit cette situation comme un élément de déstabilisation dans les relations du couple, notamment lorsque les deux partenaires vivent dans la dépendance mutuelle.

Le désir d'enfant de la mère, lorsque l'homme n'est pas prêt à assumer une paternité, l'atteint dans son narcissisme. Il génère le sentiment d'être rejeté par sa compagne. Lorsque le père se perçoit comme dévalorisé, il ne peut pas accéder à la fonction paternelle car il éprouve pour lui-même le besoin infantile d'être protégé.

Le désir de paternité s'étaye sur la conviction du père qu'il a un rôle à jouer dans l'éducation de l'enfant. Il découle de l'intériorisation du père idéalisé de son enfance. Ce désir implique que l'homme ait envie de transmettre son histoire familiale et inscrire l'enfant dans sa généalogie par rapport aux signifiants familiaux.

Le rôle du père consiste également à désigner à l'enfant le tabou de l'inceste et à accepter d'être un modèle identificatoire. Une faille narcissique du père ne lui permet pas d'accéder à cette fonction. Le rôle du père est de protéger la mère et l'enfant. Il consiste aussi à leur éviter de poursuivre, plus qu'il est nécessaire, la relation fusionnelle qui se met en place dans les premières semaines de la vie du nouveau-né.

Les effets de la fonction paternelle sont de faire entrer l'enfant dans l'ordre symbolique. Le père, en s'interposant entre la mère et l'enfant, lui permet de ne pas s'inscrire comme l'objet de la mère[2]. Le père aide la mère à faire la coupure entre elle et l'enfant.

Le fantasme maternel de mettre au monde un enfant imaginaire, conforme à son désir, est contrebalancé par le fantasme paternel qui projette sur l'enfant un désir différent. La naissance de l'enfant amène les deux parents à faire le deuil de l'enfant imaginaire au profit de l'enfant qui vient de naître[3]. Pour les mères célibataires volontaires notamment, le deuil de l'enfant imaginaire leur incombe en totalité surtout lorsqu'elles ne sont pas aidées par leur famille.

Pour que le père advienne dans la position symbolique que signifie la métaphore paternelle, il doit être reconnu et accepté par la mère. Le rôle revient, en effet, à la mère de faire advenir la parole du père au lieu symbolique du signifiant. Pour occuper cette place, il doit être lui-même convaincu du rôle qu'il a à tenir auprès de l'enfant, et de sa mère. En fin de compte, c'est de la mère dont dépend, à l'origine, la place du père mais celui-ci doit aussi pouvoir l'assumer.

Dans le cas des mères célibataires volontaires, le rôle du père est limité à celui de géniteur. La métaphore paternelle peut être introduite par la mère célibataire à l'aide d'un personnage différent de celui du géniteur.

Le traumatisme éprouvé par la mère célibataire non volontaire lors de la rupture décidée par son compagnon, ou provoquée par elle, a des implications multiples sur sa grossesse et sur l'évolution de l'enfant, notamment si la mère lui cache les circonstances de sa naissance. Selon qu'elle ait anticipé ou non le départ du père, les réaménagements par rapport à la maternité célibataire seront différents.

Lorsque la mère pressent que sa grossesse entraînera le départ de son compagnon, elle met en place, de manière précoce, un réseau familial et/ou amical qui a pour fonction de se substituer à la fonction paternelle. Par contre, lorsque la grossesse est déjà avancée, ou encore que les idéaux de la famille maternelle renforcent son sentiment de culpabilité, la future mère célibataire se replie sur elle-même en attendant la naissance de l'enfant. Elle l'assume parfois dans une profonde solitude, de crainte des réactions de sa famille.

Quelque temps plus tard, lorsqu'elle annonce la naissance de l'enfant à sa famille, le grand-père maternel est souvent appelé à jouer le rôle de substitut paternel. Le rôle qu'elle donne au grand-père maternel est généré par sa prise de conscience de l'absence d'un tiers médiateur entre elle et son enfant. Cette absence génère un manque de repères dans les relations de la famille monoparentale.

Ce manque constitue un signal d'alarme qui signifie à la mère que l'enfant n'est pas son objet, qu'il a une existence propre, comme elle, et qu'il ne peut dépendre exclusivement de son désir et de sa parole. Ainsi que le souligne Jacques LACAN : «*La distance entre l'identification à l'idéal du moi et la part prise du désir de la mère, si elle n'a pas de médiation (celle qu'assure normalement la fonction du père), laisse l'enfant ouvert à toutes les prises fantasmatiques. Il devient «l'objet» de la mère, et n'a plus d'autre fonction que de révéler la vérité de cet objet*[4].»

La place de substitut paternel qu'occupe le grand-père maternel révèle dans certains cas la position œdipienne dans laquelle se trouve la mère par rapport à son propre père. La mère le fait entrer dans le couple intergénérationnel constitué par elle et son enfant. Elle crée ainsi une famille fictive qui se fonde sur trois générations : la sienne, celle de son père et celle de son enfant.

Si la réalité donne à voir un couple intergénérationnel, la famille imaginaire est en fait transgénérationnelle et véhicule, du grand-père au parent isolé et à l'enfant, la problématique œdipienne de la mère.

LES PARENTS DIVORCÉS

Le travail de deuil et les processus de réparation

La constitution d'une famille monoparentale issue d'un divorce implique que l'enfant fasse un travail de deuil par rapport à la famille bi-parentale unie. En fonction de la manière dont les parents préparent l'enfant à leur désunion et de la manière dont se déroule le divorce, le travail de deuil de l'enfant se déroule différemment.

Le départ brutal d'un des deux parents provoque un vide qui génère l'angoisse. L'angoisse découle du sentiment d'abandon que ressent l'enfant. Le sentiment d'abandon et de perte est d'autant plus fort que le parent qui ne vit plus au foyer a un rôle important pour l'enfant. L'âge de l'enfant intervient dans la manière dont il réagit à la séparation, quelles que soient les modalités de celle-ci.

Le jeune enfant intègre difficilement l'absence d'un de ses deux parents. Il éprouve un sentiment de perte qu'il ressent dans son corps comme si, tout à coup, il lui manquait une partie de lui-même. L'affection et les paroles de ses deux parents sont le support de l'intériorisation des premières identifications.

A partir de 3 ans environ, l'enfant cherche à comprendre les causes de l'absence du parent qui ne vit plus au foyer. Sa perception du temps et de l'espace ne lui permet pas de se représenter le lieu où se trouve le parent absent et les motifs de son départ. Il se sent responsable de l'absence du parent qui a quitté la famille.

L'angoisse générée par le sentiment d'abandon est renforcée par le mécanisme de l'introjection. Lorsque l'un des deux parents n'est plus présent dans la famille, sans qu'il en ait informé l'enfant, celui-ci est privé d'une partie de ses repères. Le départ non explicite d'un des deux parents remet en question les identifications acquises et altère les processus identificatoires ultérieurs.

Le rejet des identifications vise principalement celles qui ont été introjectées par rapport au parent qui ne vit plus au foyer. L'enfant les rejette parce que le parent absent est perçu comme cause de la souffrance du parent qui reste au foyer. L'enfant tente de l'aider à supporter la perte. Il s'efforce de ne pas rappeler au parent avec lequel il vit les traits de personnalité qui pourraient lui rappeler le parent absent. Il tente cependant de s'y substituer.

Jusqu'à 4 ans, lorsque l'absence d'un des deux parents se prolonge au-delà de trois jours, elle s'apparente à la mort. A chaque âge de la petite enfance, l'absence de parole et de relation avec le parent qui ne vit plus au foyer engendre l'angoisse de mort.

L'enfant, par le biais des identifications, intériorise les idéaux de ses parents. L'absence de l'un des deux parents du foyer affaiblit l'idéal du moi en cours de construction. L'idéal du moi de l'enfant s'étaye sur les idéaux parentaux qui fonctionnent de manière complémentaire.

Au cours de la période œdipienne, la permanence des identifications et des idéaux parentaux lui permet de vivre cette période dans un cadre stable dont il connaît les règles. Lorsque le fantasme d'éliminer l'un des deux parents pour s'attacher l'amour de l'autre, se concrétise par le départ d'un des deux parents, mais surtout par le parent de sexe opposé, le désir inconscient de l'exclure engendre un sentiment de culpabilité. L'enfant est persuadé qu'il est responsable du départ du parent et de la désunion du couple.

L'enfant, par des formations de compromis névrotiques qui peuvent générer des symptômes, tels que des troubles du comportement ou des somatisations, s'efforce de faire revenir le parent au foyer parental afin d'échapper au sentiment de culpabilité. Il cherche à retrouver la sécurité que représente le couple parental uni.

Pour l'adolescent, à la période où se remanient les identifications, le départ d'un des deux parents du foyer peut l'amener à se rapprocher de celui avec lequel il vit, surtout s'il est du sexe opposé au sien. Le rapprochement de l'adolescent par rapport au parent isolé de sexe opposé est lié à son désir de l'aider et de le protéger, et parfois de prendre la place du parent qui ne vit plus au foyer. Cette situation fait ressurgir les fantasmes œdipiens. L'adolescent s'identifie au parent qui est perçu comme abandonné. Les identifications au parent qui a quitté le foyer sont souvent rejetées au cours de la période qui suit le divorce. Elles peuvent être réinvesties plus tard.

Les phénomènes de rejet se produisent également lorsque le parent de même sexe reste au foyer monoparental. L'adolescent peut considérer qu'il est responsable du départ de l'autre parent. Il projette sur le parent qui reste au foyer des fantasmes de destruction. Le départ d'un des deux parents lui apparaît comme un mode de réponse au rejet du parent vivant au foyer. Il manifeste alors des conduites d'agressivité à son égard.

Lorsque les remaniements identificatoires sont terminés, le départ d'un des deux parents du foyer parental uni est vécu de manière douloureuse. Lorsque l'adolescent est autonome par rapport au couple parental, celui-ci continue de représenter pour lui un idéal auquel il se réfère pour construire sa vie d'adulte.

Même lorsque le jeune est devenu adulte et qu'il a lui-même constitué une famille, la désunion du couple formé par ses parents remet en question ses identifications et ses idéaux. Les valeurs traditionnelles de la famille sont représentées par le couple parental uni. Il perpétue l'histoire familiale et transmet l'héritage culturel de chaque génération.

Parfois, la désunion du couple parental apparaît comme un soulagement, notamment lorsque le couple conjugal vivait sous l'emprise de la violence physique, souvent liée à l'alcoolisme du père. L'enfant éprouve alors des sentiments ambivalents où coexistent des sentiments de perte et de libération.

Le travail de deuil du parent gardien

La manière dont le parent gardien réagit à la séparation a un rôle important dans la manière dont l'enfant perçoit l'absence de l'autre parent du foyer. La capacité du parent gardien à assumer la séparation, à ne pas impliquer l'enfant dans le conflit parental et à s'investir dans des relations sociales favorise l'évolution de l'enfant.

A l'inverse si le parent gardien ne peut pas faire face à cette situation, l'enfant se rapproche de lui. Des processus d'emprise se développent souvent dans ce cas. Le jeune s'en dégage avec plus ou moins de difficultés en fonction des investissements que le parent isolé fait ou non lorsque la période de deuil est terminée.

Le parent gardien éprouve des sentiments différents selon qu'il a pris ou non l'initiative du divorce. Si la décision de divorcer est prise d'un commun accord, l'enfant est plus souvent informé de la position des parents et peut commencer de faire le travail de deuil du couple parental uni. Dans ce cas, il arrive que les parents continuent d'avoir une relation de bonne qualité en ce qui concerne l'éducation et l'évolution de l'enfant, et parfois même à propos de leur devenir personnel. Cette situation est rassurante pour l'enfant et lui permet de conserver intacte la représentation du couple parental.

Dans le cas où le parent qui vit avec lui a le sentiment d'être rejeté par l'autre, cette situation entraîne une dévalorisation narcissique qui peut générer un état dépressif de type abandonnique. L'enfant doit alors assumer la perte d'un parent et protéger l'autre contre l'envahissement dépressif.

Parfois le parent et l'enfant vivent en commun cette phase dépressive. Elle entraîne un état de dépendance mutuelle. Elle peut avoir pour conséquence la mise en place de processus d'emprise. Ces processus perdurent ou évoluent en fonction de la manière dont le parent réagit à cet état.

Le travail de deuil par rapport à la séparation du couple parental est toujours à faire pour l'enfant. Il est plus ou moins long en fonction de la manière dont le parent gardien fait lui-même ce travail. Il dépend également de la manière dont l'autre parent se positionne vis-à-vis de lui et vis-à-vis du parent qui assume le droit de garde.

Lorsque chacun des deux parents dévalorise l'autre auprès de l'enfant, celui-ci effectue plus difficilement le travail de deuil du couple parental uni. Pour l'enfant, chacun de ses parents est un personnage important et la dévalorisation d'un parent par l'autre est perçue comme une atteinte à sa personne. Cette atteinte est liée à l'intériorisation des traits identificatoires de chacun de ses deux parents.

Le désinvestissement du parent non gardien à l'égard de l'enfant allonge la période du deuil. L'enfant s'identifie au parent gardien et vit, comme lui, le rejet de l'autre parent. Le parent gardien et l'enfant vivent le rejet de manière identique, où les sentiments d'abandon et de culpabilité sont dominants. La tristesse de l'un envahit l'autre, et réciproquement.

Ces sentiments génèrent la dépendance du parent gardien par rapport à l'enfant et inversement. Ils favorisent la mise en place de processus d'emprise mutuelle.

LE VEUVAGE

La monoparentalité issue du veuvage est représentée par un seul cas dans notre échantillon. Il concerne une mère veuve et une adolescente de 15 ans. Le couple parental et l'enfant ont vécu de manière unie selon un mode de vie traditionnel avant le décès du père. Le père a été très investi par sa fille et par sa femme. Il était l'élément dynamisant de la cellule familiale.

La mort réelle du père conduit l'enfant à faire à la fois le deuil de son père et celui du couple parental uni. La période de deuil est étalée sur plusieurs années pour la mère comme pour la fille, notamment parce que la mère n'a pas pu se réinvestir dans un mode de vie valorisant pendant une longue période. Cette situation a généré des processus d'emprise de la part de la mère.

A l'époque des réaménagements identificatoires de l'adolescence, où les conflits infantiles sont réactivés, la perte d'un des deux membres du couple parental renforce le sentiment d'impuissance et d'angoisse devant la mort. Elle représente une castration symbolique dans le sens où la mort réelle du père prive l'enfant d'une partie de ses repères identificatoires de manière définitive.

La mort du père conduit l'adolescente à se représenter sa propre mort. Cette représentation lui barre l'accès à des projets d'avenir, notamment en ce qui concerne sa vie affective et personnelle. Elle vit dans le présent et ne peut pas se projeter dans la vie future, en dehors de sa scolarité. Ses études représentent pour elle le seul point d'ancrage dans la réalité. Cet ancrage lui permet cependant d'investir la connaissance et de lutter contre l'angoisse de mort et l'angoisse de castration.

Au cours de l'adolescence, la fille développe une emprise par rapport à sa mère. Sa position de retrait l'amène à désinvestir le monde extérieur afin de se protéger des représentations des familles unies dans lesquelles vivent ses camarades. Ces représentations causent toujours sa souffrance des années après la mort de son père.

La réussite scolaire, comme le choix du métier (médecin), apparaissent à la fois dans la continuité des identifications à l'idéal du père et dans un processus de réparation par rapport à sa mort. Soigner et guérir constituent des actes qui mettent à la fois en jeu des mécanismes de réparation et des processus de sublimation. La lutte pour la vie, qui prévaut dans le choix de la profession médicale, est pour l'adolescente le moyen de combattre la mort.

Ce projet professionnel lui permet de s'investir dans ses études et de sublimer sa souffrance pour aider les autres. A la pulsion de mort qui s'est mise en place à la mort de son père se substitue peu à peu la pulsion de vie et le désir de vaincre la maladie.

L'image du père est toujours présente et préside aux décisions de l'adolescente. Le père est devenu un personnage mythique dont la loi ne peut être transgressée sans qu' elle engendre un sentiment de culpabilité. L'image du père est figée et n'évolue pas dans le temps. Toutefois, l'adolescente obéit à certaines règles qu'elle s'est fixées peu après sa mort. Ces règles paraissent plus proches de ses aspirations. Elles ne sont pas remaniées depuis cette époque. Elles génèrent à la fois un sentiment de frustration et un sentiment de toute-puissance.

Les projets que le père faisait pour sa fille fonctionnent comme des phénomènes d'emprise. L'adolescente ne peut pas s'en dégager parce que la mort a figé ses identifications à la période infantile. Elle ne peut pas renégocier d'autres idéaux et de nouvelles règles avec la figure paternelle.

La dépendance psychique de la mère par rapport au père perdure bien au-delà de la période habituelle de deuil. Elle constitue le deuxième pôle de l'emprise par rapport à l'adolescente. L'emprise s'est mise en place pour la fille en fonction des idéaux du père, à l'époque où elle était enfant. Elle continue d'opérer à l'adolescence.

Ce processus est renforcé par l'état dépressif de la mère dont les symptômes agissent directement sur la fille. Celle-ci est, dès la mort du père, confrontée aux manifestations d'emprise de la mère. L'emprise maternelle redouble les impératifs du père et crée un processus de double emprise.

Lorsque sa mère termine la période de deuil, des années plus tard, l'adolescente ne peut accepter son nouveau choix amoureux. Le modèle familial représenté par le couple parental uni est idéalisé. L'adolescente ne peut pas admettre qu'un autre choix soit envisagé par sa mère.

Dans le cas de cette famille monoparentale, l'idéalisation du modèle familial et de la parole du père génère l'emprise mutuelle entre l'adolescente et sa mère. La situation de rupture, liée à la mort réelle, ne doit rien changer aux règles précédemment établies. L'emprise de la fille sur la mère consiste à lui interdire de modifier ses conduites et de changer de mode de vie.

L'emprise aliène l'autre à un modèle pré-établi qui ne supporte pas de changement. L'investissement scolaire constitue pour l'adolescente, par rapport au schéma rigide généré par la double emprise, le seul mode de dégagement qu'elle peut mettre en place.

L'ÉVOLUTION DE LA FAMILLE MONOPARENTALE DANS LE TEMPS

La première phase du travail de deuil du couple parental uni peut générer des processus d'emprise mutuelle mais cette situation évolue dans le temps. Les sentiments éprouvés au début du divorce se modifient plus ou moins rapidement en fonction des ajustements que les deux partenaires de la famille monoparentale mettent en place l'un vis-à-vis de l'autre. Ces ajustements sont liés à la personnalité de chacun et à la qualité de l'environnement socio-familial.

Les changements entraînent des réaménagements dans la famille monoparentale et concernent les deux partenaires. Ils interagissent sur chacun d'eux. La personnalité des deux membres du couple intergénérationnel, l'âge de l'enfant, la position du parent qui ne vit plus au foyer et les sollicitations de l'environnement socio-familial déterminent la manière dont le parent isolé trouve des nouveaux modes de fonctionnement. Les deux partenaires du couple intergénérationnel peuvent tendre à se dégager de l'emprise de l'autre ou au contraire la renforcer.

L'emprise peut se développer ou se renforcer lorsque le parent gardien envisage de reconstituer une famille. Ce projet est vécu par l'enfant comme un rejet. Il réactive les sentiments d'abandon éprouvés lors de la désunion du couple parental, surtout si celui-ci a entraîné une position de repli sur soi et d'emprise mutuelle des deux membres du couple intergénérationnel.

Lorsque le parent et l'enfant ont fait le travail de deuil lié au divorce de manière différenciée, notamment en s'appuyant sur l'environnement socio-amical, le dégagement des deux membres du couple intergénérationnel s'opère plus aisément.

Lorsque les sentiments de perte et d'abandon ne sont pas prévalents, chacun des partenaires met plus aisément en place des processus de dégagement. L'enfant accepte plus volontiers que le parent gardien reconstitue une nouvelle famille. Simultanément, le parent gardien favorise l'autonomie et l'indépendance de l'enfant.

La position du parent non gardien a un rôle important dans la manière dont l'enfant se dégage ou non des relations de proximité et d'emprise qu'il entretient avec le parent gardien.

Lorsque le parent non gardien fait des nouveaux choix de vie qui paraissent valorisants à l'enfant, celui-ci accepte mieux les changements et les choix amoureux du parent avec lequel il vit. Il les accepte d'autant plus facilement que le parent gardien l'informe de ses projets. Cette acceptation est facilitée lorsque l'enfant a investi pour lui-même un champ relationnel hors de la famille monoparentale.

NOTES

[1] Nous parlons de *choix* car notre époque offre aux femmes le choix de contrôler les naissances. Les mères célibataires de l'échantillon ont utilisé un mode de contraception qu'elles ont volontairement interrompu car elles souhaitaient avoir un enfant, parfois dans le but de restaurer la relation du couple qu'elle savait peu stable, parfois parce qu'elles voulaient avoir un enfant quel que soit l'avis de leur partenaire. L'une d'elle, la mère d'Ahmed, a envisagé une IVG lorsque le père a réagi négativement à l'annonce de la grossesse mais son gynécologue lui a conseillé de la mener à terme. Dans les cas étudiés, la maternité célibataire volontaire ou contrainte apparaît comme étant avant tout le désir de la femme. Ce désir s'affirme au cours des années dans la mesure où la plupart d'entre elles n'ont pas vécu avec un autre partenaire, n'ont eu que peu de relations sexuelles depuis la naissance de l'enfant, et ne l'envisagent d'ailleurs que dans un futur encore lointain.
[2] Voir à ce sujet les travaux de Jacques LACAN :
— *Ecrits*, Paris, Seuil, coll. Le champ freudien, 1966, p. 558.
— *Le Séminaire*, Livre III, Paris, Seuil, coll. Le champ freudien, p. 578 et suivantes, 1981.
[3] Voir à ce sujet l'ouvrage de Serge LECLAIRE : *On tue un enfant*, Paris, Seuil, coll. Le champ freudien, 1975.
[4] Jacques LACAN, «Notes à Jenny Aubry», *Ornicar ?*, n° 37, p. 32.

L'évolution des processus

POSITION DE LA MÈRE

L'enfant *objet* de la mère célibataire

Au cours de la première enfance, la dyade formée par le couple mère/nourrisson se constitue spontanément par le biais des soins nécessaires qu'exigent le nourrissage et les caresses dont le petit d'homme a besoin pour se développer. Cette dyade crée entre la mère et l'enfant une relation d'attachement. Cette relation perdure d'autant plus longtemps que la mère n'a pas d'autre investissement affectif ou/et social.

L'enfant, pendant la grossesse, est l'objet du fantasme maternel. Il peut devenir à la naissance, l'objet de sa jouissance. C'est de la possibilité de la mère de se séparer de l'enfant que dépend, en grande partie, son devenir.

Les séparations, aux différents moments de la vie du jeune, comme le sevrage, l'entrée à la crèche ou à l'école maternelle, sont génératrices d'angoisse pour la mère comme pour l'enfant. Ces changements nécessaires au développement de l'enfant sont aussi l'occasion pour la mère de faire de nouveaux investissements. Elle éprouve du plaisir dans la mesure où l'enfant devient plus autonome. Elle se sent également coupable, et parfois dépossédée, d'avoir à laisser aux autres le soin de s'en occuper.

L'angoisse de la mère face au processus de séparation est redoublée lorsqu'elle réactive le traumatisme de la rupture avec le père de l'enfant, surtout lorsque celle-ci est intervenue au cours de la grossesse ou pendant les premières semaines de la vie du nourrisson.

La séparation suscite un sentiment de culpabilité et de perte chez la mère isolée. Il arrive qu'elle s'interdise tout investissement autre que celui de veiller sur le bien-être du nourrisson, alors qu'il lui apparaît parfois comme un fardeau ou qu'il représente une responsabilité pesante qu'elle assume difficilement.

La jouissance qu'éprouve la mère à s'occuper du tout-petit lui rappelle le sentiment ressenti au cours de la grossesse. Elle est renforcée par la dépendance du nourrisson, liée à son immaturité psychique et physiologique. L'immaturité du nouveau-né crée chez la mère un sentiment de toute-puissance qu'elle tente parfois de faire perdurer en le maintenant dans un état de dépendance.

Certaines mères célibataires agissent de manière que l'enfant, surtout s'il s'agit d'une fille, évolue en reproduisant leur propre vécu infantile, comme la mère de Sandra. La jeune femme a souffert de la toute-puissance de sa mère et elle se conduit de manière identique avec sa fille.

L'enfant-pour-soi a pour fonction de venir combler la faille narcissique qui correspond à un échec de la mère dans sa vie personnelle. Il peut s'agir de l'échec des relations de la mère avec ses parents ou de l'échec de la relation du couple qu'elle tente en vain de constituer.

Faire un enfant constitue dans ce cas un processus de réparation dont la mère attend qu'il lui permette de se restaurer grâce au nouvel investissement affectif qu'elle crée en faisant un enfant.

Chaque cas est singulier et les causes de la souffrance maternelle et du désir d'enfant sont multiples. Il peut s'agir du refus de vivre une relation amoureuse avec un partenaire masculin auquel est exclusivement accordé le rôle de géniteur, comme dans le cas de la mère de Guillaume. La maternité est alors envisagée comme un moyen d'affirmer une position féminine autonome et valorisée par rapport à un père et à une fratrie de garçons ressentis comme contraignants et autoritaires.

Dans le cas de la mère d'Ahmed, le déracinement et la rupture avec sa famille d'origine engendrent le désir de fonder une famille traditionnelle et un désir de maternité. Le choix du père se porte vers un compagnon de la même origine ethnique dans le but de transmettre à l'enfant des valeurs culturelles et morales proches de celles qu'elle a intériorisées dans son enfance. En même temps elle prend une distance vis-à-vis de ces valeurs en élevant son fils selon un mode de vie occidental. L'enfant est à la fois porteur des traditions et du changement.

Dans le cas de la mère de Sandra, le désir d'enfant constitue un processus de réparation à la fois par rapport au vécu douloureux de la jeune femme vis-à-vis de sa mère et par rapport aux traumatismes psychiques (fausse couche) et physiques (handicaps multiples) survenus lors d'un accident de voiture.

Ces parcours de vie montrent qu'en fin de compte le choix de la maternité se fait en fonction de la structure de la personnalité et des événements biographiques qui constituent l'histoire personnelle du sujet dans un contexte social et culturel donné. Donner la vie pour la mère célibataire constitue un moyen de se reconstruire à la fois dans son corps, dans son psychisme et dans sa culture, quoiqu'il advienne des relations ultérieures du couple parental.

La mère doit faire le travail de deuil de l'enfant imaginaire pour qu'il passe du statut de l'enfant-pour-soi, agent du processus de réparation de la souffrance maternelle à celui de l'enfant-en-soi, sujet de son désir et non aliéné au désir de sa mère.

Avant qu'advienne ce travail, et même après, dans les résurgences du vécu infantile maternel, la mère exerce une emprise sur l'enfant. L'emprise est la manifestation du désir maternel. Elle implique que le jeune se modèle à l'image de sa mère. Elle peut également se mettre en place lorsque celle-ci donne à l'enfant le rôle d'un partenaire exclusif. Ce rôle l'aliène au désir de sa mère. Il a pour conséquence de le rendre dépendant d'elle et de le maintenir à ses côtés.

Imaginaire maternel et idéalisation de l'enfant

Au cours de la période où l'enfant est vécu comme enfant-pour-soi, dans le cas de certaines mères célibataires, mais également dans le cas des couples parentaux désunis ou de parents veufs, lorsque le départ de l'autre parent les conduit à se réapproprier l'enfant. Il est alors érigé par le parent isolé en enfant idéal.

L'enfant idéal est le rejeton de l'enfant imaginaire. L'idéalisation du jeune a pour fonction de le déculpabiliser des carences affectives et des traumatismes qu'il a subis avant, pendant et parfois après la période du divorce, et dont le parent isolé se sent responsable. La fonction de l'enfant idéal consiste aussi à combler la faille narcissique du parent isolé, que la cause de la désunion soit l'abandon, le rejet ou la perte du parent qui ne vit plus au foyer.

La préoccupation du parent isolé face à l'intégration sociale de l'enfant et à sa réussite scolaire apparaît comme un moyen de légitimer pour lui-même et face au champ social, sa compétence éducative et ses capacités affectives. La construction imaginaire, qui tend à faire du jeune un enfant idéal, s'apparente à une gageure que le parent isolé soutient à la fois vis-à-vis du parent qui ne vit pas au foyer et de la société.

L'épanouissement de l'enfant constitue un garant et une preuve de la qualité psychique et affective du parent isolé. Elle justifie aussi sa bienveillance et sa capacité à faire face, seul, à l'éducation de l'enfant. La réussite du jeune aide le parent isolé à se dégager du vécu traumatisant de certaines situations qu'il a ressenties comme culpabilisantes.

L'enfant, placé en position d'idéal, est confronté à la difficulté d'assumer un rôle qui l'assujettit à la subjectivité parentale. Le projet parental, par le biais des activités qu'il propose à l'enfant dans le champ social et par les aspirations qu'il nourrit pour lui, aide le jeune à se dégager de son emprise. Par contre, lorsque le parent isolé fait des choix à la place de l'enfant et privilégie certaines activités qu'il juge meilleures que d'autres, contre le gré du jeune, les phénomènes d'emprise sont renforcés.

L'emprise s'exerce surtout quand le parent isolé n'accepte pas de médiation entre lui et l'enfant, et que l'enfant n'a pas d'autre alternative que de se conformer aux décisions de son père ou de sa mère.

Les fantasmes parentaux qui consistent à essayer de faire vivre l'enfant imaginaire ne sont pas exclusifs des parents isolés. Ils existent dans les familles bi-parentales, notamment lorsque la mère ne peut se déprendre d'une position de toute-puissance. Il arrive que le père, qu'il soit fréquemment présent ou non au foyer, ne puisse pas aider la mère à se séparer de son enfant. Certains pères laissent aussi la mère élever seule l'enfant sans s'impliquer dans son éducation.

LA MÉTAPHORE PATERNELLE

L'enfant œdipien : une version du père

Pour la mère célibataire, le père qui a quitté le foyer parental, avant ou peu après l'accouchement, sans qu'elle ait anticipé ce départ, est perçu comme *instable* ou *irresponsable*.

Le rôle du père n'est pas nié : il n'a pas pu ou pas su assumer sa paternité. La mère célibataire pressent parfois la défaillance paternelle, mais la refoule car son projet est d'avoir un enfant.

Au fil du temps, qui se situe souvent lorsque l'enfant entre en relation avec son environnement social (crèche, école maternelle) ou, au plus tard, au cours de la période œdipienne, la mère prend conscience du vide que représente l'absence d'un père ou d'un substitut paternel pour l'enfant.

Dans certains cas, l'impossibilité du père à assumer sa paternité procure à la mère le plaisir de s'occuper seule de son enfant. Elle en subit aussi les contreparties au niveau du vide affectif que son absence provoque et de la surcharge de travail qu'elle doit assumer dans la vie quotidienne. Au bout d'un certain temps, l'inquiétude se fait sentir de savoir quel homme pourrait tenir le rôle de référent paternel auprès de l'enfant.

Dans les cas de notre échantillon, les mères célibataires font le plus souvent appel à leur père pour assumer le rôle de substitut paternel. Il y a alors création d'une famille imaginaire constituée par les trois membres intergénérationnels que sont le grand-père maternel, la mère et l'enfant. La trianglation œdipienne se met en place. Elle s'étaye sur une situation fantasmatiquement incestueuse, comme si l'enfant était issu du couple formé par sa mère et par son grand-père maternel.

Cette situation peut être interprétée comme la réalisation du fantasme œdipien de la fille d'avoir un enfant du père et comme le désir du grand-père maternel d'entretenir des relations incestueuses avec sa fille.

L'enfant est sous l'emprise du personnage maternel qui orchestre la mise en place de la triade. Dans cette famille imaginairement reconstituée par la mère, la grand-mère maternelle apparaît comme la confidente et la complice de la mère. Elle est souvent décrite comme un personnage auquel sont dévolues les tâches ménagères (cuisine, tricot, etc.). Elle occupe une place un peu à l'écart par rapport à la triade grand-père/mère/enfant. Elle se situe dans une position de sœur aînée par rapport à la mère de l'enfant, plutôt que dans un rôle maternel vis-à-vis de sa fille. Il arrive aussi qu'elle reproduise avec l'enfant des conduites analogues à celles qu'elle a eues avec sa fille, comme dans le cas de la grand-mère de Sandra.

L'évolution de la mère de l'enfant et sa quête d'autonomie mobilisent parfois la grand-mère maternelle. Elle met alors en place des conduites de changement, ainsi que le lui conseille sa fille, comme dans le cas de la mère d'Ahmed.

Dans la famille reconstituée sur le mode imaginaire, de nouvelles relations s'établissent. Le grand-père maternel et la fille vivent dans une relation œdipienne par rapport à l'enfant. La grand-mère et la fille entretiennent une relation de complicité. La fille devient la mère de sa propre mère par rapport aux conseils qu'elle lui prodigue. La mère et la fille peuvent aussi entrer en rivalité. La rivalité entre la grand-mère et la fille intervient lorsque le couple grand-père/mère prend en charge l'évolution de l'enfant en ne lui laissant aucune place.

La position d'exclusion dans laquelle est parfois reléguée la grand-mère maternelle est la conséquence de la rivalité œdipienne non dépassée par la fille. Parfois, l'emprise que la grand-mère a exercée sur elle durant l'enfance subit un retournement. Devenue mère, c'est la fille qui développe une emprise par rapport à sa propre mère.

Dans la plupart des cas cependant, la grand-mère maternelle a un rôle bienveillant auprès de l'enfant et l'aide à s'épanouir. La maternité de la fille fait ressurgir chez sa mère des préoccupations d'ordre maternel.

Dans l'échantillon, le couple intergénérationnel formé par le parent isolé et l'enfant fait écho à d'autres couples intergénérationnels de la famille. Des couples grand-mère/fils ou grand-père/fille se substituent au couple conjugal que le parent isolé n'a pas pu constituer ou qui n'a pas duré. L'enfant a, dans ce cas, la fonction de permettre au parent isolé de vivre une relation privilégiée avec l'un de ses parents et parfois avec les deux. Cette relation s'établit de manière substitutive à celle qui n'a pas pu s'établir dans le couple conjugal.

Le parent de l'enfant, qui a vécu dans une position de retrait durant son enfance, peut nouer de nouvelles relations avec ses parents et vivre ainsi des séquences qui manquaient dans son existence. La régression à ces phases infantiles témoigne de failles dans la structure de la personnalité. Elles génèrent une immaturité affective chez le parent isolé.

La dévalorisation du père ou l'identification en échec

Certaines mères divorcées et certaines mères célibataires décrivent le père de l'enfant sous l'angle de la dévalorisation. Cette situation est prégnante avant, pendant et peu après la rupture ou la désunion du couple. Lorsque le père a de nouveau des relations affectives stables avec le jeune, la mère le réinvestit dans son rôle éducatif. C'est le cas de la mère de Pierre qui, après avoir fait le deuil du couple conjugal, favorise les relations de son fils avec son père. Il arrive aussi que certaines mères désunies continuent d'avoir un discours valorisant sur le père de l'enfant, comme dans le cas de Sébastien.

Le discours que la mère tient à l'enfant sur la défaillance paternelle apparaît comme un moyen de se déculpabiliser de la situation d'échec qu'elle a vécue avec le père et de cicatriser la blessure narcissique que le départ ou l'abandon a provoquée.

L'enfant ressent la blessure de la mère et tente de la soulager. Il reprend à son compte son discours. Quand ce discours dévalorise le père, le jeune intériorise l'image d'un homme défaillant. Ce propos empêche la mise en place des identifications masculines et nuit à la représentation de l'homme. Cependant, des substituts paternels, comme le grand-père ou l'oncle par exemple, peuvent pallier certaines failles identificatoires.

La dévalorisation du père par la mère est d'autant plus néfaste qu'il s'agit d'un garçon, qu'il entre dans la période pubère et qu'il n'a pas pu trouver des modèles identificatoires masculins valorisants. La représentation qu'il a de lui-même, en tant que garçon, l'amène à douter de ses capacités à devenir un homme.

Le jeune se questionne sur ses possibilités d'assumer une vie d'adulte et une vie de couple, et sur ses capacités à être un père. À l'angoisse de son avenir en tant que jeune adulte s'ajoute la question de savoir la manière dont la mère acceptera ou non son départ du foyer monoparental et/ou l'arrivée de sa future compagne. En effet, celle-ci peut représenter pour elle une rivale qui rompt l'équilibre du couple intergénérationnel, notamment lorsqu'il dure depuis longtemps.

La dévalorisation du père par la mère perdure tant que celle-ci n'a pas fait le deuil du départ du père du foyer, comme dans le cas de Jérôme et d'Ahmed. Le discours dévalorisant s'étaye sur les sentiments de frustration et d'échec. L'enfant l'intériorise sans pouvoir s'y opposer verbalement. En réaction, il manifeste souvent des troubles du comportement.

Le discours de la mère sur le père, lorsqu'il met en scène un personnage immature et irresponsable, peut conduire le garçon à se construire en fonction d'identifications féminines. Cette possibilité identificatoire est renforcée si un modèle masculin stable et permanent ne supplée pas à l'image dévalorisée du père.

Le garçon est alors confronté à l'ambivalence du désir : s'identifier à une femme en tant que garçon ou intérioriser l'image d'un homme dévalorisé. La mère peut alors s'ériger en modèle et infléchir le garçon vers le choix d'identifications féminines, surtout lorsqu'il est soumis à sa toute-puissance. La dénégation de la place du père révèle l'incapacité de la mère à vivre avec un homme.

Lorsque le parent, le père ou la mère, qui exerce le droit d'hébergement apparaît au jeune dans une situation affective et matérielle précaire, le jeune est inquiet pour lui. Il cherche à l'aider et parfois il s'appuie, comme Céline, sur le parent avec lequel il vit pour chercher du réconfort. La fillette a été, quelques années auparavant, confrontée à l'état dépressif de son père et à la situation d'échec de sa mère. Ces deux situations représentaient pour elle une double contrainte car elle devait assumer les conflits psychiques de ses deux parents désunis.

Lorsque le jeune perçoit chez sa mère un sentiment ambivalent par rapport au père, le rejet et l'attirance cohabitent, comme dans le cas de Jérôme. Le garçon tente de trouver des arguments qui valorisent le père. Il le réhabilite dans un rôle moins défaillant auquel il peut s'identifier. L'ambivalence des sentiments maternels constitue une faille dans sa toute-puissance. Elle génère aussi des paradoxes qui déstabilisent le garçon et nuit à la mise en place de son autonomie.

La double emprise

Dans le cas de Paule, l'absence du père, associée à l'image de la mort et à l'idéalisation qui intervient dans l'après-coup, est une source d'identifications rigides. Ces identifications ne peuvent pas être réaménagées dans le psychisme par rapport à la réalité. Faute de pouvoir se confronter aux failles et aux faiblesses paternelles dans la vie quotidienne, le père défunt demeure un père doté de toutes les qualités. Ses idéaux sont figés et ne peuvent pas être remis en question.

L'absence, la mort ou les conduites d'abandon de l'un des deux parents créent un sentiment de culpabilité chez l'adolescent. Ce sentiment est renforcé lorsque le parent qui ne vit pas au foyer ne se manifeste pas auprès du jeune. Cette situation peut l'amener à s'isoler dans une *position dépressive*.

L'emprise imaginaire que génère l'image du père décédé sur Paule fait écho à celle que la mère exerce dans la réalité quotidienne. Le veuvage préside à une conduite de repli chez la femme. Elle cherche auprès de sa fille le réconfort. Elle lui rappelle le souvenir de son compagnon.

La mère et la fille régressent dans une position fusionnelle, dans l'ombre du père prématurément disparu. La fille vit à la fois sous l'emprise du père idéalisé et sous celle de sa mère qui la sollicite comme une partenaire, représentante de son mari défunt.

La mère n'offre pas un modèle féminin valorisant pour l'adolescente. Les réaménagements identificatoires la conduisent à prendre les insignes du père, biaisant ainsi l'identification féminine au profit d'une identification masculine. La permanence de l'identification au père consiste à continuer de le faire vivre par-delà la mort et, ce faisant, de nier celle-ci.

Le vécu fusionnel de l'adolescente et de sa mère les empêche de faire un travail de deuil dans des délais habituels. La mère réinvestit la pulsion de vie par le biais de sa relation à sa fille. Du vécu fusionnel, l'adolescente conserve l'empreinte. L'empreinte fait réapparaître la pulsion d'emprise. Elle se retourne contre la mère lorsque celle-ci envisage de faire un changement. Elle devient à son tour dépendante de l'adolescente.

Le père *célibataire* volontaire

Son père et Céline vivent depuis des années comme deux *célibataires*. Le rôle de l'adolescente au foyer, dans les tâches quotidiennes, paraît proche de celui que pourrait tenir la compagne du père. Son identité féminine est valorisée car les activités ménagères n'ont pas de connotation dépréciative.

L'adolescente éprouve de la fierté à jouer ce rôle. Il se situe dans la continuité de la phase œdipienne. La valorisation de sa féminité lui permet de vivre son adolescence dans une certaine harmonie. Ses grands-mères paternelles et maternelles lui permettent de puiser des compléments identificatoires féminins qui pallient la carence maternelle.

Le père donne des responsabilités à l'adolescente et l'amène à investir son environnement. Dans un premier temps, le père effectue des choix pour sa fille en fonction de ses goûts personnels, puis il la laisse évoluer en fonction de ses aspirations. Il apparaît comme le référent et le garant de la loi. Cette loi, rigide dans les premières années de la vie du couple intergénérationnel, s'assouplit au fur et à mesure que l'enfant grandit. L'adolescente est dépendante de son père et elle peut aussi s'en dégager.

Le choix du père de rester *célibataire* procède du sentiment de liberté que lui procure le mode de vie qu'il a mis en place avec sa fille. Faute d'avoir pu vivre en couple conjugal, l'adolescente représente une partenaire peu exigeante. Elle remet rarement en question les décisions qu'il prend. L'aisance du père, dans sa vie sociale et personnelle, s'étaye sur les aménagements et les réajustements que chaque partenaire du couple intergénérationnel mobilise chez l'autre. Il en résulte qu'il n'envisage pas de changer de mode de vie tant que sa fille vivra avec lui.

La métaphore paternelle comme première instance de dégagement

Cette question concerne les enfants de notre échantillon qui sont issus de maternité célibataire. Le père est parfois dévalorisé par les mères divorcées à certaines périodes de la situation monoparentale, notamment pendant les crises conjugales, avant et pendant le divorce. Après le divorce, des propos dévalorisants sont tenus sur le père lorsqu'il n'exerce pas son droit de visite ou qu'il n'assume pas le paiement des diverses prestations financières.

Cette question s'est posée pour le père de Pierre. Cependant la période à laquelle son image a été la plus ternie correspond à celle où la famille vivait dans un climat de violence. Le père n'a pas rencontré son fils pendant plusieurs années mais il a continué de verser régulièrement la pension alimentaire. Le versement de cette prestation a permis qu'un lien symbolique se poursuive entre lui et son fils. De plus, la mère de Pierre était préoccupée par l'absence de relations entre l'enfant et son père. Elle continuait d'espérer que la situation évoluerait. La représentation du père a ainsi été maintenue pour l'enfant.

En choisissant la maternité célibataire, certaines femmes savent qu'elles auront à assumer seules l'éducation de leur enfant. Au cours de la toute-petite enfance la question du père est aisément éludée. Lorsque l'enfant s'enquiert de ses origines, certaines mères célibataires feignent d'ignorer qu'une parole sur le père est nécessaire à l'élaboration des processus psychiques.

Dès que l'enfant s'inscrit dans une vie socialisée, en allant à la crèche par exemple, les mères sont confrontées à la manière dont elles doivent énoncer l'absence du père au foyer. L'absence réelle du père est parfois liée au rejet dont il est l'objet de la part de la mère, comme dans le cas de Sandra. Dans le cas de Guillaume, le rôle du géniteur est reconnu tandis que celui du père est exclu.

Ne reconnaissant pas le géniteur comme étant *un père*, certaines mères célibataires adoptent différentes stratégies pour faire advenir une métaphore paternelle. Pour Guillaume, le père est symbolisé par une photographie et un tableau. Les cadeaux de l'homme qui l'a conçu, que sa mère a soigneusement conservés, constituent pour lui les insignes du père. L'enfant crée l'image paternelle au gré de son imagination en intériorisant les rares souvenirs évoqués par la mère et en utilisant les traits identificatoires des hommes qu'il admire dans son environnement. Ceux-ci donnent une consistance à une représentation symbolique et mythique d'un père qu'il ne connaît pas.

Pour la mère de Sandra, la question du père réactive son angoisse, sa culpabilité et sa souffrance. La mère nie le rôle charnel du géniteur et cherche un autre père pour sa fille. Le père est envisagé dans une réalité purement spéculaire et n'aura, dit la mère, *«aucun droit sur l'enfant»*. Cette situation n'est pas sans évoquer la forclusion du Nom-du-Père qui constitue un des facteurs du déclenchement de la psychose.

Dans le cas des mères de Jérôme et d'Ahmed, qui vivent la conduite du père comme un abandon, le discours sur le père est ambivalent. Il évolue en fonction des situations auxquelles la mère est confrontée. Parfois il génère chez elle des sentiments de culpabilité et de frustration, et parfois il est rejetant. S'il permet à l'enfant de connaître ses origines, l'ambivalence des sentiments maternels crée de l'angoisse. Cette angoisse empêche l'enfant de se construire durablement en fonction de ses identifications au substitut paternel.

Les mères de Guillaume et d'Ahmed ont cependant intériorisé la nécessité de désigner une métaphore paternelle à l'enfant, quelle que soit leur souffrance personnelle par rapport aux hommes, qu'il s'agisse de leur propre père ou de leurs partenaires. La mise en place de la métaphore paternelle augure de la part de la mère sa possibilité de faire entrer l'enfant dans le registre du symbolique et constitue pour lui une première voie de dégagement.

Dans le cas de Sandra, le déni du rôle du géniteur et d'un substitut paternel dans la première année de la vie de l'enfant, laisse l'imaginaire de la fillette se constituer sans limites. La mère fait alors appel au grand-père maternel pour assumer la médiation entre elle et sa fille. Auparavant, le désir exclusif de la mère gardait la fillette prisonnière de sa toute-puissance, non limitée par la parole d'un tiers. C'est en réaction à la toute-puissance maternelle que Sandra fait des colères violentes dont le sens échappe à sa mère.

Ces différents cas montrent la manière dont se constitue et évolue le discours de la mère sur le géniteur et sur le père. La métaphore paternelle peut être assumée par un substitut. Cependant, *dans tous les cas*[1] la vérité sur ses origines doit être énoncée à l'enfant. Cette vérité énoncée par la mère lui permet de désinvestir le conflit lié au rôle du géniteur et d'investir la métaphore paternelle.

L'oncle maternel : un substitut du père

Lorsque la mère appartient à une fratrie dans laquelle elle investit particulièrement un de ses frères, elle peut le solliciter pour assumer le rôle de substitut paternel auprès de l'enfant. On peut voir aussi ce cas dans le fonctionnement des familles bi-parentales lorsque le père, pour de multiples raisons, ne remplit pas son rôle affectif et éducatif auprès de l'enfant.

Lorsque l'oncle maternel a lui-même des enfants, il intègre le jeune dans sa dynamique familiale. L'enfant trouve chez cet homme, investi par sa mère, des repères identificatoires et expérimente d'autres modèles de fonctionnement. Les enfants de l'oncle maternel peuvent également aider le jeune à prendre une place dans le groupe familial et lui permettre de vivre des expériences infantiles.

L'environnement de l'enfant s'élargit. Le couple oncle/tante offre la représentation d'un couple parental uni. Il lui permet, par le jeu des projections et des identifications, d'intérioriser la triangulation œdipienne et parfois de participer à l'attente et à la naissance d'un enfant du couple. L'enfant a alors la joie d'être impliqué dans la vie du bébé et, à cette occasion, de questionner sa mère et/ou son père sur les conditions de sa naissance.

Le vécu de l'enfant par rapport à une famille bi-parentale réactive la souffrance liée à la séparation et la frustration face à l'absence d'un couple parental uni. Il enrichit aussi son expérience.

Les nouvelles possibilités identificatoires qui s'offrent au jeune, tant au niveau des adultes que des enfants peuvent être à l'origine de processus de dégagement dans la mesure où la mère n'apparaît plus comme le personnage central de son existence. Il peut alors se référer à d'autres modèles de fonctionnement psychique.

Simultanément, au travail du dégagement, des sollicitations dans la réalité, telles que des invitations durant le week-end ou les vacances, potentialisent le dégagement de l'enfant par rapport à la sphère maternelle.

LA FAMILLE MONOPARENTALE EN EXTENSION

La filiation retrouvée : le recours aux grands-parents

Les relations entre les grands-parents et le parent isolé sont parfois discontinues, surtout dans les cas de maternité célibataire. Le fait de renouer ou de continuer d'entretenir de bonnes relations avec eux représente un certain nombre d'avantages pour l'enfant.

Les sollicitations des grands-parents lui permettent de se dégager de l'isolement vécu avec le parent qui assume le droit de garde. Elles lui donnent l'occasion d'accéder à un mode de vie différent, souvent plus paisible car les grands-parents n'ont pas, dans la plupart des cas, les mêmes contraintes matérielles que le parent isolé. Le jeune se resitue dans une position infantile avec ses grands-parents. Elle contraste avec celle qu'il doit assumer dans la relation duelle avec le parent gardien.

Le discours des grands-parents permet à l'enfant de mieux se repérer dans sa filiation. Il l'amène à connaître d'autres membres de la famille, surtout lorsque le parent isolé vit en retrait par rapport à l'environnement familial. L'enfant entend ses grands-parents raconter la manière dont son père ou sa mère a vécu lorsqu'il était enfant. Les identifications en germe chez l'enfant sont d'autant plus structurantes qu'il perçoit que le parent a été lui-même un enfant pour ses parents.

Ceux-ci fonctionnent comme la mémoire familiale. Ils permettent à l'enfant de se repérer dans sa généalogie. L'enfant intériorise les souvenirs sur sa famille qui génèrent la pulsion de vie. Les grands-parents l'aident à construire l'histoire familiale, à s'approprier une place dans celle-ci et à se projeter dans l'avenir.

Dans le cas de Pierre, l'absence de relations avec son père durant la période qui a suivi la séparation, a été moins douloureuse car ses grands-parents paternels l'ont accueilli avec sa mère, comme avant le divorce du couple. Ils ont témoigné de leur rôle de parents avec le père de l'enfant, sans méconnaître les difficultés relationnelles anciennes qui existaient entre eux et leur fils. Cette rencontre a eu pour fonction de déculpabiliser l'enfant par rapport à la responsabilité qu'il pensait avoir dans la séparation du couple. La relation chaleureuse entre la mère et les grands-parents paternels a eu également un rôle sécurisant pour l'enfant.

Lorsque les grands-parents instaurent des relations bienveillantes avec la famille monoparentale, et qu'ils ne prennent pas partie dans les conflits du couple conjugal, ils ont un rôle déculpabilisant pour l'enfant. Ils l'aident à se désimpliquer des difficultés du couple parental et à se sentir moins concerné par la séparation.

Les grands-parents peuvent aussi apporter une aide au parent isolé et à l'enfant par rapport à la vie quotidienne. Durant les périodes de congés scolaires, ils accueillent le jeune et lui permettent d'acquérir de nouvelles expériences et de pratiquer des activités différentes de celles qu'il fait habituellement.

Le modèle qu'ils représentent est sécurisant pour l'enfant car il représente un couple parental uni. Dans le cas de Pierre, le couple désuni de ses grands-parents est cependant rassurant. Leur mode de fonctionnement, sans conflit, lui fournit l'exemple d'une stabilité familiale malgré la désunion.

Les identifications complémentaires, que les grands-parents induisent, favorisent la mise en place du dégagement et aident l'enfant à devenir plus autonome.

Pères et mères non gardiens comme médiateurs

Jusqu'à une date récente, le père qui reconnaissait l'enfant issu d'une maternité célibataire, ne bénéficiait pas du partage de l'autorité parentale. Le législateur a reconnu l'importance du rôle du père par rapport à l'enfant en lui attribuant des droits et des devoirs qui s'apparentent à ceux dont bénéficient les couples divorcés. Dorénavant, quel que soit le mode de vie du couple parental au moment de la procréation de l'enfant, ses deux parents sont impliqués dans son éducation dans la mesure où ils l'ont reconnu. La loi prévoit, en complément des juges aux affaires matrimoniales, des juges aux affaires familiales chargés de traiter les situations familiales dans lesquelles les droits de l'enfant sont en jeu[2].

Pour le parent gardien et l'enfant, le parent qui ne réside pas au foyer monoparental mais qui exerce son droit de visite et d'hébergement, fonctionne comme un tiers médiateur. Il facilite la mise en place des processus de dégagement en aidant l'enfant à devenir autonome, notamment en l'accueillant et en dialoguant avec lui.

Le parent non gardien assume pleinement son rôle de médiateur lorsque le parent gardien valorise ses interventions auprès de l'enfant. S'il le dévalorise ou nie l'importance de son rôle, la parole du parent non gardien a moins de poids auprès de l'enfant.

Lorsque la mésentente du couple se poursuit après la séparation, elle génère souvent des conflits chez l'enfant. Celui-ci tend à se rallier à l'avis du parent avec lequel il vit car les relations affectives sont plus denses. En effet, il dépend psychiquement et affectivement du parent avec lequel il vit dans sa vie quotidienne, surtout lorsqu'il est petit.

A partir de l'âge de 13 ans, la loi prévoit que l'adolescent peut faire le choix du parent avec lequel il souhaite vivre. Cette possibilité constitue une voie de dégagement du couple intergénérationnel précédemment constitué lorsque les relations avec le parent gardien génèrent trop d'angoisse. Il s'agit cependant d'une demande difficile à formuler pour le jeune. Il peut avoir l'impression de déposséder un parent au profit de l'autre, surtout lorsque le couple ne s'entend pas sur un projet parental.

Plus le parent gardien implique l'autre parent dans l'éducation de l'enfant, plus celui-ci se structure en fonction des identifications empruntées à ses deux parents. La permanence de la relation du jeune au parent non gardien renforce ses repères identificatoires et comble en partie le vide laissé par son absence du foyer.

Lorsque le couple parental uni dans le psychisme de l'enfant correspond à un couple parental qui investit, dans la réalité, un projet éducatif, l'entente de ses deux parents sécurise l'enfant. Il perçoit qu'il a une place auprès de chacun d'eux. Il mobilise alors son énergie pour réussir sa vie personnelle. Cette réussite ne vise pas la revalorisation narcissique de l'un ou l'autre de ses parents mais son épanouissement.

La parole du parent non gardien sur l'histoire familiale aide l'enfant à se situer dans la dynamique parentale d'avant la désunion. Le partage des responsabilités par les deux parents par rapport à son éducation le conduit à se dégager de la problématique du couple.

La permanence du couple parental

Pour l'enfant, le couple parental est intériorisé depuis la petite enfance. Quels que soient les traumatismes subis avant ou au cours de la séparation du couple, son image est préservée dans le psychisme de l'enfant. La dévalorisation ou le rejet d'un des deux parents par l'autre réactive le traumatisme de la séparation et les sentiments de perte et d'abandon.

Le recours de chacun des parents à la parole de l'autre préserve l'enfant de l'image d'un couple sans cesse en conflit. Les pulsions destructrices sont dangereuses à la fois pour l'enfant et pour ses parents. Cette situation, si elle perdure, peut générer de multiples symptômes.

Les échanges des parents à propos de l'évolution de l'enfant pérennisent la notion de couple parental, quels que soient les événements qui ponctuent la vie des parents. Lorsque le parent gardien ménage avec l'autre parent des échanges au cours desquels l'évolution de l'enfant est abordée, sans discorde et sans haine, le jeune ressent qu'il bénéficie de l'affection de ses deux parents[3]. L'enfant demeure, au travers des vicissitudes que le couple conjugal a subies, l'accomplissement de leur désir l'un pour l'autre, même s'il ne fut que charnel, pour qu'il naisse.

Le désaveu d'un parent par l'autre engendre l'angoisse pour le jeune. Le parent rejeté correspond à une partie de lui-même que l'enfant perçoit comme dévalorisée et qu'il peut avoir envie de détruire. Cette perception altère son évolution, entraîne la culpabilité et le conduit à se désinvestir en tant que sujet à part entière.

Le couple parental constitue une entité nécessaire car elle représente pour le jeune la base sur laquelle il s'appuie pour se construire et continuer d'évoluer. Le rejet d'un parent par l'autre engendre un sentiment d'échec pour l'enfant alors que c'est l'échec d'un parent, et souvent des deux, qui est en cause.

Le père non gardien et sa compagne : un nouveau référent de la permanence du couple parental

Dans certains cas de l'échantillon, le parent non gardien s'engage dans la reconstruction d'une famille. Parfois les relations entre lui et l'enfant sont de bonne qualité. Elles peuvent aussi être perturbées du fait du désintérêt de ce dernier pour l'enfant. Lorsque le parent qui ne vit pas au foyer reconstitue un couple de type conjugal, comme le père de Pierre et celui de Sébastien, sa compagne favorise et soutient la mise en place de nouvelles relations entre lui et l'enfant. Pour Pierre, sa mère et la compagne de son père développent une relation de complicité dans le but d'aider le père à renouer des relations affectives avec son fils et à s'impliquer dans son éducation. Pour Sébastien, la compagne de son père joue le rôle d'une complice ou encore d'une grande sœur.

La protection de l'enfant et son bien-être deviennent la préoccupation des deux femmes. Cette préoccupation préside à la mise en place de relations privilégiées entre la famille monoparentale et la famille reconstituée. Dans le cas de la compagne du père de Pierre, cette relation a généré une maternité.

Les maternités des compagnes des pères non gardiens donnent l'occasion aux familles monoparentales et aux foyers reconstitués de nouer des relations plus riches. Ces maternités permettent aux deux familles d'élargir leurs points de vue et de se compléter par rapport à l'éducation de l'enfant.

Elles donnent aussi à l'enfant qui vit seul avec un parent la possibilité de faire l'expérience d'une fratrie et de se remémorer ses souvenirs d'enfance avec ses parents. Cet événement est un moyen pour les parents et pour l'enfant d'avoir des échanges sur leur mode de vie antérieur et parfois de faire ressurgir des souvenirs des périodes où le couple parental n'était pas en conflit. Ces échanges sont aussi l'occasion, pour les parents qui acceptent d'en parler, de désinvestir le conflit conjugal, de s'en dégager et de ne pas le répéter dans leur nouveau mode de vie.

Lorsque la compagne du père qui assume son droit d'hébergement porte une attention particulière à l'enfant de l'homme avec lequel elle vit, cette situation donne lieu à des échanges fructueux entre les familles monoparentales et les couples reconstitués. Elle permet d'aménager de manière plus souple les droits de visite et d'hébergement. La mère qui assure la garde de l'enfant le confie plus fréquemment au couple.

Ce type de relations offre à l'enfant la possibilité d'entretenir des échanges affectifs fréquents et durables avec son père. Les mères qui assurent la garde de l'enfant ont davantage de temps pour s'investir dans des activités et dans des relations diversifiées. Le mode d'aménagement des droits de visite évite la mise en place d'une relation d'emprise. Si celle-ci est déjà créée, il lui donne la possibilité de s'en dégager plus aisément. L'aménagement des droits d'hébergement implique que les adultes soient vigilants à construire autour de l'enfant un climat de confiance et renoncent à projeter sur lui des sentiments de rivalité.

Lorsque la famille monoparentale et la famille reconstituée par le parent non gardien entretiennent des relations sans conflit, l'enfant acquiert une aisance et une spontanéité qui favorisent son intégration sociale et sa maturité affective. Il fait confiance à chacun des membres des deux familles. Il n'éprouve pas de sentiment de culpabilité dans la mesure où les adultes n'entrent pas en rivalité par rapport à lui. Il forge son propre jugement en fonction d'avis diversifiés et devient rapidement autonome.

L'enfant intériorise alors les identifications parentales car il est rassuré par les conduites structurantes des adultes. Ces identifications s'enrichissent de celles de la compagne de son père. Il se repère sans difficulté dans sa filiation et il se désigne comme l'enfant du couple parental tout en reconnaissant la compagne de son père. Cette situation l'aide à se dégager à la fois du parent avec lequel il vit et des questions qui concernent les adultes.

Les familles monoparentales apparaissent, dans ce cas, comme un cadre où l'enfant se structure et enrichit son expérience. Il est sollicité par les modes de fonctionnement de plusieurs adultes qui évoluent dans des situations différentes sans se détruire.

L'étude des cas de Sébastien et de Pierre montre que certains parents sont conscients de leur responsabilité vis-à-vis de leur enfant, quels que soient les motifs de leur désunion. Ils sont vigilants à leur offrir, dès qu'ils le peuvent, un mode de vie qui leur permet de se développer de manière satisfaisante.

Certains pères non gardiens, par contre, méconnaissent l'importance de la permanence et de la stabilité de leur rôle, tant affectif qu'éducatif, dans la structuration de la personnalité de l'enfant. Consciemment ou non, ils font des choix de vie qui, pendant une période plus ou moins longue, mettent le jeune dans une situation mortifiante.

Dans certains cas la reconstitution d'un nouveau foyer se fait au détriment de l'enfant. Parfois le père désinvestit le jeune au profit de sa compagne pour préserver le couple récemment constitué. Il arrive aussi qu'il ne sache pas imposer ni faire respecter la présence de l'enfant à sa partenaire. L'investissement d'une nouvelle paternité peut également le conduire à rejeter le jeune.

EMPRISE ET DÉGAGEMENT
DANS LE COUPLE INTERGÉNÉRATIONNEL

Père symbolique, père imaginaire

Dans le cas des couples divorcés ou veufs, le père symbolique et le père imaginaire ont été intériorisés par l'enfant. La question du père, et surtout celle de la métaphore paternelle qui opère dans le registre symbolique, ont trouvé une résolution à plus ou moins long terme. Dans le cas des mères célibataires, la question demeure posée sur la question du père, notamment dans le cas de Sandra.

Lorsque la situation monoparentale découle de la désunion des parents, le parent qui n'exerce pas le droit de garde, reste souvent proche de lui comme dans le cas de Sébastien ou finit par renouer avec lui comme dans le cas de Pierre. Pendant son absence le père continue d'être présent dans le dialogue entre la mère et l'enfant. Il est parfois dévalorisé pendant une période. Il est réhabilité à partir du moment où il s'occupe à nouveau de l'enfant.

Le couple intergénérationnel y fait référence à diverses occasions. Il en va de même pour le père décédé mais celui-ci est rarement dévalorisé. Dans ce cas, la famille monoparentale doit faire un travail de deuil par rapport à la réalité.

En ce qui concerne les enfants issus de maternités célibataires, lorsque le père n'a pas reconnu l'enfant et qu'il ne se manifeste pas auprès de lui, son statut est celui d'un géniteur qui a assumé la procréation, comme dans le cas de Guillaume. L'enfant construit un personnage paternel à partir des traits identificatoires empruntés à des hommes de son environnement. Le géniteur a une fonction symbolique dans la mesure où la mère lui reconnaît un rôle dans la procréation. Les identifications s'étayent sur cette fonction.

Les interrogations de l'enfant sur le mode de vie du père, ses occupations et ses caractéristiques physiques ne sont pas uniquement liées à sa curiosité. Elles correspondent à sa volonté de savoir ce que la mère a pu admirer et désirer en lui et ce qu'elle continue d'admirer dans la partie de l'enfant qui lui ressemble.

La réalité des caractéristiques du géniteur importe moins que la construction d'une image paternelle qui corresponde le mieux possible aux qualités qu'elle a appréciées chez l'homme qu'elle a choisi pour concevoir l'enfant. L'enfant, en questionnant sa mère sur son père, construit de lui une image qui étaye sa représentation du couple parental. Cette représentation lui permet de ne pas dépendre exclusivement de sa mère.

Le rôle symbolique du père est assumé par le substitut paternel que la mère désigne. Le père symbolique s'origine à partir de l'image du père que l'enfant construit à partir des souvenirs que sa mère évoque avec lui. Cette représentation du père aide le jeune à intérioriser un substitut paternel et à accéder à la fonction symbolique. Le rôle de ce tiers est de créer une distance entre la mère et l'enfant. En créant cette distance, il lui permet de s'individualiser et de se socialiser. Il fait respecter la loi sociale qui s'origine dans le tabou de l'inceste.

Les questions de l'enfant sur son géniteur, tant que la mère ne peut pas répondre à ses interrogations, constituent une forme d'emprise sur son psychisme. Les réponses de la mère, dans la mesure où elles restituent la vérité sur la naissance, font advenir un processus de dégagement. Il peut cependant être remis en question à l'adolescence si les identifications au substitut paternel ne sont pas suffisamment fortes, ou encore si la mère ne tient que des propos dévalorisants sur les hommes.

Dans le cas des mères célibataires contraintes, l'impossibilité de faire le deuil de la relation au géniteur constitue un obstacle à l'autonomisation de l'enfant. Il s'identifie à elle et, comme elle, il se met dans la position passive d'attendre le retour du père. Cette attente constitue une forme d'emprise sur le psychisme. Elle renforce la dépendance de l'enfant vis-à-vis de sa mère.

L'enfant, parent de son parent

L'enfant devenu adulte a, auprès de ses parents, un rôle de soutien, de conseiller et de protecteur. Ce rôle s'accentue au fur et à mesure que les parents vieillissent.

La plupart des enfants qui vivent en situation monoparentale assument les tâches quotidiennes du foyer. Ils ont un rôle de confident auprès de leur parent dans des domaines variés. Ils acquièrent souvent une maturité précoce, en décalage avec leur âge. Considéré comme partenaire par le parent isolé, le jeune est confronté à des préoccupations d'adulte.

Cette situation est valorisante pour l'enfant. Il joue volontiers ce rôle au détriment de ses expériences infantiles. Le parent isolé, en responsabilisant l'enfant, favorise sa maturation. Cette situation peut l'amener à désinvestir ses relations avec d'autres jeunes. L'enfant développe alors ses capacités créatrices dans le but d'aider et de réconforter l'adulte et se détourne des activités ludiques.

Cette situation permet à l'enfant d'acquérir son autonomie par rapport à l'accomplissement des tâches du foyer monoparental. Simultanément elle le rend dépendant de l'adulte.

Ultérieurement, en fonction de l'évolution de la situation monoparentale, l'autonomie acquise précocement aide le jeune à se dégager de l'emprise du parent isolé et à faire des investissements individualisés tout en restant proche de lui, comme dans le cas de Guillaume. Cette situation peut aussi le fragiliser dans son développement, notamment si le parent gardien ne peut pas mettre en place, rapidement pour lui-même, des aménagements.

D'une manière plus générale, l'enfant qui vit seul avec une mère célibataire reste plus longtemps dépendant d'elle que l'enfant qui vit avec un parent divorcé, à condition toutefois que le parent non gardien exerce régulièrement son droit d'hébergement. Lorsque le père ne se manifeste d'aucune manière auprès de l'enfant et que le divorce est intervenu lorsque celui-ci était très jeune, la situation de la femme divorcée et celle de la mère célibataire sont très voisines. Jusqu'à ce qu'une nouvelle famille soit reconstituée, l'enfant et la mère célibataire vivent dans l'interdépendance. Chaque membre du couple intergénérationnel s'appuie sur l'autre. La mère fait souvent jouer à l'enfant le rôle d'un partenaire adulte. Cette situation est particulièrement nette lorsqu'il s'agit d'un couple mère/fils. Une des questions que pose cette situation se situe dans le fait que les mères célibataires envisagent de vivre seules avec leur enfant pendant une longue période. La reconstitution d'un couple de type conjugal s'impose uniquement lorsqu'elles ont le désir d'avoir un autre enfant.

La capacité du parent isolé à créer de nouvelles situations

La situation monoparentale doit être envisagée comme une phase temporaire dans la vie, quoiqu'elle ait de plus en plus tendance à se pérenniser. Les relations du couple intergénérationnel évoluent et sont l'objet de transactions et de renégociations fréquentes. La maturation psychique de l'enfant et les réaménagements du parent isolé concourent à la mise en place de modes de fonctionnement différents.

Les réajustements des deux partenaires de la famille monoparentale concernent leurs relations interpersonnelles et leurs investissements dans le champ social, comme le montrent les cas de Céline, de Pierre et de Sébastien. Cependant, il arrive que la situation monoparentale se fige dans un mode de relation fusionnel et n'évolue pas, notamment lorsque des processus de double emprise aliènent l'un à l'autre les deux partenaires du couple intergénérationnel.

L'évolution des relations du couple intergénérationnel est liée à la capacité du parent isolé à créer des relations sociales, amicales et amoureuses avec d'autres adultes. Lorsque l'enfant se soumet de manière passive à l'autorité du parent isolé, celui-ci s'engage difficilement dans des relations avec des adultes. La présence du jeune au foyer, ainsi que sa dépendance affective et matérielle, mobilisent l'attention du parent avec lequel il vit. Elles constituent aussi un facteur de réassurance qui empêche parfois le parent isolé d'investir le monde extérieur, comme dans les cas du père de Céline pendant plusieurs années, et de la mère de Paule.

Cette situation se rencontre fréquemment au cours de la période qui suit la désunion. Elle subit ensuite des réaménagements. Les parents divorcés, notamment, utilisent cette période pour se restaurer sur le plan narcissique.

Les investissements dans le champ social et les choix amoureux apparaissent dans un deuxième temps, lorsque le parent gardien s'est dégagé du sentiment d'échec généré par l'abandon et/ou la perte. La désillusion provoquée par l'échec conjugal a pour effet, pour les trois parents divorcés de l'échantillon, de les amener à hésiter à recomposer une nouvelle famille dans des délais rapides. Les périodes de vie en famille monoparentale paraissent s'allonger pour le parent qui assume le droit de garde. Pour le parent non gardien, la reconstitution d'une famille est plus rapide mais elle n'est pas légitimée.

Dans l'échantillon, les mères divorcées qui ont la garde de l'enfant, envisagent de reconstituer une famille lorsque le père s'est déjà engagé dans cette démarche. Le parent qui vit avec l'enfant éprouve moins le besoin de reconstituer une famille que le parent non gardien. La présence de l'enfant au foyer lui permet de ne pas se sentir isolé.

Les mères célibataires volontaires envisagent de constituer une famille bi-parentale pour avoir un deuxième enfant tandis que les mères célibataires contraintes continuent d'espérer que le père de leur enfant finira par venir vivre au foyer. C'est, dans chaque cas, le désir d'avoir un autre enfant qui motive le choix du parent isolé de reconstituer une famille. Lorsque le parent isolé n'éprouve pas le désir d'avoir un autre enfant, comme pour le père de Céline, le choix de vivre avec un ou une partenaire ne s'impose pas.

Lorsque la recomposition d'une famille intervient quand l'enfant est jeune et que la situation monoparentale est récente, le nouveau partenaire est mieux accepté que si elle dure depuis plusieurs années. Le jeune enfant adhère à la reconstitution du nouveau couple dans la mesure où le couple parental constitue un référent stable.

Cette situation n'est pas angoissante pour lui si le parent qui ne vit pas au foyer n'est pas pour autant exclu, ni dans le discours, ni dans la réalité, par le parent gardien. Le nouveau partenaire du parent isolé représente un personnage rassurant qui permet au jeune de réinvestir sa position infantile. L'enfant se repère aisément par rapport au couple nouvellement constitué. Celui-ci ne se substitue pas au couple parental.

Pour l'adolescent qui a vécu longtemps en famille monoparentale, la reconstitution d'un nouveau foyer réactive les sentiments de perte et d'abandon éprouvés lors du divorce de ses parents. Le nouveau partenaire est perçu comme un élément de déstabilisation car il remet en question les identifications parentales du jeune, les idéaux déjà constitués ainsi que les relations du couple intergénérationnel. Cette situation génère chez l'enfant des sentiments de rivalité et de rejet. Les réaménagements à opérer vis-à-vis du parent gardien sont difficiles à mettre en place.

La situation monoparentale durable renforce les identifications précoces. Elle constitue un obstacle aux réaménagements identificatoires de l'adolescence. Elle peut également empêcher le parent isolé de faire des nouveaux choix amoureux, comme chez le père de Céline. Pour le parent gardien, une longue période de situation monoparentale gêne les réaménagements affectifs ultérieurs, notamment lorsque le jeune quitte le foyer.

L'hyper-investissement scolaire : un mode de dégagement ?

La réussite scolaire apparaît, pour la plupart des enfants de l'échantillon, comme une préoccupation importante des parents isolés. Cette préoccupation est toutefois plus prégnante chez les mères célibataires que chez les parents divorcés. Les apprentissages de l'enfant sont souvent l'occasion d'échanges entre le parent et l'enfant, ainsi que les activités que le jeune pratique pendant ses loisirs.

L'intérêt du parent isolé pour la scolarité est lié en partie au fait que, seul avec l'enfant, la scolarité fournit un thème privilégié d'échanges au cours des moments que le couple intergénérationnel partage. Le fait de partager les préoccupations de l'adulte et de devenir rapidement autonome face à la nécessité d'assumer un certain nombre de tâches de la vie quotidienne, conduit l'enfant à acquérir précocement un bon niveau de langage et un sens de l'organisation.

La réussite de l'enfant dans ses apprentissages valorise le parent isolé. Il est attentif à donner de lui-même et de l'enfant une image qui le conforte sur le plan narcissique. C'est aussi un moyen pour le parent isolé de se faire reconnaître dans une position qui est encore souvent vécue par les divers intervenants du champ social comme préjudiciable au jeune.

L'enfant, qui est fréquemment sollicité par rapport à ses acquisitions scolaires, a souvent des résultats satisfaisants. Les symptômes présentés par les enfants de l'échantillon à un moment de la vie de la famille monoparentale se situent au niveau de troubles du comportement, comme Sandra et Jérôme, ou de troubles de l'humeur ou du sommeil comme Céline et Pierre.

Ces symptômes sont réactionnels aux situations de rupture et tendent à disparaître lorsque les crises du couple conjugal ou marital sont dépassées. Ils perdurent dans la mesure où le parent isolé ne peut investir que l'enfant et qu'il l'assigne dans une position d'objet. Lorsque l'enfant est l'objet du parent avec lequel il vit et qu'il doit se conformer à son désir, il est mis en position d'échec. Il ne peut pas s'affirmer en tant que sujet. Il se désinvestit et se montre passif par rapport au savoir. La passivité dans laquelle le maintient le parent isolé génère chez l'enfant l'inhibition.

Il en va de même pour les enfants qui ne sont pas informés des conditions de leur naissance. Lorsque le parent isolé, et notamment les mères célibataires, refusent de dire à l'enfant la vérité sur ses origines, le savoir ne peut pas être investi dans la mesure où la connaissance originaire est cachée.

Les symptômes sont parfois antérieurs à la constitution de la famille monoparentale, comme dans le cas de Pierre, et régressent lorsque le couple intergénérationnel s'installe dans un mode de vie stable. Les conduites de retrait par rapport au monde extérieur n'affectent pas toujours les apprentissages. Par contre, les troubles du comportement peuvent affecter secondairement la réussite scolaire. La dévalorisation du parent qui ne vit pas au foyer est également un facteur d'échec.

Dans le cas de Paule, l'investissement des études apparaît comme un moyen de lutter contre l'angoisse de mort. Partageant sa vie entre le travail scolaire et la maison, l'adolescente ne fait aucun autre investissement. Elle n'a pas ni loisir, ni camarade.

Aiguillonnée par le souvenir de son père qu'elle veut satisfaire, Paule est une élève travailleuse et perfectionniste. Le projet professionnel de Paule, devenir médecin, peut être envisagé comme la sublimation du traumatisme provoqué par la maladie du père. Il apparaît aussi comme un symptôme dans la mesure où il renforce son exclusion par rapport au monde extérieur. Le père surmoïque, érigé en censeur dans le fantasme de l'adolescente, ne lui permet pas de s'engager dans des relations sociales et affectives.

L'hyper-investissement scolaire est valorisant au niveau narcissique. Il lui permet d'assumer partiellement le deuil de son père, dans la mesure où sa réussite constitue une réparation par rapport à ce dernier. La sublimation de l'angoisse de mort, qui s'étaye sur la scolarité, fonctionne comme un mécanisme de dégagement. Ce mécanisme lui permet de se projeter uniquement dans un avenir professionnel.

L'hyper-investissement scolaire apparaît comme un mécanisme de dégagement mal ajusté car il entretient une position de retrait et d'exclusion qui fragilise l'adolescente. Le projet de remariage de sa mère ou un échec dans la scolarité pourraient provoquer une décompensation névrotique.

Vers le respect et la liberté mutuelle

Dans certains cas étudiés, la souplesse des droits de visite et d'hébergement du père permet à la mère de s'investir dans des relations sociales et affectives hors de la famille monoparentale. Moins contrainte d'avoir une présence quasi permanente auprès de l'enfant et moins dépendante de lui, elle prend davantage le temps de faire des investissements personnels. Elle est aussi moins exigeante vis-à-vis de l'enfant.

Le parent gardien éprouve un sentiment de liberté lorsque le parent non gardien, et/ou le couple qu'il a reconstitué, assume une responsabilité auprès de l'enfant. La diminution des contraintes permanentes lui permet de mieux profiter de son temps libre. Il est souvent plus épanoui que du temps où il vivait en dysharmonie avec son partenaire dans le couple conjugal. Simultanément, lorsqu'il retrouve l'enfant, il se montre plus disponible et attentif. Il est aussi plus tolérant et respecte davantage ses goûts et sa sensibilité.

Les mères et le père divorcés de l'échantillon donnent d'eux-mêmes une image de parent moins angoissé que les mères célibataires. Tout en étant préoccupés par l'évolution de leur enfant, ils lui laissent une plus grande liberté.

Certains enfants de l'échantillon, comme Pierre et Sébastien, et dans une certaine mesure Céline, dont le dégagement s'est opéré plus tardivement du fait de la problématique du père, sont épanouis et peu dépendants du parent avec lequel ils vivent. Ils sont à la fois proches de lui et capables de s'en détacher. Respectés dans leur vécu infantile, ils paraissent investis pour eux-mêmes et protégés par les adultes.

Les investissements sociaux

Le parent isolé, qui investit pour son compte des activités variées dans le champ social, offre à l'enfant l'image d'un adulte ouvert aux autres. L'enfant, par identification au parent, adhère plus volontiers à des activités et s'intègre plus facilement dans des groupes sociaux.

Les processus de dégagement sont favorisés par des choix différenciés du parent et de l'enfant dans le monde extérieur. Chacun construit des réseaux relationnels où il s'exprime de manière autonome. Le jeune enfant bénéficie des relations amicales du parent avec lequel il vit. Il peut jouer et échanger avec des enfants de son âge, sans être soumis à la présence permanente et au contrôle du parent, comme dans les cas de Pierre et de Sébastien, par exemple.

Lorsque le parent fait des investissements sociaux exclusivement avec l'enfant, celui-ci éprouve des difficultés à faire des choix personnels. Lorsqu'il n'est pas en compagnie du parent isolé, il est inhibé et il manque de confiance en lui. Il peut aussi être implicitement empêché de devenir autonome par le parent isolé qui tente de le maintenir près de lui. Le jeune a alors tendance à désinvestir ses relations avec le monde extérieur et à se replier sur lui-même, comme dans les cas de Paule et de Jérôme.

L'ÉVOLUTION DES PROCESSUS PSYCHIQUES

L'emprise

À partir de ce que nous ont appris les analyses cliniques, et notamment les cas de Sandra et de Jérôme, nous voyons que l'emprise procède de la pulsion. Elle s'origine dans l'inconscient et est liée à l'histoire singulière du sujet. Elle fonctionne selon des mécanismes qui s'apparentent à ceux de l'omnipotence infantile. C'est un processus primaire qui génère la toute-puissance et la maîtrise, à la fois sur les autres et sur l'environnement. Elle répond au principe de plaisir.

La pulsion d'emprise ne subit pas de refoulement. Elle génère des mécanismes de défense comme le déni, ainsi que la forclusion du Nom-du-Père (*Verwerfung*). Elle nie le principe de réalité et la castration. Elle provoque des discours paradoxaux dont l'objectif est de garder la maîtrise de la situation et d'empêcher le sujet de s'individualiser. Ces discours visent à annuler chez l'autre le déroulement logique de la pensée afin de l'aliéner à son désir. L'emprise s'oppose au changement.

La pulsion d'emprise a pour fonction de maintenir le sujet qui la développe dans une position de toute-puissance narcissique. Elle dévoile la faille provoquée par certains traumatismes, comme l'abandon, la séparation ou le divorce. Lorsque le sujet se restaure narcissiquement, l'emprise diminue comme le montre l'évolution de la mère de Sandra. Celle-ci commence à se détacher de sa fille lorsque ses plaies se cicatrisent et qu'elle atteint une certaine maturité.

Par contre, lorsque la faille narcissique est constituée de longue date, le traumatisme de la rupture du lien conjugal ou marital, ou l'impossibilité de le créer, renforce la pulsion d'emprise. C'est le cas de la mère de Jérôme qui ne peut pas s'épanouir dans sa vie affective et sexuelle avec un partenaire stable. Elle valorise et rejette simultanément le père de son fils. Sa négation de l'importance des identifications du garçon à un référent masculin amplifie le processus de l'emprise.

Le dégagement

Les mécanismes de dégagement sont élaborés par le Moi. Ce sont des processus secondaires qui permettent au sujet de prendre une distance par rapport à son vécu. Ils découlent de la manière dont le sujet a été reconnu par ses parents comme une personne différente d'eux dès sa première enfance. Les processus de dégagement mettent en jeu les facultés précoces de jugement (*Behajung*) et de choix.

Les processus de dégagement président à la mise en place de certains mécanismes de défense, telle la sublimation. Ils s'appuient sur la faculté de jugement et permettent au sujet de trouver des conduites ajustées à la fois par rapport à sa personnalité et par rapport à la réalité sociale. Ces processus, élaborés par l'instance consciente du Moi, ont pour objectif de satisfaire le sujet tout en prenant en compte le contexte dans lequel il évolue. Ils tendent à le rendre autonome dans ses choix et à le faire progresser. Ils répondent au principe de réalité.

Emprise et dégagement

L'emprise et le dégagement ne se situent pas dans le même registre. La pulsion d'emprise n'est pas un phénomène conscient. Elle n'est pas contrôlable par le sujet. Elle génère des conduites irrationnelles. Les processus de dégagement, à l'inverse, s'élaborent à partir de la prise de conscience qu'un changement est nécessaire. Ils font appel à la réflexion.

L'emprise, en tant que pulsion, et le dégagement, en tant que processus, peuvent se mettre en place en fonction des situations auxquelles les deux membres du couple intergénérationnel sont confrontés. Lorsque le parent s'appuie sur l'enfant pour dépasser un état dépressif réactionnel à une situation de rupture, par exemple, l'emprise se met en place. Elle empêche le jeune, par des moyens divers, d'avoir des investissements autres que le foyer monoparental. Lorsque le parent isolé prend conscience que cette situation nuit à l'épanouissement de l'enfant, il élabore des conduites qui aident le jeune à devenir autonome. L'emprise peut être maîtrisée à condition qu'il y ait une prise de conscience des situations mortifères qu'elle génère.

Les interactions qui s'établissent dans la famille monoparentale, entre le parent isolé et l'enfant, font évoluer les deux partenaires. Cette évolution s'étaye sur la diversification des besoins de l'enfant, notamment par rapport à sa socialisation et à ses apprentissages. Les nouveaux investissements des parents isolés, célibataires, veufs ou divorcés constituent des modes de dégagement. Ils se diversifient au fur et à mesure que le travail de deuil du couple marital ou conjugal se termine et que la situation de monoparentalité ne constitue plus une source d'angoisse.

NOTES

[1] C'est nous qui soulignons.
[2] Voir à ce sujet la loi n° 93-22 du 8 janvier 1993 du Journal Officiel de la République française et la circulaire du 3 mars 1993 qui stipulent qu'en matière d'autorité parentale le droit de l'enfant consiste à être élevé par ses deux parents, quel que soit son mode de filiation : «*L'autorité parentale conjointe a vocation à devenir la règle non seulement pendant le mariage, mais également après le divorce (...) ainsi que dans la famille naturelle, si du moins les parents ont tous deux manifesté, par leur comportement, la volonté d'assumer leur responsabilité.*»
[3] Dans le cas d'un parent décédé, des mécanismes identiques continuent de faire exister dans le souvenir de l'enfant la permanence du couple parental.

Quelques données concrètes

LE PARENT GARDIEN

Les relations des deux partenaires de la famille monoparentale sont interactives et impliquent que les processus psychiques de l'un font écho aux processus psychiques de l'autre. C'est ainsi que se créent des relations circulaires dans lesquelles, par exemple, à l'emprise du parent isolé, le jeune répond, souvent dans l'après-coup, par une manifestation d'emprise vis-à-vis de celui-ci, comme dans le cas de Paule vis-à-vis de sa mère. L'emprise s'oppose au changement. Elle répond au principe d'homéostasie quelle que soit la souffrance que génère cet équilibre ambigu.

La fonction de l'emprise, pour le parent isolé, est de le soutenir face à la situation qui l'angoisse, comme le montrent certains cas de maternité célibataire contrainte, de désunion ou de veuvage. Le parent isolé développe une relation d'emprise vis-à-vis de l'enfant quand il ressent douloureusement un sentiment d'échec et de dévalorisation narcissique, généré par la séparation, la perte ou l'abandon.

L'emprise conduit l'enfant à s'isoler par rapport aux autres et l'empêche d'investir le monde extérieur. Elle crée une dépendance par rapport au parent isolé. Les relations du couple intergénérationnel sont surinvesties par rapport aux activités ludiques.

La relation d'emprise peut amener l'enfant qui la subit à développer des conduites d'opposition ou de repli sur soi. Il peut aussi avoir à l'égard du parent gardien des manifestations de toute-puissance qui empêchent celui-ci de s'investir à son tour dans le champ social. La relation d'emprise provoque la souffrance des deux sujets qui deviennent dépendants l'un de l'autre.

LE PARENT NON GARDIEN

La responsabilisation du parent non gardien dans l'éducation de l'enfant et dans le choix de ses activités soutient la mise en place des processus de dégagement de l'enfant par rapport au parent gardien.

Pour les enfants et les adolescents vivant dans des familles où la situation monoparentale s'inscrit dans la suite d'un divorce ou d'une maternité célibataire, certains cas de cette étude montrent que la dévalorisation du parent non gardien engendre un effet néfaste, culpabilisant et dénarcissisant pour le jeune. Ces effets néfastes sont particulièrement importants lorsqu'il s'agit d'un garçon qui vit seul avec sa mère. La dévalorisation que formule la mère à l'égard du père constitue une forme d'emprise secondaire qui peut engendrer l'échec ou la régression de la structuration de la personnalité.

Lorsque le parent qui a la garde de l'enfant est attentif à maintenir une image valorisée et non dépréciative du parent non gardien, il favorise les identifications du jeune à ce dernier. Dans le cas où celui-ci vit dans une situation de précarité ou présente des troubles psychiques, il peut toutefois constituer, au moins partiellement, un référent qui est suceptible d'être idéalisé par l'enfant.

Quelle que soit la réalité du personnage parental absent du foyer, l'enfant a besoin de croire à ses vertus. Il souffre de savoir que son parent non gardien est en difficulté. Cette situation est douloureuse. Elle est cependant plus supportable pour lui lorsque le parent gardien prend en compte les difficultés du parent absent sans le dévaloriser.

LES GRANDS-PARENTS ET LA FAMILLE ÉLARGIE

Dans certaines familles monoparentales, le parent isolé reproduit avec l'enfant des conduites d'isolement et de rejet identiques à celles qu'il a vécues douloureusement dans sa famille.

Certains parents éprouvent des difficultés à mettre en place des nouveaux modèles de fonctionnement. L'enfant peut constituer un agent de changement pour le parent isolé. Il l'amène à désinvestir le conflit infantile, constitué du temps de son enfance avec ses parents. Il est susceptible de le faire évoluer.

Dans certaines familles monoparentales, notamment celles qui se sont constituées par le biais de la maternité célibataire, le grand-père maternel détient la fonction de substitut paternel.

Cette fonction est féconde pour la construction des identifications du garçon à un personnage masculin. Les enfants des deux sexes qui vivent seuls avec leur mère intériorisent le rôle de l'homme dans une structure familiale. Le grand-père permet à l'enfant d'expérimenter un contact charnel différent de celui qu'il éprouve avec sa mère. Il l'amène à faire la différence des tons de voix et de la gestuelle. Il lui permet de découvrir des jeux dans lesquels le corps est impliqué différemment que dans les relations de maternage.

Les relations régulières entre les grands-parents et l'enfant assurent la transmission généalogique et culturelle de la famille. Elles lui permettent de trouver des repères en dehors du champ clos de la famille monoparentale. Elles induisent la mise en place de modes de pensée et de conduite différents de ceux qu'il acquiert quotidiennement avec le parent isolé.

Il existe aussi des grands-parents qui ont des conduites de rejet vis-à-vis du parent isolé, et parfois de l'enfant. Ces conduites empêchent le parent isolé, et notamment les mères célibataires, de trouver un appui auprès de leur famille. Elles nuisent à la mise en place des processus de dégagement et conduisent parfois la famille monoparentale à se replier sur elle-même.

La famille élargie aux oncles et aux tantes, par exemple, peut avoir un rôle dans l'individualisation du jeune par rapport au parent isolé. Elle donne à l'enfant l'occasion de se confronter à d'autres hommes de la génération de la mère. Ces relations élargissent ses possibilités identificatoires et lui offrent des voies de dégagement.

LA FAMILLE RECONSTITUÉE

L'investissement du parent, gardien ou non, dans une relation amoureuse fait échec à la relation d'emprise et facilite le dégagement du jeune.

Lorsque le couple intergénérationnel vit replié sur lui-même, l'enfant assume un rôle de protection vis-à-vis du parent isolé. Dans un premier temps, il l'aide à faire le travail de deuil du couple conjugal, ou du concubinage dans le cas de certaines mères célibataires, et le préserve d'un état dépressif. La présence de l'enfant peut aussi le renforcer dans une position d'exclusion par rapport aux adultes de son environnement. Cette situation génère l'emprise mutuelle.

Lorsque le parent isolé fait le projet de reconstruire une famille, le jeune perçoit cette situation comme un rejet quand le couple intergénérationnel vit replié sur lui-même depuis une longue période.

Lorsque le couple parental est intériorisé par l'enfant et que chacun des deux parents est situé dans son rôle, le développement du jeune n'est pas altéré par le choix amoureux du parent avec lequel il vit.

Lorsque le parent gardien continue d'entretenir, au cours de la période monoparentale, des relations diversifiées avec des adultes, l'enfant est préparé à vivre dans une famille reconstituée. La nouvelle dynamique familiale génère de nouveaux modes de vie qui sont enrichissants pour l'enfant.

S'il a vécu précédemment dans un monde clos avec le parent isolé, le jeune peut ne pas accepter de partager l'affection de son parent avec un nouveau partenaire.

Lorsque l'enfant et le parent isolé n'ont pas pu mettre en place un mode de vie centré sur l'indépendance réciproque, le choix d'un nouveau compagnon ou d'une nouvelle compagne par le parent gardien est vécu par l'enfant comme un rejet. Il engendre un sentiment d'échec et de dévalorisation.

La recomposition d'une famille réactualise des traumatismes anciens tels que la séparation, le divorce ou le décès d'un de ses deux parents. Elle fait ressurgir des sentiments d'abandon et de perte. Cette situation s'apparente à une séparation qui nécessite un nouveau travail de deuil vis-à-vis de la relation de proximité entre le parent gardien et l'enfant. Ce travail de deuil trouve une issue favorable lorsque le nouveau compagnon du parent gardien se montre bienveillant et attentif envers l'enfant.

À l'inverse, s'il se montre distant, voire rejetant ou indifférent, le jeune ne peut pas se situer par rapport au couple reconstitué. Cette situation peut générer des symptômes d'ordre névrotique ou/et entraîner une rupture entre le parent gardien et l'enfant.

LE CHAMP SOCIAL ET LES LOISIRS

Le champ social induit, à différents moments de la vie de l'enfant, des processus de séparation. Certaines séparations sont liées à la nécessité de la mère de travailler et de confier l'enfant à d'autres adultes. Cette séparation obligée constitue un premier facteur de dégagement pour l'enfant comme pour le parent.

En tant que support d'une instance de médiatisation, le champ social favorise la prise de distance entre les deux membres du couple intergénérationnel. En proposant des solutions alternatives à l'isolement dans lequel vit la famille monoparentale, comme les colonies de vacances ou les activités en groupe, il fait bénéficier le jeune de nouvelles expériences.

L'aide et le soutien apportés par le champ social stimulent l'épanouissement de l'enfant, sa socialisation et ses apprentissages. Ils lui permettent de se confronter à d'autres adultes et de différencier ses modes de pensée de ceux du parent gardien. L'investissement des intervenants extérieurs à la famille monoparentale culpabilise parfois l'enfant. Dans certains cas, il parvient difficilement à se dégager du parent qui l'élève seul. Les intervenants sociaux doivent gagner la confiance du parent isolé, notamment en ne le rejetant pas.

L'investissement du champ social favorise la mise en place de nouvelles relations, en dehors de la famille monoparentale. Le jeune enrichit son expérience infantile et se dégage de la culpabilité éprouvée lors de la séparation du couple conjugal ou de type marital. Il contre-investit les pulsions mortifères que génère l'isolement du couple intergénérationnel lorsqu'il partage son temps de loisirs entre différentes personnes. Des séjours chez le parent non gardien et dans la famille élargie, et des vacances avec des groupes d'enfants l'aident à devenir autonome et à s'individualiser par rapport au parent isolé. Le parent seul bénéficie également de davantage de temps libre pour faire des expériences personnelles.

On peut regretter que la plupart des structures d'accueil pour enfants soient largement féminisées[1]. Elles favorisent la mise en place d'identifications essentiellement féminines aux dépens des identifications masculines. La présence de personnel masculin dans les écoles maternelles, les centres de loisirs et le travail social (éducateurs, assistants sociaux) tend toutefois à se développer.

La présence d'hommes dans ces structures est particulièrement bénéfique pour les jeunes qui vivent seuls avec leur mère. Certains garçons, élevés selon un mode de vie féminisé et maternant, profitent avantageusement d'activités sportives animées par des hommes même si, parfois, ils les perçoivent comme violentes. Pour les filles, certaines activités traditionnellement féminines renforcent leur représentation d'un univers féminisé dans lequel la présence et la participation actives d'un homme ne sont pas nécessaires.

De nombreux jeunes, de la crèche à la troisième et même parfois jusqu'aux classes terminales n'ont peu ou pas d'enseignants masculins. La question se pose alors de savoir quelle est la place et la fonction que le garçon attribue à l'homme dans l'espace socio-éducatif et culturel. Il en va de même pour la fille pour laquelle on peut se demander quelle est sa représentation de l'homme dans le champ social.

Qu'induira l'absence de relations avec des personnages masculins dans son enfance, pour la fille, lorsqu'elle sera devenue adulte ? Comment le garçon perçoit-il son identité masculine dans un univers féminisé ?

NOTE

[1] Notons que les crèches, les écoles maternelles, les écoles élémentaires, les centres de loisirs et de plus en plus fréquemment les collèges et les structures de soins (pédiatres, psychiatres, psychologues, etc.) emploient un personnel largement féminin.

Conclusion

A travers la diversité des cas de monoparentalité et les nombreuses transactions entre les deux partenaires du couple intergénérationnel, il est parfois difficile de repérer la manière dont les processus psychiques interagissent. Cependant, certaines situations monoparentales paraissent plus difficiles à gérer que d'autres. Elles dépendent souvent de la possibilité du parent isolé à mettre en place des voies de dégagement à la fois pour lui et pour l'enfant.

Le travail psychique implique que le parent isolé désinvestisse la pulsion mortifère de l'emprise pour s'engager dans des processus régis par la pulsion de vie. Les voies de dégagement procèdent de la pulsion de vie. Elles permettent à chacun des deux partenaires du couple intergénérationnel de prendre en compte l'existence de l'autre. Elles incitent le parent et l'enfant, qui vivent ensemble, à s'individualiser et à se séparer sans entraîner de culpabilité.

L'enfant sent son existence reconnue lorsque ses parents, gardiens ou non, célibataires, divorcés ou veufs, se dégagent de leurs conflits antérieurs et utilisent leur énergie pulsionnelle dans des actions tournées vers le monde extérieur.

Le développement psychique de l'enfant dépend pour beaucoup de ses relations précoces avec ses deux parents, ou avec sa mère célibataire, dans les premières années de sa vie. Il résulte aussi des relations que ceux-ci entretiennent avec leur environnement.

La qualité affective du parent isolé et sa maturité augurent de sa capacité à s'occuper de l'enfant. Elles lui permettent de faire, ou non, des investissements identiques, puis différents des siens.

Au fil du temps, l'évolution de l'enfant et celle du parent isolé redéfinissent des nouvelles transactions. Celles-ci sont aussi réajustées en fonction des relations des deux partenaires avec le monde extérieur. Les relations affectives que les membres du couple intergénérationnel instaurent ensemble et séparément, constituent des facteurs de changement.

Différents modes d'intervention peuvent aider le parent isolé à trouver des aménagements pour se dégager du monde clos dans lequel il vit parfois avec l'enfant. Les modes d'intervention visent le désinvestissement de la toute-puissance narcissique et l'investissement des relations aux autres. Lorsque l'enfant perçoit que le parent gardien ne vit plus uniquement par rapport à lui, il peut faire des choix personnels.

L'épanouissement du parent gardien dans sa vie sociale et affective, aux côtés de l'enfant et non dans la même sphère, aide le jeune à devenir autonome et à s'investir dans les apprentissages.

Certaines situations, notamment la maternité célibataire et les situations durables de monoparentalité, peuvent laisser prévoir la mise en place d'une relation d'emprise, souvent réciproque, dans le couple intergénérationnel. L'emprise de la mère sur l'enfant conduit le couple intergénérationnel à se replier sur lui-même dans un système clos, à l'abri des influences extérieures.

L'enfant éprouve un sentiment de valorisation et de réassurance lorsque le parent avec lequel il vit a d'autres centres d'intérêt que lui. Dans certains cas, il ressent les changements d'investissement, et notamment le choix amoureux du parent isolé, comme une forme de désinvestissement à son égard. Cependant, à moyen terme, lorsque le couple parental en tant qu'entité immuable est préservé, et que le parent non gardien n'est pas exclu ou dévalorisé, cette situation favorise l'évolution de l'enfant.

*
* *

Il paraît parfois difficile, en dehors d'un travail psychothérapique, de provoquer une prise de conscience des effets mortifères de l'emprise. Certains moyens sont déjà mis en œuvre au niveau du travail social. D'autres actions pourraient aider le parent isolé et l'enfant, de manière à favoriser les processus de dégagement. Elles concernent plus particulièrement la sensibilisation des intervenants qui ont la charge du jeune et du parent qui vit avec lui.

Les relations interactives entre les deux partenaires du foyer monoparental impliquent que des actions simultanées soient menées envers le jeune et son parent. Elles visent à rompre le principe de circularité qui régit l'emprise mutuelle.

Dans plusieurs cas de cette étude, certaines mères célibataires, ainsi que des parents divorcés, ont compris la nécessité de socialiser l'enfant dès son plus jeune âge. Les parents isolés acceptent et même parfois provoquent les interventions extérieures et, simultanément, mettent une distance entre celles-ci et l'enfant, de peur qu'il leur échappe.

Parfois, le parent isolé s'oppose à la prise d'autonomie de l'enfant en valorisant peu les activités qu'il pratique avec d'autres adultes. Il peut aussi rejeter les interventions des personnes extérieures au couple intergénérationnel. Des mesures de prévention aideraient le parent isolé et l'enfant à faire le travail de séparation et d'individualisation, en jouant le rôle de médiateur.

Lorsque les intervenants psycho-sociaux établissent une relation de confiance avec les familles monoparentales, leur aide consiste à déculpabiliser le parent par rapport à la situation qu'il vit avec l'enfant, quelle qu'en soit l'origine. Cette aide doit être mise en place dès le début de la grossesse, dans le cas des mères célibataires, par les divers intervenants médico-sociaux auxquels elles ont recours.

Les intervenants doivent à la fois viser la mise en place de l'autonomie et des apprentissages de l'enfant, ainsi que celle des processus de dégagement du parent. Cette aide doit prendre en compte la situation singulière de chaque famille monoparentale. Elle doit aussi tenir compte de l'évolution de la famille dans le temps et de la position dans laquelle se situe le jeune aux différentes périodes de sa vie.

La position du jeune se définit par rapport au parent qui vit avec lui et par rapport au parent non gardien. La famille élargie et la, ou les familles reconstituées jouent également un rôle important dans son évolution.

La déculpabilisation de la situation et la non-adhésion à la notion de faute et d'échec favorisent les nouveaux investissements du parent isolé dans le champ social et rassurent l'enfant.

Si la situation monoparentale génère parfois des avatars dans la structuration de la personnalité de l'enfant, des symptômes de même nature se retrouvent chez certains jeunes vivant en familles bi-parentales, notamment lorsqu'un des deux parents ou les deux parents ne parviennent pas à surmonter leurs conflits personnels et/ou leurs conflits conjugaux.

L'enfant, qui vit avec un seul parent, met souvent en place, avec l'aide de son environnement, des modes d'aménagement et d'ajustement qui compensent l'absence réelle des deux parents au foyer. Il est confronté à des situations diversifiées. Ces situations attestent de modes de fonctionnement affectifs, culturels et sociaux différents qui enrichissent ses expériences infantiles.

*
* *

Ce travail n'avait pas pour objectif d'étudier les familles reconstituées. Il a cependant permis d'aborder les projets de vie des parents isolés. Certains d'entre eux ont celui de recomposer une famille. Ce projet s'inscrit dans un désir de maternité. Lorsque le désir d'enfant ne prime pas, le parent isolé envisage de poursuivre sa vie *seul* avec l'enfant. Par contre, le parent qui ne vit pas avec l'enfant reconstitue rapidement une famille bi-parentale.

Les modes de vie des parents isolés et des parents qui ne vivent pas avec l'enfant posent différentes questions :
– Quelle incidence les situations monoparentales produiront-elles, à moyen terme, sur le taux de fécondité des femmes ?
– Quels seront les modes de réaménagement du parent isolé lorsque l'enfant aura quitté le foyer ? Comment assumera-t-il la solitude ? Quels sont les changements sociaux que cette situation générera lorsque le parent isolé sera âgé ?
– Les familles reconstituées seront-elles stables ? Une situation monoparentale est-elle à envisager à plus ou moins long terme pour ces familles ?
– Les changements sociaux impliquent-ils que les familles monoparentales et les familles recomposées, constituées et désunies au fil du temps, deviennent la règle ?

Cette série de questions passionnantes, ouvertes par l'évolution sociale, dans un domaine nouveau, pourraient faire l'objet de recherches à venir.

Bibliographie

ANZIEU D., Le double interdit du toucher, *Nouvelle Revue de Psychanalyse*, n° 29, 1984, p. 173-188.

ANZIEU D., ZAZZO R. et al., *L'attachement*, Neufchâtel, Delachaux et Niestlé, 1974.

BASQUIN M., Les conséquences sur l'enfant de la mésentente familiale, *Dialogue*, n° 34, Avril 1972.

BASQUIN M., Familles monoparentales : des problèmes qui doivent être abordés sans *a priori*, *Le Quotidien du Médecin*, 1ᵉʳ février 1988.

BAYARD P., *Le paradoxe du menteur. Sur Laclos*, Paris, Ed de Minuit, 1993.

BERTOLUS J.R., Les enfants du conflit, *Le groupe familial*, n° 108, juillet-septembre 1985, p. 54-61.

BETBEDER M.C., Les mères volontaires, *Le Monde de l'Education*, mars 1985.

BLANCHET et al., *L'entretien dans les sciences sociales*, Paris, Dunod, 1987.

BOLO E., *Les enfants du divorce*, Paris, Stock, 1979.

BOURGUIGNON O., RALLU J.L., THERY I., Du divorce et des enfants, Paris, P.U.F., *I.N.E.D.*, Cahier n° 111, 1985.

BOWLBY J., *Attachement et perte. La réparation, angoisse et colère*, (deux tomes), trad. franç., Paris, P.U.F., 1984.

CORDIE Anny., *Un enfant devient psychotique*, Paris, Navarin/Seuil, Biblio. des Analytica, 1987.

COUCHARD F., *Emprise et violence maternelle, Etude d'anthropologie psychanalytique*, Paris, Dunod, 1991.

Carence et Toute-puissance : la question du père, *Enfance*, n° 3 et 4, 1979.

DECORET B., *Les pères dépossédés : le père, l'enfant et le divorce*, Paris, Epi, 1988.

DESPERT J.L., *Enfants du divorce*, trad. franç., Paris, P.U.F., 1957.

DEVEREUX G., *Essais d'ethnopsychiatrie générale*, trad. franç., Paris, Bibliothèque des Sciences Humaines, Gallimard, 1970.

DOLTO F., *Psychanalyse et pédiatrie*, Paris, Points, Seuil, 1971.

DOLTO F., *Quand les parents se séparent*, Paris, Seuil, 1971.

DOR J., *Le père et sa fonction en psychanalyse*, Paris, Point Hors Ligne, 1989.

DUCHE D.J., La carence de l'image paternelle, *Sauvegarde de l'enfance*, n° 4, 1965, p. 350-355.

DUCHE D.J., *L'enfant au risque de la famille*, Paris, Le Centurion, 1983.

DUMOULIN M.-P., *Du secret féminin. Quand la pédiatrie rencontre l'adolescente*, Paris, Klincksieck, Coll. Rencontres dialectiques, 1990.

EIBL-EIBESFELDT I., *Ethologie, biologie du comportement*, trad. franç., Paris, Flammarion, 1972.

FREUD S. (1909), Le roman familial des névrosés, *Névrose, Psychose et Perversion*, trad. franç., Paris, P.U.F., 1973, p. 157-160.

FREUD S. (1913), *Cinq psychanalyses*, trad. franç., Paris, P.U.F., 1966.

FREUD S. (1913), *Totem et tabou*, trad. franç., Paris, Payot, Petite Biblio., 1970.

FREUD S. (1915), *Trois essais sur la théorie de la sexualité*, trad. franç., Paris, Gallimard, Coll. Idées, 1973.

FREUD S. (1920), *Essais de psychanalyse*, trad. franç., Paris, Payot, Petite Biblio., 1971.

FULCHIRON H., *Autorité parentale et parents désunis*, Lyon, Centre régional de publication, Ed. du C.N.R.S., 1985.

GARDNER R., *Les enfants et le divorce*, Paris, Ramsay, 1979.

GANTHERET F., De l'emprise à la pulsion d'emprise, *Nouvelle Revue de Psychanalyse*, n° 24, automne 1981, p. 103-106.

GAULEJAC V., AUBERT N., KEDIM Y., *Femmes au singulier ou la parentalité solitaire*, Paris, Klincksieck, Coll. Rencontres dialectiques, 1990.

GIAMI A., GOSSELIN F., Vivre avec sa mère et la quitter, *Dialogue*, 1984, n° 86, p. 88-94.

GIAMI A., BERTHIER F., GOSSELIN F., Emprise et dégagement de la famille d'origine : Post-adolesents ou jeunes adultes?, *Bulletin de Psychologie*, 1987, n° 382, p. 851-856.

GIAMI A., SAMALIN-AMBOISE C. (sous la dir. de C. REVAULT D'ALLONNES), Praticien chercheur et chercheur intervenant, *La démarche clinique en sciences humaines*, Paris, Dunod, 1989, p. 155-178.

GRANDSENN C., *L'enquête sociale et ses paradoxes : les enfants du divorce, les enfants de la séparation*, Paris, E.S.F., 1974.

GRANOFF N., *Filiations, l'avenir du complexe d'Œdipe*, Paris, Ed. de Minuit, 1975.

GRUERE-ARNAUD M., Enfance et séparation, *Le groupe familial*, n° 108, juillet-septembre 1985, p. 12-20.

GUILLARME J.J., FUGUET P., *Les parents, le divorce et l'enfant*, Paris, E.S.F., 1985.

HARLOW H., Love created, love destroyed, love regained, Modèles animaux du comportement humain, Paris, Editions du C.N.R.S., 1972, p. 13-60.

KARLIN D., LAINE T., *La mort du père et autres récits du fils*, Paris, Ed. sociales, 1983.

LAB P., L'enfant du foyer dissocié, *La psychiatrie de l'enfant*, Vol. II, fasc. 2, 1959, p. 609-623.

LACAN J., *Ecrits*, Paris, Seuil, 1966.

LACAN J., *Le séminaire, Tome III, les psychoses*, Paris, Seuil, Coll. Le champ freudien, 1981.

LACAN J., La famille, *Encyclopédie française*, Vol. 8, Paris, Larousse, 1938, 8-40-5/8, 42-8.

LACHANGE M., *Les enfants du divorce*, Québec, Ed. de l'homme, 1979.

LAGACHE D., La psychanalyse et la structure de la personnalité, *La psychanalyse*, Paris, P.U.F., Vol. 6, 1958, p. 28-114.

LAPLANCHE J., *Holderlin et la question du père*, Paris, P.U.F., 1961.

LECLAIRE S., *On tue un enfant*, Paris, Seuil, coll. Le champ freudien, 1975.

LE GALL D., MARTIN C., *Les familles monoparentales, évolution et traitement social*, Paris, E.S.F., 1987.

LE MOAL P., *Parents séparés, enfants perturbés*, Paris, Duculot, 1971.

L'enfant, *Nouvelle Revue de Psychanalyse*, Paris, Gallimard, n° 19, printemps 1979.

LIBERMAN R., *Les enfants devant le divorce*, Paris, P.U.F., 1979.

LORENZ K., *Les fondements de l'éthologie*, trad. franç., Paris, Flammarion, 1984.

MALHER M., *Psychose infantile*, trad. franç., Paris, Payot, 1973.

MALINOWSKI B., *La sexualité et sa répression dans les sociétés primitives*, trad. franç., Paris, Payot, Petite Biblio., 1967.

MANNONI M., *Amour, haine, séparation*, Paris, Dénoël, Coll. L'espace analytique, 1993.

MIERMONT J. (sous la dir. de), *Dictionnaire des thérapies familiales*, Paris, Payot, Biblio scient., 1987.

MITCHELL J., *Psychanalyse et féminisme*, Paris, Ed. des femmes, 1975.

ORTIGUES M.C. et E., *Œdipe africain*, Paris, Plon, 1966.

Parents au singulier, *Autrement*, n° 34, janv. 1993.

PETIT M., L'apport des grands-parents à la mère et aux enfants, *Tâches familiales*, n° 129, mai 1975, p. 27-28.

PITROU A., Finie la famille. A l'ombre des grands-parents, *Autrement*, 3ᵉ trim. 1979.

PRADELLES de LATOUR C.H., La parenté trobriandaise reconsidérée, *Littoral*, fév. 1984, n° 11-12, p. 115-136.

RAGER C., *Le temps du divorce*, Paris, Castermann, 1982.

REVAULT d'ALLONNES C., La recherche clinique. Repères, *MIRE informations*, n° 9, p. 27-33.

REVAULT d'ALLONNES C., Les bases de la recherche clinique, *INSERM*, n° 98, 1982, p. 43-58.

REVAULT d'ALLONNES C. et al., *La démarche clinique dans les sciences humaines*, Paris, Dunod, 1989.

REVAULT d'ALLONNES C., *Etre, faire, avoir un enfant*, Paris, Plon, 1991.

RUTTER M., La séparation parent/enfant, *La psychiatrie de l'enfant*, Paris, P.U.F., 1974.

SAFOUAN M., *Etudes sur l'Œdipe*, Paris, Seuil, Coll. Le champ freudien, 1974.

SAMALIN-AMBOISE C., *Identité personnelle, identité professionnelle et processus d'aménagement à propos de quelques institutrices d'école maternelle*, Thèse de doctorat de 3ᵉ cycle, Université Paris VII, 1984.

SAMALIN-AMBOISE C., Rôle de la subjectivité dans la recherche clinique, *Bulletin du labortoire de psychologie clinique de l'université Paris VII*, n° 12, 1984-85, p. 115-132.

SAMALIN-AMBOISE C., Implication et prise de distance en clinique, *Bulletin de psychologie*, n° 337, p. 809-815.

SOULE M. (sous la dir. de), *Mère mortifère, mère meurtrière, mère mortifiée*, Paris, E.S.F., 1978.

Soule M. (sous la dir. de), *Les grands-parents dans la dynamique familiale de l'enfant*, Paris, E.S.F., 1979.

Sullerot E., *Pour le meilleur et sans le pire*, Paris, Fayard, 1984.

Tomkiewicz S., Kourganoff-Duroussy M., Les exclus sociaux : la famille est-elle coupable?, *Le groupe familial*, n° 108, juillet-sept. 1985, p. 34-45.

Weiss R.S., *La séparation du couple*, Montréal, Ed. de l'homme, 1977.

Winnicott D.W., *Processus de maturation chez l'enfant*, trad. franç., Paris, Payot, Petite Biblio., 1974.

Winnicott D.W., *Jeu et réalité*, trad. franç, Paris, Gallimard, Coll. Connaissance de l'inconscient, 1975.

Winnicott D.W., *L'enfant et sa famille*, trad. franç., Paris, Payot, Petite Biblio., 1979.

Winnicott D.W., *La consultation thérapeutique et l'enfant*, trad. franç., Paris, Gallimard, Coll. Tel, 1971.

Wiart-Teboul H., *La mère abusive*, Paris, Le hameau, 1983.

Yague J.G., La rupture familiale comme problème psychologique, *Annales médico-psychologiques*, n° 1, 1960, p. 390-91.

Table des matières

PRÉFACE 7

INTRODUCTION 11

PREMIÈRE PARTIE
L'ENFANT DANS LA FAMILLE MONOPARENTALE 17

Données statistiques sur l'évolution des familles monoparentales 17

Approche psycho-sociologique de l'enfant vivant dans une famille monoparentale 19
Les processus psychiques de l'enfant en situation monoparentale 19
Attachement et étayage 21
La séparation entre la mère et l'enfant 24
La fonction paternelle 25
La période œdipienne 27
L'enfant dans le contexte social 29
L'enfant dans le contexte scolaire 30

Méthodologie 32
L'échantillon 32
L'enfant vivant seul avec un parent 34
L'entretien de recherche avec la famille monoparentale 35
La reconstruction des histoires de cas 37
Problématique 38

DEUXIÈME PARTIE
ETUDE DE CAS CLINIQUES 41

L'enfant dans un système familial clos 41

Sandra ou la tentative de cicatrisation des plaies 41
Analyse clinique 47
Ahmed : l'enfant transculturel 51
Analyse clinique 56
Paule ou le mythe du héros 61
Analyse clinique 64

Un système familial clos 70

L'enfant dans le processus d'appropriation de son histoire 73

Sébastien ou la libre communication 73
Analyse clinique 78
Pierre : à chacun sa place 85
Analyse clinique 93
Guillaume : le lion comme signe du père 100
Analyse clinique 107

Un enfant s'approprie son histoire 118

L'enfant dans le paradoxe intergénérationnel 122

Céline ou la fée du logis 122
Analyse clinique 128
Jérôme ou l'enfant de la solitude 141
Analyse clinique 147

Le paradoxe du couple intergénérationnel 159

TROISIÈME PARTIE
RELATIONS D'EMPRISE ET PROCESSUS DE DÉGAGEMENT
DANS LA FAMILLE MONOPARENTALE 163

Les différents modes de monoparentalité 164

Les mères célibataires volontaires et les mères célibataires par contrainte 164

La maternité célibataire volontaire 165
La maternité célibataire par contrainte 166
Absence de désir de paternité et relation de couple 168

Les parents divorcés 170

Le travail de deuil et les processus de réparation 170

Le travail de deuil du parent gardien 172

Le veuvage 173

L'évolution de la famille monoparentale dans le temps 176

L'ÉVOLUTION DES PROCESSUS 179

Position de la mère 179
L'enfant *objet* de la mère célibataire 179
Imaginaire maternel et idéalisation de l'enfant 181

La métaphore paternelle 182
L'enfant œdipien : une version du père 182
La dévalorisation du père ou l'identification en échec 184
La double emprise 186
Le père *célibataire* volontaire 187
La métaphore paternelle comme première instance de dégagement 188
L'oncle maternel : un substitut du père 190

La famille monoparentale en extension 190
La filiation retrouvée : le recours aux grands-parents 190
Pères et mères non gardiens comme médiateurs 192
La permanence du couple parental 193
Le père non gardien et sa compagne : un nouveau référent
de la permanence du couple parental 194

Emprise et dégagement dans le couple intergénérationnel 196
Père symbolique, père imaginaire 196
L'enfant, parent de son parent 198
La capacité du parent isolé à créer de nouvelles situations 199
L'hyper-investissement scolaire : un mode de dégagement? 201
Vers le respect et la liberté mutuelle 203
Les investissements sociaux 203

L'évolution des processus psychiques 204
L'emprise 204
Le dégagement 205
Emprise et dégagement 205

QUELQUES DONNÉES CONCRÈTES 207

Le parent gardien 207

Le parent non gardien 208

Les grands-parents et la famille élargie 208

La famille reconstituée 209

Le champ social et les loisirs 211

CONCLUSION 213

BIBLIOGRAPHIE 217

CHEZ LE MÊME ÉDITEUR

PSYCHOLOGIE ET SCIENCES HUMAINES
collection publiée sous la direction de MARC RICHELLE

  1 Dr Paul Chauchard : LA MAITRISE DE SOI. *9ᵉ éd.*
  7 Paul-A. Osterrieth : FAIRE DES ADULTES. *16ᵉ éd.*
  9 Daniel Widlöcher : L'INTERPRETATION DES DESSINS D'ENFANTS. *9ᵉ éd.*
 11 Berthe Reymond-Rivier : LE DEVELOPPEMENT SOCIAL DE L'ENFANT ET DE L'ADOLESCENT. *9ᵉ éd.*
 22 H. T. Klinkhamer-Steketée : PSYCHOTHERAPIE PAR LE JEU. *3ᵉ éd.*
 24 Marc Richelle : POURQUOI LES PSYCHOLOGUES? *6ᵉ éd.*
 25 Lucien Israel : LE MEDECIN FACE AU MALADE. *5ᵉ éd.*
 26 Francine Robaye-Geelen : L'ENFANT AU CERVEAU BLESSE. *2ᵉ éd.*
 27 B.F. Skinner : LA REVOLUTION SCIENTIFIQUE DE L'ENSEIGNEMENT. *3ᵉ éd.*
 29 J.C. Ruwet : ETHOLOGIE : BIOLOGIE DU COMPORTEMENT. *3ᵉ éd.*
 38 B.-F. Skinner : L'ANALYSE EXPERIMENTALE DU COMPORTEMENT. *2ᵉ éd.*
 40 R. Droz et M. Rahmy : LIRE PIAGET. *3ᵉ éd.*
 42 Denis Szabo, Denis Gagné, Alice Parizeau : L'ADOLESCENT ET LA SOCIETE. *2ᵉ éd.*
 43 Pierre Oléron : LANGAGE ET DEVELOPPEMENT MENTAL. *2ᵉ éd.*
 45 Gertrud L. Wyatt : LA RELATION MERE-ENFANT ET L'ACQUISITION DU LANGAGE. *2ᵉ éd.*
 49 T. Ayllon et N. Azrin : TRAITEMENT COMPORTEMENTAL EN INSTITUTION PSYCHIATRIQUE
 52 G. Kellens : BANQUEROUTE ET BANQUEROUTIERS
 55 Alain Lieury : LA MEMOIRE
 58 Jean-Marie Paisse : L'UNIVERS SYMBOLIQUE DE L'ENFANT ARRIERE MENTAL
 59 Jacques Van Rillaer : L'AGRESSIVITE HUMAINE
 61 Jérôme Kagan : COMPRENDRE L'ENFANT
 62 Michel S. Gazzaniga : LE CERVEAU DEDOUBLE
 64 X. Seron, J.L. Lambert, M. Van der Linden : LA MODIFICATION DU COMPORTEMENT
 65 W. Huber : INTRODUCTION A LA PSYCHOLOGIE DE LA PERSONNALITE. *2ᵉ éd.*
 66 Emile Meurice : PSYCHIATRIE ET VIE SOCIALE
 67 J. Château, H. Gratiot-Alphandéry, R. Doron et P. Cazayus : LES GRANDES PSYCHOLOGIES MODERNES
 68 P. Sifnéos : PSYCHOTHERAPIE BREVE ET CRISE EMOTIONNELLE
 69 Marc Richelle : B.F. SKINNER OU LE PERIL BEHAVIORISTE
 70 J.P. Bronckart : THEORIES DU LANGAGE
 71 Anika Lemaire : JACQUES LACAN. *2ᵉ éd. revue et augmentée.*
 72 J.L. Lambert : INTRODUCTION A L'ARRIERATION MENTALE
 73 T.G.R. Bower : DEVELOPPEMENT PSYCHOLOGIQUE DE LA PREMIERE ENFANCE
 74 J. Rondal : LANGAGE ET EDUCATION
 75 Sheila Kitzinger : PREPARER A L'ACCOUCHEMENT
 76 Ovide Fontaine : INTRODUCTION AUX THERAPIES COMPORTEMENTALES
 77 Jacques-Philippe Leyens : PSYCHOLOGIE SOCIALE. *2ᵉ éd.*
 78 Jean Rondal : VOTRE ENFANT APPREND A PARLER
 79 Michel Legrand : LE TEST DE SZONDI
 80 H.J. Eysenck : LA NEVROSE ET VOUS
 81 Albert Demaret : ETHOLOGIE ET PSYCHIATRIE
 82 Jean-Luc Lambert et Jean A. Rondal : LE MONGOLISME
 83 Albert Bandura : L'APPRENTISSAGE SOCIAL
 84 Xavier Seron : APHASIE ET NEUROPSYCHOLOGIE
 85 Roger Rondeau : LES GROUPES EN CRISE?

86 J. Danset-Léger : L'ENFANT ET LES IMAGES DE LA LITTERATURE ENFANTINE
87 Herbert S. Terrace : NIM. UN CHIMPANZE QUI A APPRIS LE LANGAGE GESTUEL
88 Roger Gilbert : BON POUR ENSEIGNER?
89 Wing, Cooper et Sartorius : GUIDE POUR UN EXAMEN PSYCHIATRIQUE
90 Jean Costermans : PSYCHOLOGIE DU LANGAGE
91 Françoise Macar : LE TEMPS, PERSPECTIVES PSYCHOPHYSIOLOGIQUES
92 Jacques Van Rillaer : LES ILLUSIONS DE LA PSYCHANALYSE. 2ᵉ éd.
93 Alain Lieury : LES PROCEDES MNEMOTECHNIQUES
94 Georges Thinès : PHENOMENOLOGIE ET SCIENCE DU COMPORTEMENT
95 Rudolph Schaffer : COMPORTEMENT MATERNEL
96 Daniel Stern : MERE ET ENFANT, LES PREMIERES RELATIONS
97 R. Kempe & C. Kempe : L'ENFANCE TORTUREE
98 Jean-Luc Lambert : ENSEIGNEMENT SPECIAL ET HANDICAP MENTAL
99 Jean Morval : INTRODUCTION A LA PSYCHOLOGIE DE L'ENVIRONNEMENT
100 Pierre Oleron et al. : SAVOIRS ET SAVOIR-FAIRE PSYCHOLOGIQUES CHEZ L'ENFANT
101 Bernard I. Murstein : STYLES DE VIE INTIME
102 Rondal/Lambert/Chipman : PSYCHOLINGUISTIQUE ET HANDICAP MENTAL
103 Brédart/Rondal : L'ANALYSE DU LANGAGE CHEZ L'ENFANT
104 David Malan : PSYCHODYNAMIQUE ET PSYCHOTHERAPIE INDIVIDUELLE
105 Philippe Muller : WAGNER PAR SES REVES
106 John Eccles : LE MYSTERE HUMAIN
107 Xavier Seron : REEDUQUER LE CERVEAU
108 Moreau/Richelle : L'ACQUISITION DU LANGAGE
109 Georges Nizard : ANALYSE TRANSACTIONNELLE ET SOIN INFIRMIER
110 Howard Gardner : GRIBOUILLAGES ET DESSINS D'ENFANTS, LEUR SIGNIFICATION
111 Wilson/Otto : LA FEMME MODERNE ET L'ALCOOL
112 Edwards : DESSINER GRACE AU CERVEAU DROIT
113 Rondal : L'INTERACTION ADULTE-ENFANT
114 Blancheteau : L'APPRENTISSAGE CHEZ L'ANIMAL
115 Boutin : FORMATION ET DEVELOPPEMENTS
116 Husen : L'ECOLE EN QUESTION
117 Ferrero/Besse : L'ENFANT ET SES COMPLEXES
118 R. Bruyer : LE VISAGE ET L'EXPRESSION FACIALE
119 J.P. Leyens : SOMMES-NOUS TOUS DES PSYCHOLOGUES?
120 J. Château : L'INTELLIGENCE OU LES INTELLIGENCES?
121 M. Claes : L'EXPERIENCE ADOLESCENTE
122 J. Hayes et P. Nutman : COMPRENDRE LES CHOMEURS
123 S. Sturdivant : LES FEMMES ET LA PSYCHOTHERAPIE
124 A. Pomerleau et G. Malcuit : L'ENFANT ET SON ENVIRONNEMENT
125 A. Van Hout et X. Seron : L'APHASIE DE L'ENFANT
126 A. Vergote : RELIGION, FOI, INCROYANCE
127 Sivadon/Fernandez-Zoïla : TEMPS DE TRAVAIL, TEMPS DE VIVRE
128 Born : JEUNES DEVIANTS OU DELINQUANTS JUVENILES?
129 Hamers/Blanc : BILINGUALITE ET BILINGUISME
130 Legrand : PSYCHANALYSE, SCIENCE, SOCIETE
131 Le Camus : PRATIQUES PSYCHOMOTRICES
132 Lars Fredén : ASPECTS PSYCHOSOCIAUX DE LA DEPRESSION
133 Mount : LA FAMILLE SUBVERSIVE
134 Magerotte : MANUEL D'EDUCATION COMPORTEMENTALE CLINIQUE
135 Dailly/Moscato : LATERALISATION ET LATERALITE CHEZ L'ENFANT
136 Bonnet/Tamine-Gardes : QUAND L'ENFANT PARLE DU LANGAGE
137 Bruyer : LES SCIENCES HUMAINES ET LES DROITS DE L'HOMME

138 Taulelle : L'ENFANT A LA RENCONTRE DU LANGAGE
139 de Boucaud : PSYCHOLOGIE DE L'ENFANT ASTHMATIQUE
140 Duruz : NARCISSE EN QUETE DE SOI
141 Feyereisen/de Lannoy : PSYCHOLOGIE DU GESTE
142 Florin et al. : LE LANGAGE A L'ECOLE MATERNELLE
143 Debuyst : MODELE ETHOLOGIQUE ET CRIMINOLOGIE
144 Ashton/Stepney : FUMER
145 Winkel et al. : L'IMAGE DE LA FEMME DANS LES LIVRES SCOLAIRES
146 Bideau/Richelle : PSYCHOLOGIE DEVELOPPEMENTALE
147 Schmid-Kitsikis : THEORIE CLINIQUE ET FONCTIONNEMENT MENTAL
148 Guggenbühl/Craig : POUVOIR ET RELATION D'AIDE
149 Rondal : LANGAGE ET COMMUNICATION CHEZ LES HANDICAPES MENTAUX
150 Moscato et al. : FONCTIONNEMENT COGNITIF ET INDIVIDUALITE
151 Château : L'HUMANISATION OU LES PREMIERS PAS DES VALEURS HUMAINES
152 Avery/Litwack : NEE TROP TOT
153 Rondal : LE DEVELOPPEMENT DU LANGAGE CHEZ L'ENFANT TRISOMIQUE 21
154 Kellens : QU'AS-TU FAIT DE TON FRERE?
155 Rondal/Henrot : LE LANGAGE DES SIGNES
156 Lafontaine : LE PARTI PRIS DES MOTS
157 Bonnet/Hoc/Tiberghien : AUTOMATIQUE, INTELLIGENCE ARTIFICIELLE ET PSYCHOLOGIE
158 Giovannini et al. : PSYCHOLOGIE ET SANTE
159 Wilmotte et al. : LE SUICIDE
160 Giurgea : L'HERITAGE DE PAVLOV
161 Ionescu : MANUEL D'INTERVENTION EN DEFICIENCE MENTALE N° 1
162 Ionescu : MANUEL D'INTERVENTION EN DEFICIENCE MENTALE N° 2
163 Pieraut-Le Bonniec : CONNAITRE ET LE DIRE
164 Huber : PSYCHOLOGIE CLINIQUE AUJOURD'HUI
165 Rondal et al. : PROBLEMES DE PSYCHOLINGUISTIQUE
166 Slukin : LE LIEN MATERNEL
167 Baudour : L'AMOUR CONDAMNE
168 Wilwerth : VISAGES DE LA LITTERATURE FEMININE
169 Edwards : VISION, DESSIN, CREATIVITE
170 Lutte : LIBERER L'ADOLESCENCE
171 Defays : L'ESPRIT EN FRICHE
172 Broome Walace : PSYCHOLOGIE ET PROBLEMES GYNECOLOGIQUES
173 Aimard : LES BEBES DE L'HUMOUR
174 Perruchet : LES AUTOMATISMES COGNITIFS
175 Bawin-Legros : FAMILLES, MARIAGE, DIVORCE
176 Pourtois/Desmet : EPISTEMOLOGIE ET INSTRUMENTATION EN SCIENCES HUMAINES
177 Sloboda : L'ESPRIT MUSICIEN
178 Fraisse : POUR LA PSYCHOLOGIE SCIENTIFIQUE
179 Ruffiot : PSYCHOLOGIE DU SIDA
180 McAdams/Deliège : LA MUSIQUE ET LES SCIENCES COGNITIVES
181 Argentin : QUAND FAIRE C'EST DIRE...
182 Van der Linden : LES TROUBLES DE LA MEMOIRE
183 Lecuyer : BEBES ASTRONOMES, BEBES PSYCHOLOGUES : L'INTELLIGENCE DE LA 1re ANNEE
184 Immelmann : DICTIONNAIRE DE L'ETHOLOGIE
185 Collectif : ACTEUR SOCIAL ET DELINQUANCE
186 Fontana : GERER LE STRESS
187 Bouchard : DE LA PHENOMENOLOGIE A LA PSYCHANALYSE
188 Chanceaulme : MOURIR, ULTIME TENDRESSE
189 Rivière : LA PSYCHOLOGIE DE VYGOTSKY

190 Lecoq : APPRENTISSAGE DE LA LECTURE ET DYSLEXIE
191 de Montmolin/Amalberti/Theureau : MODÈLES DE L'ANALYSE DU TRAVAIL
192 Minary : MODÈLES SYSTÉMIQUES ET PSYCHOLOGIE
193 Grégoire : ÉVALUER L'INTELLIGENCE DE L'ENFANT
194 Gommers/van den Bosch/de Aguilar : POUR UNE VIEILLESSE AUTONOME
195 Van Rillaer : LA GESTION DE SOI
196 Lecas : L'ATTENTION VISUELLE
197 Macquet : TOXICOMANIES ET FORMES DE LA VIE QUOTIDIENNE
198 Giurgea : LE VIEILLISSEMENT CÉRÉBRAL
199 Pillon : LA MÉMOIRE DES MOTS
200 Pouthas/Jouen : LES COMPORTEMENTS DU BÉBÉ : EXPRESSION DE SON SAVOIR ?
201 Montangero/Maurice-Naville : PIAGET OU L'INTELLIGENCE EN MARCHE
202 Colin A. Epsie : LE TRAITEMENT PSYCHOLOGIQUE DE L'INSOMNIE
203 Samalin-Amboise : VIVRE À DEUX

Manuels et Traités

Droz-Richelle : MANUEL DE PSYCHOLOGIE
Hurtig-Rondal : MANUEL DE PSYCHOLOGIE DE L'ENFANT (Tome 1)
Hurtig-Rondal : MANUEL DE PSYCHOLOGIE DE L'ENFANT (Tome 2)
Hurtig-Rondal : MANUEL DE PSYCHOLOGIE DE L'ENFANT (Tome 3)
Rondal-Seron : LES TROUBLES DU LANGAGE (DIAGNOSTIC ET REEDUCATION)
Fontaine/Cottraux/Ladouceur : CLINIQUES DE THERAPIE COMPORTEMENTALE
Godefroid : LES CHEMINS DE LA PSYCHOLOGIE